高等院校"十三五"规划教材——经济管理系列

企业经营预测与决策教程

主　编　蔡维灿　张华金　巫圣义
副主编　余辉文　罗春梅　陈由辉　姜媚珍

清华大学出版社
北　京

内 容 简 介

本书体系严谨、内容完整、表述准确、业务创新,并注重实用性、操作性和前瞻性。书中正文内容共 7 章,前 4 章介绍企业经营预测原理及实务,后 3 章介绍企业经营决策原理及实务,重点介绍企业经营预测与决策的基本概念、基本理论和基本方法。为加强理论联系实际,突出对学生技能的培养,提高学生实际应用能力,每章编写过程中都穿插了企业相关实例;为注重对学生自学能力的培养,便于学生复习和巩固所学内容,书后还附有同步思考与练习。

本书适合高等学校经济管理类专业学生学习,也可作为企业管理人员及经管类院校教师的参考用书。

本书封面贴有清华大学出版社防伪标签,无标签者不得销售。
版权所有,侵权必究。举报:010-62782989,beiqinquan@tup.tsinghua.edu.cn。

图书在版编目(CIP)数据

企业经营预测与决策教程/蔡维灿,张华金,巫圣义主编. 一北京:清华大学出版社,2018(2024.2重印)
(高等院校"十三五"规划教材——经济管理系列)
ISBN 978-7-302-51077-2

Ⅰ. ①企… Ⅱ. ①蔡… ②张… ③巫… Ⅲ. ①企业经营管理—经营决策—高等学校—教材 Ⅳ. ①F272.31

中国版本图书馆 CIP 数据核字(2018)第 195647 号

责任编辑:汤涌涛
装帧设计:刘孝琼
责任校对:李玉茹
责任印制:丛怀宇

出版发行:清华大学出版社
    网 址:https://www.tup.com.cn,https://www.wqxuetang.com
    地 址:北京清华大学学研大厦 A 座 邮 编:100084
    社 总 机:010-83470000 邮 购:010-62786544
    投稿与读者服务:010-62776969,c-service@tup.tsinghua.edu.cn
    质量反馈:010-62772015,zhiliang@tup.tsinghua.edu.cn
    课件下载:https://www.tup.com.cn,010-62791865
印 装 者:涿州市般润文化传播有限公司
经 销:全国新华书店
开 本:185mm×260mm 印 张:13 字 数:316 千字
版 次:2018 年 9 月第 1 版 印 次:2024 年 2 月第 5 次印刷
定 价:39.00 元

产品编号:080413-01

前　言

"凡事预则立，不预则废"，这是人们实践经验的总结，有着深刻的哲理。所谓预测是指通过对事物的过去和现在的情况进行分析、研究，找出其发展变化的规律，从而运用一定的方法对事物发展的未来做出预计和推测，简言之，就是根据过去和现在来预计未来，根据已知推测未知。经营预测作为预测的一个分支，是预测理论和方法在经营领域中的应用。因此，可以认为经营预测是根据企业经营活动的历史和现实，运用定性和定量方法，揭示经营活动的客观规律，指出各类经营现象及其运行过程未来发展的可能途径及其结果。决策是指对未来实践的方向、目标、原则和方法所做的决定，而决策学正是研究、探索和寻求做出正确决策的规律的科学。为了决策的正确，就必须对事物的未来进行判断。预测为决策提供依据，科学的预测是正确决策的保证。预测与决策的质量和效果在很大程度上取决于进行预测与决策所用的方法和技术。

本书体系严谨、内容完整、表述准确、业务创新，并注重实用性、操作性和前瞻性。书中正文内容共7章，前4章介绍企业经营预测原理及实务，后3章介绍企业经营决策原理及实务，重点介绍企业经营预测与决策的基本概念、基本理论和基本方法。为加强理论联系实际，突出对学生技能的培养，提高学生实际应用能力，每章编写过程中都穿插了企业相关实例；为注重对学生自学能力的培养，便于学生复习和巩固所学内容，书后还附有同步思考与练习。

本书由蔡维灿教授、张华金高级会计师和巫圣义副教授担任主编，余辉文、罗春梅、陈由辉和姜媚珍担任副主编。余辉文执笔第一章，罗春梅执笔第二章，姜媚珍执笔第三章，陈由辉执笔第四章，张华金执笔第五、七章，巫圣义执笔第六章，全书由蔡维灿、张华金和巫圣义总纂定稿。

本书适合高等学校经济管理类专业学生学习，也可作为企业管理人员及经管类院校教师的参考用书。

本书在编写过程中参考了大量的相关著作、网络资料、教材和文献，吸取和借鉴了同行的相关成果，在此谨向有关作者表示诚挚的谢意和敬意！

限于编者水平，书中难免有不妥和疏漏之处，敬请读者批评指正。

编　者

目 录

第一篇　企业经营预测

第一章　经营预测分析概述 …………… 3

第一节　预测及预测的发展 …………… 4
第二节　预测分析的意义 ……………… 5
第三节　预测分析的分类 ……………… 6
　一、按预测的期限范围分类 ………… 6
　二、按预测的内容分类 ……………… 6
第四节　预测分析的特点 ……………… 7
　一、预见性 …………………………… 7
　二、明确性 …………………………… 7
　三、相对性 …………………………… 7
　四、客观性 …………………………… 7
　五、可检验性 ………………………… 7
　六、灵活性 …………………………… 8
第五节　影响预测分析准确度的主要
　　　　因素 ………………………………… 8
　一、经济活动具有偶然性 …………… 8
　二、影响因素与预测模型的匹配性 … 8
　三、预测者分析判断的能力 ………… 8
　四、资料的准确性和完整性 ………… 9
第六节　影响预测分析方法选择的主要
　　　　因素 ………………………………… 9
　一、预测的目标特性 ………………… 9
　二、预测的时间期限 ………………… 9
　三、预测的精确度要求 ……………… 9
　四、预测的费用预算 ………………… 9
　五、资料的完备程度与模型的难易
　　　程度 ……………………………… 10
　六、历史数据的变动趋势 …………… 10
第七节　预测分析的基本原则 ………… 10
　一、掌握丰富可靠的信息资料 ……… 10

　二、预测分析的时间不宜太长 ……… 10
　三、根据预测的经济过程与现象来
　　　选择预测方法 …………………… 10
　四、预测分析应充分估计预测的
　　　可能误差 ………………………… 11
第八节　预测分析的基本原理 ………… 11
　一、惯性原理 ………………………… 11
　二、类推原理 ………………………… 11
　三、相关原理 ………………………… 12
　四、概率推断原理 …………………… 12
第九节　预测分析的基本步骤 ………… 12
　一、确定预测目标 …………………… 12
　二、确定预测因子 …………………… 12
　三、收集和整理资料 ………………… 12
　四、选择预测方法 …………………… 13
　五、做出预测结论 …………………… 13
　六、检查验证，修正预测值 ………… 13
　七、报告预测结论 …………………… 13
第十节　预测分析的基本方法 ………… 13
　一、定量预测法 ……………………… 14
　二、定性预测法 ……………………… 14
本章小结 …………………………………… 15

第二章　销售预测分析 …………………… 17

第一节　销售预测的意义 ……………… 18
第二节　定性销售预测方法 …………… 18
　一、全面调查法 ……………………… 18
　二、典型调查法 ……………………… 18
　三、专家集合意见法 ………………… 19
　四、推销员判断法 …………………… 19

第三节　定量销售预测方法 …………… 19
　　一、移动平均法 …………………… 19
　　二、加权移动平均法 ……………… 20
　　三、趋势平均法 …………………… 21
　　四、指数平滑法 …………………… 22
　　五、直线回归分析法 ……………… 23
　本章小结 ………………………………… 25

第三章　利润预测分析 …………………… 27

第一节　目标利润预测分析的一般方法
　　　　步骤 ……………………………… 28
　　一、调查研究确定利润率标准 …… 28
　　二、计算目标利润基数 …………… 28
　　三、确定目标利润修正值 ………… 28
　　四、最终下达目标利润、分解落实
　　　　纳入预算体系 ………………… 28
第二节　利润敏感性分析方法在利润
　　　　预测中的应用 ………………… 29
　　一、测算任一因素以任意幅度单独
　　　　变动对利润的影响程度 ……… 32
　　二、测算多个因素以任意幅度同时
　　　　变动对利润的影响程度 ……… 32
　　三、测算为实现既定的目标利润
　　　　变动率应采取的单项措施 …… 33

　　四、测算为实现既定的目标利润
　　　　变动率应采取的综合措施 …… 33
第三节　经营杠杆系数在利润预测中的
　　　　应用 ……………………………… 34
　　一、经营杠杆的含义 ……………… 34
　　二、经营杠杆系数及其计算 ……… 34
　　三、经营杠杆系数的变动规律 …… 35
　　四、经营杠杆系数在利润预测中的
　　　　应用 …………………………… 36
　本章小结 ………………………………… 37

第四章　资金预测分析 …………………… 39

第一节　根据预计的销售总额确定融资
　　　　需求 …………………………… 40
　　一、根据历史数据确定销售百分比 … 40
　　二、预测销售额 …………………… 41
　　三、计算预计销售额下的资产和负债
　　　　及留存收益增加额 …………… 41
　　四、计算外部融资需求 …………… 41
第二节　根据预计的销售增加量确定融资
　　　　需求 …………………………… 42
　本章小结 ………………………………… 43

第二篇　企业经营决策

第五章　经营决策分析概述 …………… 47

第一节　决策及决策的发展 …………… 48
第二节　企业经营决策的意义 ………… 50
第三节　企业经营决策的基本要素 …… 51
第四节　企业经营决策分析的特点 …… 52
第五节　企业经营决策的分类 ………… 52
　　一、按决策的重要程度进行分类 … 52
　　二、按决策受益期时间长短进行
　　　　分类 …………………………… 53
　　三、按决策条件的肯定程度进行
　　　　分类 …………………………… 53

　　四、按决策本身的不同性质进行
　　　　分类 …………………………… 54
　　五、按决策解决问题的方式不同进行
　　　　分类 …………………………… 54
　　六、按决策问题是否会重复出现进行
　　　　分类 …………………………… 54
　　七、根据决策者身份进行分类 …… 54
　　八、根据决策方式进行分类 ……… 55
　　九、根据决策时期进行分类 ……… 55
第六节　企业经营决策程序 …………… 55
　　一、提出经营决策问题 …………… 55

二、确定经营决策目标 …………… 56
三、拟订方案 …………………… 57
四、评价方案 …………………… 57
五、选择方案 …………………… 58
六、实施方案 …………………… 58
七、信息反馈 …………………… 58
第七节 企业经营决策模型和方法 …… 59
一、企业经营决策的硬技术 …… 59
二、企业经营决策的软技术 …… 60
第八节 多属性决策基本原理 ………… 63
本章小结 ……………………………… 68

第六章 短期经营决策分析 …………… 71

第一节 短期经营决策概述 …………… 72
一、短期经营决策的定义 ……… 72
二、短期经营决策的内容 ……… 72
三、短期经营决策的特点 ……… 72
四、短期经营决策的假设 ……… 72
第二节 短期经营决策的一般程序 …… 73
一、确定决策目标 ……………… 73
二、拟订若干可行的备选方案 … 73
三、收集各备选方案的有关信息 … 73
四、考虑不可计量因素的影响 … 73
五、选择最优方案 ……………… 74
六、在执行决策过程中进行信息
反馈并及时修正决策方案 …… 74
第三节 短期经营决策应考虑的成本
概念 …………………………… 74
一、差量成本 …………………… 75
二、沉没成本 …………………… 75
三、边际成本 …………………… 75
四、机会成本 …………………… 76
五、现金支出成本 ……………… 76
六、重置成本 …………………… 76
七、专属成本与共同成本 ……… 77
八、可避免成本与不可避免成本 … 77

九、可延缓成本与不可延缓成本 …… 77
十、相关成本与非相关成本 …… 78
第四节 短期经营决策分析常用的方法 …… 78
一、确定型决策分析方法 ……… 78
二、非确定型决策分析方法 …… 87
第五节 产品生产决策分析 …………… 98
一、新产品开发的决策分析 …… 98
二、亏损产品的决策分析 …… 100
三、产品直接出售或进一步加工的
决策分析 …………………… 101
四、零部件自制或外购的决策
分析 ………………………… 102
五、资源限制条件下产量的决策
分析 ………………………… 105
六、生产工艺技术方案的决策
分析 ………………………… 107
七、生产能力充分利用的决策
分析 ………………………… 109
八、设备购建或租赁的决策分析 …… 111
九、是否接受特殊价格追加订货的
决策 ………………………… 111
第六节 定价决策分析 ……………… 114
一、企业的定价目标 ………… 114
二、定价决策分析方法 ……… 115
三、调价决策分析方法 ……… 117
本章小结 …………………………… 118

第七章 长期投资决策分析 ………… 121

第一节 长期投资决策概述 ………… 122
一、长期投资的定义 ………… 122
二、长期投资的特点 ………… 122
三、企业长期投资的内容 …… 122
四、长期投资决策的概念 …… 123
五、长期投资决策的特点 …… 123
六、长期投资决策的种类 …… 123
七、进行长期投资决策需要考虑的
因素 ………………………… 124

第二节　长期投资决策的重要因素 ……… 125
　　一、货币时间价值 ………………… 125
　　二、现金流量 …………………… 133
　　三、资本成本 …………………… 138
　　四、投资风险价值 ……………… 140
第三节　长期投资效益的评价方法 …… 145
　　一、静态分析方法 ……………… 145
　　二、动态分析方法 ……………… 148
第四节　运用不同指标对方案的评价
　　　　问题 ………………………… 157
　　一、单一投资项目的评价 ……… 157
　　二、多个互斥方案的评价与选择 …… 157
　　三、投资项目评价方法运用实例 …… 158
本章小结 ………………………………… 165

附表一　一元复利终值系数表 ……… 167
附表二　一元复利现值系数表 ……… 170
附表三　一元年金终值系数表 ……… 173
附表四　一元年金现值系数表 ……… 176
同步思考与练习 ………………………… 179
参考文献 ………………………………… 200

第一篇 企业经营预测

第一篇　半導體物性

第一章

经营预测分析概述

【学习要点及目标】
- 明确何谓预测和经营预测,了解预测前提、预测方法和预测结果的科学性的含义。
- 了解预测的发展过程,明确企业经营预测分析的重要性。
- 明确预测分析分类和特点,了解影响预测分析准确度、影响预测方法优选的主要因素。
- 了解预测的基本原则、基本原理、基本步骤和基本方法。

【关键概念】

预测 经营预测 预测分析 定量预测法 定性预测法 惯性 类推 概率推断

第一节　预测及预测的发展

　　预测是指根据客观事物的发展趋势和变化规律，对特定的对象未来发展的趋势或状态做出科学的推测与判断。换言之，预测是根据对事物的已有认识，做出对未知事物的预估。预测是一种行为，表现为一个过程；同时，它也表现为行为的某种结果。作为探索客观事物未来发展趋势或状态的预测活动，绝不是一种"未卜先知"的唯心主义，也不是随心所欲的臆断，而是人类"鉴往知来"智慧的表现，是科学实践活动的构成部分。预测之所以是一种科学活动，是由预测前提的科学性、预测方法的科学性和预测结果的科学性决定的。预测前提的科学性包括三层含义：一是预测必须以客观事实为依据，即以反映这些事实的历史与现实的资料和数据为依据进行推断；二是作为预测依据的事实资料与数据，还必须通过抽象上升到规律性的认识，并以这种规律性的认识作为预测的指导；三是预测必须以正确反映客观规律的某些成熟的科学理论作指导。预测方法的科学性包含两层含义：一是各种预测方法是在预测实践经验基础上总结出来，并获得理论证明与实践检验的科学方法，包括预测对象所处学科领域的方法以及数学的、统计学的方法；二是预测方法的应用不是随意的，它必须依据预测对象的特点合理选择和正确运用。预测结果的科学性包含两层含义：一是预测结果是由已认识的客观对象发展的规律性和事实资料为依据，采用定性与定量相结合的科学方法做出的科学推断，并用科学的方式加以表述；二是预测结果在允许的误差范围内可以验证预测对象已经发生的事实，同时在条件不变的情况下，预测结果能够经受实践的检验。预测是一门研究企业经营活动发展过程及其变动趋势的学科，它是综合运用哲学、社会学、经济学、统计学、数学以及系统工程和电子计算技术等学科的有关理论与方法，根据学科自身的逻辑性，对经济现象之间的联系以及作用机制做出科学的分析，并对经济过程及其各要素的变动趋势做出客观的描述，从而对未来的企业发展的轨迹，做出科学的判断或预见。因此，预测就是一种特殊的基于分析的活动，它的整个预测过程就是一系列科学分析的过程。

　　预测是一个古老的话题。自从人类诞生以来，预测活动就已经存在了。人类的祖先由于不能理解风雨雷电、陨石流星、潮汐海啸等自然现象，而赋予它们以神秘的气息，并逐渐把这些自然现象超自然化，将自己的命运寄托于主宰这些自然现象的所谓的神的身上。远古的人们利用龟甲或兽骨去占卜(预测)战争的胜负、年成的好坏，并据此决定本部落的行动。历代的占卜士、星相家、预言家、能人、智士等都力图对未来做出预测，但他们的行为常常被笼罩上神秘甚至是迷信的色彩。

　　随着人类社会和科学技术的发展，预测的技术也得到不断发展，预测工作逐渐褪去了神秘的色彩，并从迷信和唯心主义走上了科学化的道路。科学的预测能够正确地向人们展现未来，使人们不再盲目地行动，使人类可以有计划地发展自己。

　　瑞士科学家雅各布·伯努利(Jakob Bernoulli，1654—1705)在其所著的《猜度术》中最早创立了预测学，其目的在于减少人类生活各个方面由于不确定性导致错误决策所产生的风险。但预测科学在20世纪40年代才真正进入萌芽时期，至20世纪60年代，预测研究开始从初期的纯理论研究发展到应用研究。科学技术作用于社会的效果，体现在它不仅可能给社会带来巨大利益，而且可能会给社会带来一些令人担忧的不良后果。从这个意义上来讲，预测研究更引起了人们的关注。预测研究的领域在不断扩大，研究方法也在逐渐完善。近些年来，预测决策理论和方法渐渐被引入工业安全领域，用以科学指导安全生产，并取得了一定成效。特别是目前随着现代数学方法和计算机技术的发展，国际上安全评价分析以及预测决策实施得到了广泛应用，如模糊故障树分析预测、模糊概率分析、模糊灰色预测决策等。计算机专家系统、决策支持系统、人工神经网络等技术方法在英国、美国、德国、意大利等国的核工业、化工、环境等领域得到了广泛应用。以安全分析、隐患评价、事故预测决策为主体的安全评价工作作为一种产业在国际上已经出现。预测科学已经成为一门发展迅速、应用广泛的新型学科。

第二节　预测分析的意义

所谓预测，就是根据过去的历史资料和现在所能取得的信息，运用所掌握的科学知识和管理人员的实践经验，按照事物的发展规律有目的地预计和推测未来的行为，即根据过去和现在预计未来，由已知推断未知的过程。

所谓经营预测，是指企业根据现有的经济条件和掌握的历史资料，以及客观事物的内在联系，对生产经营活动的未来发展趋势和状况进行的预计和测算。企业管理中的预测分析，是指运用专门的方法进行经营预测的过程。

管理的重心在决策，决策的关键在预测，预测是为决策服务的，它是决策的基础。这是因为不论何种类型的决策，通常是在信息量不足、不确定性较大、随机因素较多的条件下进行的，要控制和降低不确定性以及由此带来的风险，必须将预测看成是决策的先导，正确的决策往往有赖于科学的预测，因此人们把预测喻为探索未来之窗。但是预测并不能代替决策，因为预测分析要解决的是如何科学准确地预见或描述未来的问题，而决策的结论则直接支配未来的行动方案。

预测分析也要为规划服务，它所提供的许多数据最终被纳入预算，成为编制预算的基础。但预测分析可反复循环进行，并可根据需要选用不同方法，其信息只具有指导性，起参考作用；而计划或预算的程序则具有相对稳定性，其信息具有严肃性和强制性。预测既可在计划之前进行，也可在计划或预算的执行过程中进行，以指导修正计划或预算。

由于任何经济过程的发展趋势总有一定的规律，而现代数学方法和电子计算机技术可以帮助我们深刻理解经济过程的本质，并能使我们认识和掌握它的规律，这就为人们对经济过程的发展变化进行科学预测提供了可能。但由于社会经济的发展受多方面因素的影响，所以在预测分析中必须综合运用社会科学、自然科学等方面的成果，运用各种预测分析方法开展科学预测分析工作。

第三节　预测分析的分类

一、按预测的期限范围分类

(一)短期预测

短期预测是指对计划年度经济发展前景的预测。它是制订月度计划、季度计划、年度计划，明确规定一年以内经济活动具体任务的依据。

(二)中期预测

中期预测是指对一年以上五年以下经济活动的预测。它的主要目的是检查中期计划的执行情况以及中期决策的经济效果，以便及时发现问题，纠正偏差。

(三)长期预测

长期预测是指对五年以上的经济发展前景的预测。当企业考虑远景规划时，它为制订重大经济管理决策提供依据。比如进行固定资产投资项目预测时，要对该项目的投入资本、投产后未来现金流入、产品的成本及新增加的利润等进行长期预测。

二、按预测的内容分类

(一)销售预测

销售预测又叫产品需求预测，是指根据企业产品过去的经营状况及其他有关资料，对未来一定时期内销售数量(或金额)、销售状态及变化发展趋势的预计和推测。做好销售预测，可减少盲目生产，使企业的供应、生产、销售之间合理衔接，从而提高企业的经济效益。

(二)利润预测

利润预测是指在销售预测的基础上，根据企业未来发展目标和其他相关资料，预计、推测或估算未来应当达到和可望实现的利润水平及其变动趋势的过程。它可为企业确定最优的利润目标提供依据。

(三)成本预测

成本预测是指根据企业未来发展目标和有关资料，运用专门方法推测与估算未来成本水平及发展趋势的过程。成本预测包括多项内容，主要有目标成本预测和成本变动趋势预测。通过成本预测，可了解成本升降趋势，为编制成本计划提供依据。

(四)资金预测

资金预测是指在销售预测、利润预测和成本预测的基础上,根据企业未来经营发展目标并考虑影响资金的各项因素,运用一定方法预计、推测企业未来一定时期内或一定项目所需要的资金数额、来源渠道、运用方向及其效果的过程。广义资金预测包括全部资金需用量及其来源预测、现金流量预测、资金分布预测和资金运用效果预测。狭义的资金预测是指资金需用量预测。通过资金预测可为企业编制资金计划提供依据。

第四节 预测分析的特点

一、预见性

预测分析必须面向未来,着眼于预见未来经济的发展趋势和水平。没有预见性的预测不是科学的预测,尽管它要以占有大量历史资料为前提,但仅仅把工作范围局限于对历史资料的整理,停留在对过去情况的总结与说明上,而不管现实情况如何变化,绝不是预测,更谈不上科学预测。

二、明确性

预测分析结果的表述必须清晰,不能模棱两可,似是而非,含糊不清。预测结果不论正确与否,最终都应得到证明,根本无法验证其结果的预测不能算是科学的预测。

三、相对性

预测分析必须事先明确规定某项预测对象的时间期限范围。预测可分为长期预测和短期预测、时点预测和时期预测。长期预测和时点预测的精确度比短期预测和时期预测的精确度要差些,而无限远期的预测没有多大实际意义。

四、客观性

预测分析必须以客观准确的历史资料和合乎实际的经验为依据,充分考虑真实条件,不能主观臆断,凭空捏造,否则会使预测混同于臆测。

五、可检验性

由于事物未来的发展存在不可避免的不确定性,因此预测中出现误差也在所难免。正确的预测不在于它能够避免出现误差,而在于能够通过误差的检验进行反馈,积极地调整预测程序和方法,尽量减少误差。

六、灵活性

预测分析可灵活采用多种方法，不能指望有一种能适应任何情况、绝对成功的预测方法。选择预测方法，必须具体问题具体分析，应事先选择试点加以验证，只有选择简便易行、成本低、效率高的方法配套使用，才能起到事半功倍的作用。

第五节　影响预测分析准确度的主要因素

预测分析准确度指预测结果与实际情况的符合程度。它与误差大小呈反向变动关系，因而可以用误差指标反映。为了达到预测分析任务所要求的准确度，我们需要了解影响预测准确度的各种因素，然后才能从各因素入手对预测过程进行把关和修正，以得到更准确的预测结果。影响预测分析准确度的因素很多，主要有以下几个方面。

一、经济活动具有偶然性

经济的发展变化是一个必然性和偶然性相结合的过程。经济发展的客观规律性，决定了经济发展过程的发展前景和方向，这是它的必然性。人们通过采用正确的观点和科学的方法，可以认识经济活动过程的客观规律，因此可以科学地预测未来。但是，必然性又存在于偶然性之中。经济的发展过程又同时受到许许多多不确定性因素的影响，从而表现出偶然性的波动和变化，这是预测分析存在误差的主要原因。

二、影响因素与预测模型的匹配性

预测模型仅是对客观经济运动过程的一种简化。根据不同的预测方法所建立的不同的模型是对同一经济运动过程进行的不同描述和简化，因此，首先要选择合适的预测方法和模型，这样能减少预测误差。同时，由于预测对象的复杂性和预测方法的限制，只能把一部分影响因素引进模型中加以考虑。如果某些重要的因素被忽略，则会对预测准确度造成一定的影响。所以，要达到一定的预测分析准确度，应对进入模型的影响因素进行正确的选择，尽可能选择那些对预测对象有较强解释能力的影响因素，提高影响因素与预测模型的匹配性。

三、预测者分析判断的能力

预测过程中的分析指对经济过程的分析，例如，分析经济运行在不同的条件下分别是怎样发展的。判断是结合预测结果对经济运行的未来发展变化所做出的判断。预测者分析判断能力的强弱影响着预测分析的准确度。分析判断能力的形成取决于多方面的因素。一方面，人类对客观经济规律的认识不是一次完成的，而是一个逐步深化的过程，且受到人类生存的社会环境和客观条件的制约；另一方面，即使认识了某一经济现象的客观规律，但由于预测对象的复杂性和预测方法的限制，无法将众多的影响因素以及影响因素之间的复杂关系都考虑到模型中去，因而必须进行简化，这个过程就形成了误差；此外，预测者个人的实践经验和素质也是影响分析判断能力的一个重要因素。

四、资料的准确性和完整性

准确、完整的资料是得出准确预测结果的前提条件。资料不准确或不完整，都会使预测分析结果产生偏差。因此，为了提高预测分析的准确度，必须在收集整理资料上下功夫，力求取得准确、完整的资料，减少由于资料原因引起的误差。

第六节　影响预测分析方法选择的主要因素

选择合适的预测方法，对于提高预测精确度、保证预测质量有十分重要的意义。影响预测方法选择的因素很多，在选择预测方法时应综合考虑。下面给出六种主要影响因素。

一、预测的目标特性

预测目标用于战略性决策，要求采用适合于中长期预测的方法，但对其精确度要求较低；用于战术性决策，要求适合于中期和近期预测的方法，对其精确度要求较高；用于业务性决策，要求采用适合于近期和短期预测的方法，且要求预测精确度高。

二、预测的时间期限

适用于近期与短期的预测方法有移动平均法、指数平滑法、季节指数预测法、直观判断法等。适用于1年以上的短期与中期的预测方法有趋势外推法、回归分析法、经济计量模型预测法。适用于5年以上长期预测的方法有经验判断预测法、趋势分析预测法。

三、预测的精确度要求

满足较高精确度要求的预测方法有回归分析预测法、经济计量模型预测法等。精确度要求较低的预测方法有经验判断预测法、移动平均预测法、趋势外推预测法等。

四、预测的费用预算

预测方法的选择，既要达到精确度的要求，满足预测的目标需要，还要尽可能节省费用，即既要有高的效率，也要实现高的经济效益。用于预测的费用包括调研费用、数据处理费用、程序编制费用、专家咨询费用等。费用预算较低的方法有经验判断预测法、时间序列分析预测法及其他较简单的模型预测法；费用预算较高的方法有经济计量模型预测法及大型的、复杂的模型预测法。

五、资料的完备程度与模型的难易程度

在诸多预测方法中，凡是需要建立数学模型的方法，对资料的完备程度要求较高，当资料不够完备时，可采用专家调查法等经验判断类预测方法。在预测方法中，因果分析方法都需要建立模型，其中有些方法的建模要求预测者有较坚实的预测基础理论和娴熟的数学应用技巧。因此，预测人员的水平难以胜任复杂模型的预测方法时，则应选择较为简易的方法。

六、历史数据的变动趋势

在定量预测方法的选择中，必须以历史数据的变动趋势为依据。在实际应用中，通常使用的曲线预测模型有指数曲线(修正指数曲线)、线性模型、抛物线曲线、龚珀兹曲线等。

第七节　预测分析的基本原则

一、掌握丰富可靠的信息资料

预测分析必须有丰富可靠的信息资料，才能准确地反映现象或过程的发展变化规律，才能取得准确数据和可靠的预测结果。

二、预测分析的时间不宜太长

预测分析的外推时间越短越准确，因为在复杂多变的经济环境中，预测的时间越长，就会受到许多捉摸不定或意想不到的因素的影响，从而使预测的数值偏离实际。

三、根据预测的经济过程与现象来选择预测方法

由于客观经济过程与经济现象是错综复杂的，因此预测的方法也是丰富多彩的。对所采用的预测方法应事先加以检验测试，通常应选用简便易行、成本较低、预测结果比较准确的方法。

四、预测分析应充分估计预测的可能误差

预测是在一定的假定前提下对经济现象和经济过程所做的估计和推断。未来存在着各种不确定因素,误差在所难免,因此,必须对差异加以评价和分析,说明预测值的可信赖程度,从而控制误差,使预测结果更接近实际。

第八节　预测分析的基本原理

经济活动的发展变化是一个十分复杂的过程,它受到来自人类社会和自然界的许许多多因素的影响。人们并不能完全控制经济活动的发展变化。但是,表面上看似偶然的现象,实质上都要受到内部必然规律的支配。由于经济系统中各因素的发展变化是相互联系和相互制约的,因此,经济活动的发展变化遵循一定的客观规律。经济预测的总原理是利用科学的方法对已有资料进行分析,找出经济活动的内在客观规律,从而对其发展变化进行预测。具体来说,有以下几个基本原理。

一、惯性原理

惯性原理是指根据事物或现象发展变化的惯性或延续性进行推理和判断。惯性是指事物或现象的发展变化遵循一定的内在客观规律,支配过去和现在的规律也将延续到未来。所以,过去和今天的发展状况将会或多或少地影响到其未来。一般而言,经济活动具有较强的惯性。但是,不同经济活动的惯性大小不同,同一经济活动在不同时期或不同方面的惯性大小也可能不同。对于特定的经济活动来说,影响惯性大小的因素有两个:时间和规模。经济活动所经历的时间越长,其内在结构及其与外部的联系就越稳定,其惯性也就相对较大;反之,则相对较小。经济活动的规模越大,涉及的范围越广,则其惯性就相对较大;反之则相对较小。需要注意的是,只有当事物的发展变化具有相对稳定性时,才能应用惯性原理进行预测。

二、类推原理

类推原理是指根据事物或现象之间的相似性进行推理和判断。通过寻找并分析与预测对象类似事物的规律,根据已知事物的发展变化规律及特征,推断预测对象未来的状态或特征。利用类推原理进行经济预测的条件是,在一定的环境条件下事物或现象之间必须存在相似性。此外,只能由已知事物或现象来推测未知事物或现象,而不能由一个未知的来推测另一个未知的。

三、相关原理

相关原理是指根据经济现象之间的相关性进行推理和判断。经济现象之间的相关性是指许多经济变量之间存在某种有规律的、不是严格确定性的关系。这种关系可能是线性或非线性的，可能是因果关系、互为因果关系或共变关系。利用相关原理进行预测是经济预测中常用的十分重要的方法，例如线性回归法。在利用相关原理之前，首先要检验变量之间是否存在相关关系。不具有相关关系或相关关系太弱，则不能利用该原理进行预测。

四、概率推断原理

概率推断原理是指根据小概率原理进行推理和判断。在概率论中，小概率原理认为在一次试验中，概率很小的事件几乎不会发生，若该事件发生了，就认为事件的概率不是很小。由于各种随机因素的干扰，经济现象的发展变化往往具有不确定性。当出现多种预测结果时，概率推断原理选择可能出现的概率最大的结果作为最终的预测结果。利用概率推断原理进行预测的条件是，预测对象的发展变化具有多种可能性，并且可以分别计算出各种可能性出现的概率。

第九节 预测分析的基本步骤

对于不同的预测目标和不同的预测方法，经济预测的步骤不是完全相同的。但一般地说，其基本步骤如下。

一、确定预测目标

从管理和决策的要求出发，确定预测的目标，并根据目标确定预测的具体内容、时间等。这是进行预测工作的前提。换言之，预测必须首先搞清对什么进行预测，将达到什么目的，如预测销售量、预测成本，等等。只有目标明确，才能做到有的放矢，确定预测目标需要根据企业经营的总体目标来设计和选择。在预测目标确定的同时，还应根据预测的具体对象和内容确定预测的范围，并规定预测的期限。

二、确定预测因子

根据确定的预测目标，选择与其相关或有一定影响的因素作为预测因子。

三、收集和整理资料

预测目标确定后，应着手围绕预测目标收集从过去到现在的必要的信息资料，包括经济的、技术的、市场的计划资料和实际资料等。换言之，就是收集各因素(包括预测对象和预测因子)的历史和现状资料。收集资料的途径一般有两种：一种是从现有的统计资料、各种信息数据库和文献等中获取二手资料，另一种是根据预测目标的要求进行专门的市场调查以获取第一手资料。对收集上来的资料还需要进行分析、鉴别、加工、整理、判断，找出各因素之间的相互依存、相互制约的关系，并从中找出事物发展的规律，作为预测的依据。收集和整理的资料要能够达到适用性、完整性、准确性和可靠性等预测要求，这关系到经济预测的结果是否准确可靠。

四、选择预测方法

资料审核整理后，根据资料结构的性质和经济理论，在考虑费用、精确性的情况下，选择合适的经济预测方法。预测的方法很多，每一种方法都有其特定的应用环境和要求。任何一种预测方法都是建立在一定的假设条件之上的，都有自己的适用条件。因此，我们在预测时，不仅要根据不同的预测目标和占有资料情况，以及预测目标与影响因素之间的关系，还要考虑预测因子、预测环境和条件等问题，选择恰当的预测分析方法。对于那些可以建立数量模型的预测对象，应反复筛选比较，以确定最恰当的定量预测方法；对于那些缺乏定量资料无法开展定量分析的预测对象，应当结合以往经验选择最佳的定性预测方法，以确保预测结果有较高的精确度。

五、做出预测结论

利用预测方法对影响预测目标的各个方面进行具体的计算、分析、比较，得出定量分析或定性分析的预测结果，做出预测结论，从而揭示事物的变化趋势。

六、检查验证，修正预测值

通过检查前期预测结论是否符合当前实际，找出误差，并分析产生差异的原因，来验证预测方法是否科学有效，预测结论是否准确，以便将预测值及时加以修正。

七、报告预测结论

最终要以一定形式通过一定程序将修正过的预测结论向企业的有关领导报告。

第十节　预测分析的基本方法

系统的、准确的会计信息及其他有关资料，是开展预测工作的必要条件，经济规律的客观性及其可认识性是预测方法论的基础。预测具体方法的选择受预测对象、目的、时间以及精确程度等因素的影响。基本方法可归纳为定量预测法和定性预测法两大类。

一、定量预测法

定量预测法，又称数量分析法，是依据调查研究所得的数据资料，运用统计方法和数学模型，近似地揭示预测对象及其影响因素的数量变动关系，建立对应的预测模型，据此对预测目标做出定量测算的预测方法。定量预测按照具体方式不同，可分为趋势外推预测法和因果预测法两种类型。

(1) 趋势外推预测法。趋势外推预测法是根据某项指标过去的、按时间顺序排列的数据，运用一定的数学方法进行加工、计算，借以预测未来发展趋势的预测方法。也就是将时间作为制约预测对象变化的自变量，把未来作为历史的自然延续，属于按事物自身发展趋势进行预测的一类动态预测方法。亦称为时间序列预测法。它的实质就是应用事物发展的连续性原理和数量统计的方法来预测事物发展的趋势。属于这种方法的有算术平均法、移动平均法、趋势平均法、加权平均法、平滑指数法和修正的时间序列回归分析法、ARMA 模型法、马尔可夫法等。

(2) 因果预测法。因果预测法是根据某项指标与其他有关指标之间的相互依存、相互制约的规律性联系，来建立相应的因果数学模型进行预测的方法。也就是根据变量之间存在的因果函数关系，按预测因素(即非时间自变量)的未来变动趋势来推测预测对象(即因变量)未来水平的一类相关预测方法。它的实质就是通过事物发展的因果关系来推测事物发展的趋势。因果预测法一般是根据所掌握的资料，找出所要预测的变量与其他相关联的变量之间的关系。一般把预测对象作为因变量 y，把影响预测对象变化的变量作为自变量 x，如果函数关系为线性，可以用回归直线法建立预测模型；如果影响预测对象变化的变量有一个以上时，可建立多元线性回归预测模型。属于这类方法的有本量利分析法、投入产出法、回归分析法、经济计量模型法、灰色系统模型法等。

二、定性预测法

定性预测法又称非数量分析法或经验判断预测法，是指由有关方面的专业人员根据历史与现实的观察资料，依赖个人或集体的经验与智慧，对事物的未来状况和发展趋势做出推测的一类预测方法。适用于缺乏完备的历史资料或有关变量间缺乏明显的数量关系等条件下的预测。常用的有专家意见法、个人判断法、专家会议法、头脑风暴法、德尔菲法、相关类推法、对比类推法、比例类推法等。

在实际预测工作中，预测人员应根据具体情况把定量分析法和定性分析法结合起来加以应用，才能收到良好效果，因为它们并非相互排斥，而是相辅相成的。定量分析法虽然较精确，但许多非计量因素无法考虑。即使对一个具有完备历史资料的企业进行预测，除运用定量分析法建立经济预测模型，进行数学推导外，还应充分考虑国家方针政策、经济发展趋势、竞争对手的动态、投资者的意向等难以或不能归纳在数学模型之内的许多非计量因素的影响，才能使预测结果更加接近客观实际，准确性更高。因此，在预测工作中应将二者结合应用，相互取长补短，以提高预测分析的准确度和可信度。

本 章 小 结

本章主要介绍了经营预测的基本概念、产生原因及其历史发展。经营预测是指企业根据现有的经济条件和掌握的历史资料及客观事物的内在联系，对生产经营活动的未来发展趋势和状况进行的预计和测算。

预测分析有其自身的特点，具体包括预见性、明确性、相对性、客观性、可检验性与灵活性。预测分析预期能够得出准确的结果，需要了解预测分析的准确度和方法选择的影响因素，预测分析准确度的因素有经济活动具有偶然性、经营预测模型的匹配性、预测者的分析判断能力、预测资料的准确性等；预测分析方法的选择影响因素有目标特性、时间期限、精准度要求、费用预算、资料完备与模型难度及历史数据的变动趋势等。

预测分析需要坚持的基本原则为掌握丰富可靠的信息资料、预测分析的时间不宜太长、根据预测的经济过程与现象来选择预测方法、预测分析应充分估计可能的误差等。

预测分析的基本原理有惯性原理、类推原理、相关原理、概率推断原理等四大原理。

在坚持基本原则的基础上，利用基本原理来实现预测分析。实现预测分析的基本步骤为确定预测目标、确定预测因子、收集和整理资料、选择预测方法、做出预测结论、检查验证与修正预测值、报告预测结论这七大步骤。对于预测分析方法的基本分类有定量预测法与定性预测法。

第二章

销售预测分析

【学习要点及目标】
- 明确何谓销售预测，了解销售预测的意义。
- 了解定性销售预测和定量销售预测的方法种类。
- 掌握定性销售预测和定量销售预测方法的具体运用。

【关键概念】

销售预测　全面调查法　典型调查法　趋势平均法　指数平滑法　直线回归分析

第一节　销售预测的意义

销售预测是根据企业产品过去的经营状况和其他资料，对未来销售量的增减变动趋势做出的判断和推测。在整个企业经营预测系统中销售预测处于先导地位，它对于指导利润预测、成本预测和资金预测，进行长短期决策，安排经营计划，组织生产等都起着重要的作用。

影响销售的因素很多，一般可分为外部和内部两类。影响销售的外部因素有：①当前市场环境；②企业的市场占有率；③经济发展趋势；④竞争对手情况等。内部因素有：①产品的价格；②产品的功能和质量；③企业提供的配套服务；④企业的生产能力；⑤各种广告手段的应用；⑥推销的方法等。预测时应区分轻重缓急并综合地考虑这些因素，选择适当的方法进行预测。

销售预测的方法有很多种，归纳起来有两大类，定性销售预测方法和定量销售预测方法。下面就这两种方法加以介绍。

第二节　定性销售预测方法

定性销售预测主要是借助有关专业人员的政策水平、知识技能、实践经验和综合分析能力，在调查研究的基础上，对企业产品的市场销售量的发展趋势做出判断和预测。这种方法通常在缺乏完备、系统的信息资料或者影响销售量的有关因素难以定量化的情况下采用。定性销售预测法具体包括全面调查法、典型调查法及专家集合意见法等。

一、全面调查法

全面调查法是对涉及同一产品的所有销售对象进行逐一调查，经综合分析整理以后，推测该产品在未来一定时期内产品销售变动的总体情况。采用全面调查法可以取得比较完整、可靠的资料，但工作量较大，耗费较多，所需时间较长。全面调查法主要适用于对某些使用范围和用户有限的专用产品进行预测。

二、典型调查法

典型调查法就是对某些产品，通过对一些重要用户需求情况的调查，推算市场需求量及其发展趋势。其主要内容包括对产品的数量需求，用户的购买能力、生活方式、季节变化要求，通过典型调查，进行科学的整理分析，然后得出正确的销售预测。典型调查的对象要尽量体现出普遍性和代表性，以提高预测效果。

三、专家集合意见法

它是由见识广博、知识丰富的经济专家根据他们多年的实践经验和判断能力对特定产品的未来销售量进行判断和预测的一种方法。这里的专家一般指企业的高层决策者、销售部门负责人、经销商和其他外界的专家,不包括顾客和推销员。这种方法预测的结果容易受少数权威人士意见的左右,或碍于情面而难于说出事实的真相,故采用这种方法一定要从企业的整体利益出发,不必受他人影响和约束。

四、推销员判断法

它是由企业的推销人员根据他们的调查,将各个顾客或各类顾客对特定预测对象的销售预测值填入卡片或表格,然后由销售部门经理对此进行综合分析以完成预测销售任务的一种方法,又称意见汇集法。此法的原理是:基层销售人员最熟悉市场,能直接倾听顾客的意见,因而能够提供直接反映顾客要求的信息。

定性分析法的特点是以经验为基础,简便易行,但缺乏具有说服力的数学依据,而且预测的主观因素较多,偏差的可能性较大,因此主要在资料不完备、客观因素无法以定量分析时采用。

第三节 定量销售预测方法

定量销售预测主要是根据产品销售的实际历史资料,运用特定的方法确定销售中有关因素之间的数量关系及其变化规律,然后以测算未来的产品销售情况。定量销售预测通常在具有系统、完备的历史观察数据,或者影响未来的销售量发生变动的有关因素可以量化的情况下采用。

定量销售预测常用的方法有移动平均法、加权移动平均法、趋势平均法、指数平滑法及直线回归分析法等。

一、移动平均法

移动平均法是指在掌握 n 期销售量的基础上,按照事先确定的期数$\left(记作 m, m < \dfrac{n}{2}\right)$逐期分段计算 m 期算术平均数,并以最后一个 m 期平均数作为未来 $n+1$ 期预测销售量的一种方法。所谓"移动"是指预测值随着时间的不断推移,计算的平均值也在不断向后顺延。此法假定预测值主要受最近 m 期销售业务量的影响。此法的计算公式是:

$$预测销售量(\bar{Q}) = 最后 m 期算术平均销售量$$

$$= \frac{\text{最后移动期销售业务量之和}}{m \text{期}}$$

$$= \frac{Q_{n-m+1} + Q_{n-m+2} + \cdots + Q_{n-1} + Q_n}{m} \tag{2-1}$$

【例2-1】某企业生产一种产品,2007年1~12月份销量资料如表2-1所示。要求按移动平均法预测2008年1月份的销售量(假定 $m=5$)。

表2-1 销售资料   单位:吨

月份	1	2	3	4	5	6	7	8	9	10	11	12
销量(Q_t)	30	29	31	30	32	33	31	34	34	32	35	36

解:依式(2-1),利用最后5期销售量资料,得

1月预测销售量=(34+34+32+35+36)÷5=34.2(吨)

答:1月预测销售量为34.2吨。

但统计学家认为这样计算的平均值只能反映预测期前期的销售水平,还应在此基础上,按趋势值进行修正。趋势值 b 的计算公式为:

$$\text{趋势值 } b = \text{最后移动期的平均值} - \text{上一个移动期的平均值} \tag{2-2}$$

修正的移动平均法按以下公式进行预测:

$$\text{预计期销售业务量}(\bar{Q}) = \text{最后 } m \text{ 期算术平均销售量} + \text{趋势值 } b \tag{2-3}$$

【例2-2】仍按表2-1所示资料。要求用修正的移动平均法预测来年1月的销售量(假定 $m=5$)。

解:因为【例2-1】中的最后移动期的平均值为34.2吨,上一个移动期的平均值=(31+34+34+32+35)÷5=33.2(吨),所以 $b=34.2-33.2=1$(吨)。

1月预测销售量=34.2+1=35.2(吨)

答:按修正的移动平均法计算的来年1月预测销售量为35.2吨。

移动平均法考虑到远近期销售量对预测量影响程度不同,但只考虑 n 期数据中的最后 m 期资料,缺乏代表性。此法适于销售量略有波动的产品销售量预测。

二、加权移动平均法

加权移动平均法是根据过去若干期的销售量(或销售额)按其距计划期的远近分别进行加权,计算其加权平均数,并据以作为计划期的销售预测数的一种方法。计算公式为:

计划期销售预测数 $\bar{Q}$=各期销售分别乘其权数之和/各期权数之和

$$= \frac{\sum wx}{\sum w} \tag{2-4}$$

式中,w 代表权数;x 代表销售量(或销售额)。

【例2-3】仍按表2-1所示资料。要求:采用加权移动平均法预测来年1月预测销

售量。

解：按照距预测期的远近不同，令权数 w 分别为 1、2、3，根据计算公式预测来年 1 月预测销售量如下：

1月预测销售量 $=\dfrac{\sum wx}{\sum w}=(32\times1+35\times2+36\times3)\div(1+2+3)=35$(吨)

为简化核算，也可令 $\sum w=1$(如令 w_1 为 0.2，w_2 为 0.3，w_3 为 0.5)，则计划期销售预测数的公式改写为：

计划期销售预测值 $\overline{Q}=\sum wx$

1月预测销售量 $=\sum wx=32\times0.2+35\times0.3+36\times0.5=34.9$(吨)

但统计学家认为这一方法只代表计划期前一期的实际销售水平，为了反映近期的销售发展趋势，应在上述公式的基础上再加上每月的变动趋势值 b，才能作为计划期销售预测值，那么其计算公式应为：

$$\text{计划期销售预测值}=\sum wx+b \text{ 或 } \dfrac{\sum wx}{\sum w}+b$$

上式中：

$b=$(本季度每月平均实际销售额-上季度每月平均实际销售额)$\div 3$

仍以表 2-1 所示资料为例，按加权移动平均法预测来年 1 月预测销售量。

因为：三季度每月平均销售量$=(31+34+34)\div3=33$(吨)

四季度每月平均销售量$=(32+35+36)\div3\approx34.33$(吨)

所以：变动趋势值 $b=(34.33-33)\div3=0.44$

若令 w_1 为 0.2，w_2 为 0.3，w_3 为 0.5，$\sum w=1$。则：

1月预测销售量$=\sum wx+b=32\times0.2+35\times0.3+36\times0.5+0.44=35.34$(吨)

可见，这种方法考虑到近期的销售发展趋势，同时又根据时期的远近分别加权，从而消除了各个月份销售差异的平均化，故其预测结果比较接近计划期的实际情况。

三、趋势平均法

趋势平均法是指在按移动平均法计算若干期时间序列移动平均值的基础上，进一步计算趋势值的移动平均值，进而利用特定基期销量移动平均值和趋势值移动平均值来预测未来销售量的一种方法。计算公式：

$$\begin{aligned}\text{预测销售量}(\overline{Q})&=\text{基期销售量移动平均值}+\text{基期趋势值移动平均值}\\&\quad\times\text{基期与预测期的时间间隔}\\&=\overline{A}+\overline{t}\cdot n\end{aligned} \qquad (2\text{-}5)$$

上式中：$\overline{A}$ 为五期平均值；n 为距离预测时间的期数；$\overline{t}$ 为趋势平均值。

【例 2-4】仍按表 2-1 所示资料。要求：采用趋势平均法计算来年 1 月预测销售量。

解：依题意计算各期销售量移动平均值、趋势值和趋势值移动平均值，其结果如表 2-2 所示。

表 2-2 趋势平均法计算表　　　　　　　　　　　单位：吨

月份 (1)	实际销售数 (2)	五期移动平均值 (3)	变动趋势值 (4)	三期趋势值 移动平均值 (5)
1	30			
2	29			
3	31	30.4		
4	30	31.0	+0.6	
5	32	31.4	+0.4	0.53
6	33	32.0	+0.6	0.60
7	31	32.8	+0.8	0.47
8	34	32.8	+0	0.40
9	34	33.2	+0.4	0.47
10	32	34.2	+1.0	
11	35			
12	36			
计划期 1 月份		35.61		

该企业计划期 1 月份的销售预测值计算如下：

1 月份预测值 $=\overline{A}+\overline{t}\cdot n$ =34.2+0.47×3=35.61(吨)

34.2 是最后一个五期平均数；3 是最后一个五期平均数所在月份距预测期的月份数；0.47 是最后一个三期趋势平均数。

趋势平均法的优点在于既考虑了销售量的移动平均数，又考虑了趋势值的移动平均数，其缺点是过于复杂。

四、指数平滑法

指数平滑法是指在综合考虑有关前期预测销售量和实际销售量信息的基础上，利用事先确定的平滑指数预测未来销售量的一种方法。其计算公式是：

预计期销售量($\overline{Q}$)=平滑指数×前期实际销售量+(1-平滑指数)×前期预测销售量

$$=\alpha\cdot Q_{t-1}+(1-\alpha)\cdot \overline{Q}_{t-1} \tag{2-6}$$

α 表示平滑指数，这是一个经验数据，其取值范围通常在 0.3～0.7。平滑指数具有修匀实际数所包含的偶然因素对预测值的影响的作用，平滑指数取值越大，则近期实际数对预测结果的影响就越大；平滑指数取值越小，则近期实际数对预测结果的影响就越小。因此，进行近期预测或销量波动较大时的预测，应采用较大的平滑指数；进行长期预测或销量波动较小时的预测，可采用较小的平滑指数。

【例 2-5】2007 年 12 月，计算的预测销售量为 32 吨，当月实际销售量为 33 吨，设平

滑指数 α=0.3。要求：用平滑指数法预测 2008 年 1 月份的销售量。

解： 依题意按式(2-6)，可求得

2008 年 1 月份的销售量=0.3×33+(1-0.3)×32=32.3(吨)

答： 2008 年 1 月份按平滑指数法预测的销售量约为 32.3 吨。

从平滑指数法的预测公式和实例可看出，该法的实质是在已知前期预测销售量和实际销售量的基础上，分别以(1-平滑指数)和平滑指数为权数的一种特殊加权平均法。该法比较灵活，适用范围较广，但在选择平滑指数时，存在一定的随意性。

五、直线回归分析法

直线回归分析法就是根据过去各期的实际销售额，求出一条趋势变动直线，并使此直线上各点到实际值的对应点之间的距离最小，用这条回归直线预测未来销售情况。

运用直线回归分析法进行预测时，首先应将过去一定时期的历史资料按时间序列在坐标图上作图，能大致形成一条直线，则说明这个变量是时间的函数，它们之间基本上存在着线性联系，然后再建立直线回归方程：

$$y = a + bx \tag{2-7}$$

式中：x 代表自变量；y 代表因变量；a 代表纵轴截距；b 代表直线斜率。

式中 a、b 值的计算公式是：

$$a = \frac{\sum y - b \sum x}{n} \tag{2-8}$$

$$b = \frac{n \sum xy - \sum x \cdot \sum y}{n \sum x^2 - (\sum x)^2} \tag{2-9}$$

采用直线回归分析法进行销售预测时，因为 x 代表时间的间隔期，间隔时间是相等的，所以可以简化计算，设法使 $\sum x = 0$。若实际观测期为奇数，则取 x 的间隔期为 1，将 $x=0$ 置于所有观测期的中间，其余上下均以 1 递增或递减；若实际观测期为偶数，则取 x 的间隔期为 2，将 $x=+1$ 与 $x=-1$ 置于所有观测期的中间两期，其余上下均以 2 递增或递减。因为 $\sum x = 0$，所以 a 与 b 的计算公式便简化为：

$$a = \frac{\sum y}{n} \tag{2-10}$$

$$b = \frac{\sum xy}{\sum x^2} \tag{2-11}$$

【例 2-6】 某企业 2002—2007 年某产品的实际销售额如表 2-3 所示。

表 2-3　实际销售额一览表　　　　　　　　　　　　　单位：万元

年　度	2002	2003	2004	2005	2006	2007
实际销售额	100	108	114	120	132	140

根据以上资料，采用直线回归分析法预测 2008 年某产品的销售额。

解：
1) 预测期为偶数

根据已知的资料进行加工整理，如表 2-4 所示。

表 2-4　直线回归分析表　　　　　　　　　　　单位：万元

年 份	间隔期(x)	销售额(y)	xy	x^2
2002	−5	100	−500	25
2003	−3	108	−324	9
2004	−1	114	−114	1
2005	+1	120	+120	1
2006	+3	132	+396	9
2007	+5	140	+700	25
n=6	$\sum x=0$	$\sum y=714$	$\sum xy=278$	$\sum x^2=70$

将上表最后一行资料代入 a、b 的计算公式：

$$a = \frac{\sum y}{n} = \frac{714}{6} = 119$$

$$b = \frac{\sum xy}{\sum x^2} = \frac{278}{70} = 3.97$$

故回归直线方程为：

$$y = 119 + 3.97x$$

∵ 2008 年的 x 值为 5+2=7

∴ 2008 年销售预测值 y=119+3.97×7=146.79(万元)

2) 观测期为奇数

将 2003—2007 年实际销售额资料进行加工整理，如表 2-5 所示。

表 2-5　直线回归分析表　　　　　　　　　　　单位：万元

年 份	间隔期(x)	销售额(y)	xy	x^2
2003	−2	108	−216	4
2004	−1	114	−114	1
2005	0	120	0	0
2006	+1	132	+132	1
2007	+2	140	+280	4
n=5	$\sum x=0$	$\sum y=614$	$\sum xy=82$	$\sum x^2=10$

将上表最后一行资料代入 a、b 的计算公式：

$$a = \frac{\sum y}{n} = \frac{614}{5} = 122.8$$

$$b = \frac{\sum xy}{\sum x^2} = \frac{82}{10} = 8.2$$

故回归直线为：

$$y = 122.8 + 8.2x$$

∵2008 年的 x 值为 2+1=3

∴2008 年销售预测值 $= 122.8 + 8.2 \times 3 = 147.4$(万元)

本 章 小 结

销售预测是根据企业产品过去的经营状况和其他资料，对未来销售量的增减变动趋势做出的判断和推测。在整个企业经营预测系统中销售预测处于先导地位，它对于指导利润预测、成本预测和资金预测，进行长短期决策，安排经营计划，组织生产等都起着重要的作用。

销售预测的方法主要包括定性销售预测方法和定量销售预测方法，其中定性销售预测方法包括全面调查法、典型调查法、专家集合意见法、推销员判断法；定量销售预测方法包括移动平均法、加权移动平均法、趋势平均法、指数平滑法、直线回归分析法等。

第三章

利润预测分析

【学习要点及目标】
- 了解目标利润预测分析的一般方法步骤,掌握目标利润预测一般方法的运用。
- 明确利润敏感性分析的主要任务,掌握利润敏感性分析方法在利润预测中的应用。
- 明确经营杠杆效应及经营杠杆系数,掌握经营杠杆系数在利润预测中的应用。

【关键概念】

目标利润　利润预测　敏感性分析　经营杠杆系数

第一节　目标利润预测分析的一般方法步骤

所谓目标利润，是指企业在未来一段期间内，经过努力应该达到的最优化利润控制目标。它是企业未来经营必须考虑的重要战略目标之一。目标利润的预测步骤大致如下。

一、调查研究确定利润率标准

在调查研究的基础上，了解和掌握企业历史上利润率的最高水平以及当前同业或社会平均的利润率水平，从中选择某项先进合理的利润率作为预测基础。可供选择的利润率主要有销售利润率、产值利润率和资金利润率。利润率标准不宜定得过高或偏低，否则会挫伤企业各方面的积极性和主动性。

二、计算目标利润基数

将选定的利润率标准乘上企业预期应达到的有关业务量及资金指标，便可测算出目标利润基数。公式是：

$$目标利润基数 = 有关利润率标准 \times 相关指标 \qquad (3-1)$$

式(3-1)中的相关指标取决于利润率指标的内容，可以分别是预计销售额、预计工业总产值或预计资金平均占用额。

三、确定目标利润修正值

目标利润修正值是对目标利润基数的调整额。一般可先将目标利润基数与测算利润(即按传统方式预测出来的利润额)进行比较分析，并按本量利分析的原理分项测算为实现目标利润基数而应采取的各项措施，即分别计算各因素的期望值，并分析其可能性。若期望与可能相差较大，则适当修改目标利润，确定目标利润修正值。这个过程可反复测算多次，直至各项因素期望值均具有现实可能性为止。

四、最终下达目标利润、分解落实纳入预算体系

最终下达的目标利润应该为目标利润基数与修正值的代数和。它应反映或能适应预算期企业可望实现的生产经营能力、技术质量保证、物资供应、人力配备、资金流转水平以及市场环境等约束条件。按调整措施修订后诸因素测算的期望利润应与目标利润口径一致。公式是：

$$最终下达的目标利润 = 目标利润基数 + 目标利润修正值 \qquad (3-2)$$

目标利润一经确定就应立即纳入预算执行体系，层层分解落实，以此作为采取相应措

施的依据。

【例 3-1】 某企业目标利润预测分析实例。

已知：甲企业只经营一种产品，单价 120 元/件，单位变动成本 75 元/件，固定成本 380,000 元，2007 年实现销量 11,000 件，利润 115,000 元。企业按同行业先进的资金利润率预测 2008 年企业的目标利润基数。已知资金利润率为 18%，预计企业资金占用额为 900,000 元。

解： 2008 年目标利润基数=900,000×18%=162,000(元)。

按本量利分析原理，可计算出 2008 年为实现 162,000 元利润应采取的单项措施(即在考虑某一因素变动时，假定其他因素不变)如下。

(1) 实现目标利润的销售量为 12,044 件[(162,000+380,000)÷(120-75)]，需要增加销量 1,044 件(12,044-11,000)，增长率为 9.5%(1,044÷11,000)。

(2) 实现目标利润的单位变动成本为 70.72 元/件[120-(380,000+162,000)÷11,000]，需要降低单位变动成本 4.28 元/件(75-70.72)，降低率为 5.71%(4.28÷75)。

(3) 实现目标利润的固定成本为 333,000 元[(120-75)×11,000-162,000]，需要压缩固定成本开支 47,000 元(380,000-333,000)，降低率为 12.37%(47,000÷380,000)。

(4) 实现目标利润的单价为 124.27 元/件[75+(380,000+162,000)÷11,000]，需要提高单价 4.27 元(124.27-120)，增长率为 3.56%(4.27÷120)。

可见，企业只要采取以上任何一项单项措施均可保证目标利润的实现。若假定由于种种原因上述任何一项措施都无法实现，那么，还必须考虑采取综合措施。假定企业可考虑采取下列综合措施(计算过程略)。

(1) 为提高产品质量，追加 3%的单位变动成本投入，可使售价提高 5%。则此时实现目标利润的销量期望值为 11,118 件。

(2) 假定该产品价格弹性较大，降低价格 8%，可使市场容量增长 40%。若企业生产能力尚有潜力，可以满足市场需要，企业只要销售 15,400 件，就可实现目标利润。

(3) 在市场容量不变的条件下，若追加 6,000 元约束性固定成本投入，可以提高自动化水平，提高人工效率，降低材料消耗。只要单位变动成本期望值达到 70.18 元/件，企业也能实现目标利润。

但是上述综合措施所要求的条件假定仍然无法实现，经过反复测算比较，企业确定的目标利润基数与可能实现利润的测算数之间仍有一段差距(假定为 12,000 元)，目标太高，难以实现，可将目标利润修正值定为 15,000 元。则最终确定下达的目标利润预测值应为：

162,000-15,000=147,000(元)

第二节　利润敏感性分析方法在利润预测中的应用

利润敏感性分析是研究当制约利润的有关因素发生某种变化时对利润所产生影响的一种定量分析方法。它对于利润预测分析，尤其是对目标利润预测有十分积极的指导意义。

我们知道影响利润的因素很多，这些因素对利润的影响程度和方向是不同的。如有些因素增长结果会导致利润增长，而另一些因素只有降低才会使利润增长；有些因素只要略有变化就会使利润发生很大的变动，而有的因素虽然变动幅度较大，却又只对利润产生微小的影响。我们称那些对利润影响大的因素为利润灵敏度高，反之则称为利润灵敏度低，从另一个角度也可以说利润对前者的敏感性高，对后者的敏感性低。显然，因素的利润灵敏度不同，人们对它们的重视程度也应有所区别。对敏感性高的因素，应当给予更多的关注；对敏感性低的因素则不必作为分析的重点。利润敏感性分析的主要任务是计算有关因素的利润灵敏度指标，揭示利润与因素之间的相对数关系。

利润敏感性分析应考虑以下假定条件。

1) 有限因素的假定

为了简化分析，假定利润只受到以下因素的影响，即：单价 p、单位变动成本 b、销量 x 和固定成本总额 a。并假定它们的序号 i 分别为 1, 2, 3, 4。

2) 单独变动的假定

为了正确反映各因素对利润的影响，假定上述四个因素中任一因素的变动均不会引起其他三个因素的变动。

3) 利润增长的假定

为了使分析的结论具有可比性，假定每项因素的变动最终都能够导致利润增加。这就要求属于正指标的单价与销量的变动率为增长率，属于反指标的两项成本的变动率为降低率。

4) 同一变动幅度假定

为了便于考察利润受各因素变动影响程度的大小，必须排除各因素变动率不一致的现象，因此，假定任一因素均按同一幅度(如 1%)变动。结合第 3 个假定，利润敏感性分析中有关因素的变动率分别为：单价增长 1%，销量增长 1%，单位变动成本降低 1%，固定成本降低 1%。用公式表达为：

$$\text{第 } i \text{ 个因素的变动率}(K_i) = (-1)^{1+i} \times 1\%$$
$$(i=1,2,3,4) \tag{3-3}$$

式中的 K_i 代表任意第 i 个因素的变动率，上式展开后可写成：

$$K_1 = +1\%, \quad K_2 = -1\%, \quad K_3 = +1\%, \quad K_4 = -1\%$$

利润灵敏度指标的计算及其排列规律：利润敏感性分析的关键是计算利润受各个因素影响的灵敏度指标(后者简称为因素的利润灵敏度)。某因素的利润灵敏度指标即该因素按上述假定单独变动 1% 后使利润增长的百分比指标。其计算公式为：

$$\text{任意第 } i \text{ 个因素利润灵敏度指标}(S_i) = \text{该因素的中间变量基数}/\text{利润基数} \times 1\%$$
$$= M_i / P \times 1\% \quad (i=1,2,3,4) \tag{3-4}$$

式(3-4)中的中间变量 M_i 是指同时符合以下两个条件的计算替代指标，即：中间变量的变动率必须等于因素的变动率；中间变量变动额的绝对值必须等于利润的变动额。显然，单价的中间变量 M_1 是销售收入 px，单位变动成本的中间变量 M_2 是变动成本总额 bx，销售量的中间变量 M_3 是贡献边际 Tcm，固定成本的中间变量 M_4 就是它本身 a。用公式表示就是：

$M_1 = px$

$M_2 = bx$

$M_3 = \text{Tcm}$

$M_4 = a$

【例 3-2】 甲企业只产销 B 产品,本年销售量为 20,000 件,每件售价为 100 元,单位变动成本为 60 元,固定成本总额 300,000 元,该企业拟使下年的利润在本年基础上增加 20%。

要求:据此计算各因素灵敏度指标,并分析敏感指标。

解:已知利润基数 $P=20,000×(100-60)-300,000=500,000$(元),依题意计算各因素的中间变量如下。

$M_1=px=100×20,000=2,000,000$(元)

$M_2=bx=60×20,000=1,200,000$(元)

$M_3=Tcm=(100-60)×20,000=800,000$(元)

$M_4=a=300,000$(元)

分别将 M_i 和 P 代入(3-4)式,得

单价的灵敏度$(S_1)=M_1/P×1\%=px/P×1\%=2,000,000÷500,000=4\%$

单价变动成本的灵敏度$(S_2)=M_2/P×1\%=bx/P×1\%=1,200,000÷500,000=2.4\%$

销售量的灵敏度$(S_3)=M_3/P×1\%=Tcm/P×1\%=800,000÷500,000=1.6\%$

固定成本的灵敏度$(S_4)=M_4/P×1\%=a/P×1\%=300,000÷500,000=0.6\%$

答:该企业的单价灵敏度指标最高,单位变动成本的灵敏度指标次之,然后是销售量的灵敏度指标,固定成本的灵敏度指标最低。即企业利润受单价的影响最大,受固定成本的影响最小。

上例中的因素灵敏度指标的排列若用字母表示,可写成:

$$S_1>S_2>S_3>S_4$$

但是,若上例中的单位变动成本小于单位贡献边际,则相应的因素灵敏度指标的排列就会改变为:

$$S_1>S_3>S_2>S_4$$

同样,还可以找到其他排列顺序。由此可见,因素灵敏度指标的排列并不是唯一的。尽管如此,利润灵敏度指标的排列还是有一定规律可循的,因为从利润灵敏度指标的计算公式可以看出,其排列顺序取决于各个因素的中间变量的大小。因而在企业正常盈利的条件下,利润灵敏度指标的排列有如下规律存在。

(1) 单价的灵敏度指标总是最高。

(2) 销售量的灵敏度指标不可能最低。

(3) 单价的灵敏度指标与单位变动成本的灵敏度指标之差等于销售量的灵敏度指标,即

$$S_1-S_2=S_3$$

(4) 销售量的灵敏度指标与固定成本的灵敏度指标之差等于 1%,即 $S_3-S_4=1\%$。

影响利润的因素很多,各因素的利润灵敏度不同,人们对它们的重视程度也就应有所区别。对敏感性高的因素,应当给予更多的关注,对敏感性低的因素则不必作为分析的重点。

利润敏感性分析的主要任务是计算有关因素的利润灵敏度指标,揭示利润与因素之间的相对关系,并利用灵敏度指标进行利润预测。

一、测算任一因素以任意幅度单独变动对利润的影响程度

当影响利润的任一因素(假设为第 i 个因素)以任意幅度和任意方向单独变动(假设变动率为 $K_i=D_i\%$，D_i 为因素变动百分点)时，可以利用事先测算出来的因素利润灵敏度指标 S_i 很方便地预测出来这种变动将对利润产生什么影响。公式如下：

$$\begin{aligned}\text{某因素变动使利润变动的百分比}(K_0) &= (-1)^{1+i} \times \text{该因素变动的百分点} \times \text{该因素灵敏度指标} \\ &= (-1)^{1+i} \times D_i \times S_i \end{aligned} \quad (3\text{-}5)$$

$$(i=1,2,3,4)$$

【例3-3】 已知有关因素的利润灵敏度指标如例 3-2 的计算结果所示，假定企业的单价和单位变动成本分别上升了 5%。

要求：计算这两个因素单独变动后对利润带来的影响。

解：依题意：

∵ $S_1=4\%$，$K_1=+5\%$，$D_1=+5$

∴ $K_0=(-1)^{1+1}\times(+5)\times4\%=20\%$

又∵ $S_2=2.4\%$，$K_2=+5\%$，$D_2=+5$

∴ $K_0=(-1)^{1+2}\times(+5)\times2.4\%=-12\%$

答：当单价和单位变动成本分别上升 5% 时，利润将分别上升 20% 和降低 12%。

二、测算多个因素以任意幅度同时变动对利润的影响程度

当影响利润的任意因素(假设为第 i 个因素)以任意幅度和任意方向同时变动(假设变动率为 $K_i=D_i\%$，D_i 为因素变动百分点)时，我们可以利用事先测算出来的因素利润灵敏度指标 S_i 很方便地预测出这种变动将对利润产生什么影响。公式如下：

$$\text{多个因素同时变动后使利润变动的百分比}(K_0) = \left(D_1+D_3+\frac{D_1\cdot D_3}{100}\right)\cdot S_1 - \left(D_2+D_3+\frac{D_2\cdot D_3}{100}\right)\cdot S_2 - D_4\cdot S_4 \quad (3\text{-}6)$$

【例3-4】 已知有关因素的利润灵敏度指标如前【例 3-2】的计算结果所示，假定企业的单价上升了 5%，单位变动成本降低了 3%，销售量上升了 3%，固定成本上升了 2%。

要求：计算这四个因素同时变动后对利润带来的影响。

解：依题意：

∵ $S_1=4\%$，$S_2=2.4\%$，$S_4=0.6\%$

$K_1=+5\%$，$K_2=-3\%$，$K_3=+3\%$，$K_4=+2\%$

$D_1=+5$，$D_2=-3$，$D_3=+3$，$D_4=+2$

∴ $K_0=(5+3+5\times3\div100)\times4\%-[(-3)+3+(-3)\times3\div100]\times2.4\%-2\times0.6\%$

　　$=32.6\%+0.22\%-1.2\%=31.62\%$

答：当上述四个因素同时变动时，利润将增长 31.62%。

三、测算为实现既定的目标利润变动率应采取的单项措施

如果已知目标利润比基期利润增长百分比 K_0,则为实现目标利润变动率而应采取的单项措施的计算公式如下:

$$\begin{aligned}\text{某因素为实现既定目标利润变动率而应当变动的百分比}(K_i) &= (-1)^{1+i} \times \frac{\text{目标利润变动率}}{\text{该因素灵敏度}} \times 1\% \\ &= (-1)^{1+i} \times \frac{K_0}{S_i} \times 1\% \end{aligned} \quad (3-7)$$

$$(i=1,2,3,4)$$

【例 3-5】已知有关因素的利润灵敏度指标如例 3-2 的计算结果所示,假定目标利润比基期利润增长了 50%。

要求:计算为实现该目标利润变动率应采取的单项措施。

解:依题意:

∵ $K_0=+50\%$,$S_1=4\%$,$S_2=2.4\%$,$S_3=1.6\%$,$S_4=0.6\%$

∴ 单价的变动率$(K_1)=(-1)^{1+1}\times 50\%\div 4\%\times 1\%=12.5\%$

单位变动成本的变动率$(K_2)=(-1)^{1+2}\times 50\%\div 2.4\%\times 1\%=-20.83\%$

销量的变动率$(K_3)=(-1)^{1+3}\times 50\%\div 1.6\%\times 1\%=31.25\%$

固定成本的变动率$(K_4)=(-1)^{1+4}\times 50\%\div 0.6\%\times 1\%=-83.33\%$

答:企业只要采取以下任何一个单项措施就可以完成利润增长任务,即单价增长 12.5%、单位变动成本降低 20.83%,销量增长 31.25%,固定成本降低 83.33%。

四、测算为实现既定的目标利润变动率应采取的综合措施

利用利润灵敏度指标测算为实现既定的目标利润变动率而采取的综合措施,比测定单项措施麻烦得多,但更具有实际意义。为达到这个目标,需要反复测算多个因素同时变动对利润影响程度。

经过反复测算,可最终确定能保证目标利润变动率的综合措施(若目标利润率太高可设法予以修正),并分解落实。

【例 3-6】已知有关因素的利润灵敏度指标如例 3-2 的计算结果所示,假定目标利润变动率为+60%。

要求:计算为实现该目标利润变动率应采取的综合措施。

解:假定由于物价上涨,使单位变动成本增长 1%,经测算单价的增长率可达到 4%,可设法降低固定成本总额 4%,市场容量和企业的生产能力均无限制,具体分析过程略。

依题意,按式(3-6)计算:

∵ $S_1=4\%$,$S_2=2.4\%$,$S_3=1.6\%$,$S_4=0.6\%$

$K_0=+60\%$,$K_1=+4\%$,$K_2=+1\%$,$K_3=0$,$K_4=-4\%$

$D_1=+4$，$D_2=+1$，$D_3=0$，$D_4=-4$

∴ 多个因素同时变动后使利润变动的百分比 (K_0')

=(4+0+4×0÷100)×4%-(1+0+1×0÷100)×2.4%-(-4)×0.6%=16%

则剩余目标利润变动率(K_0'')=K_0-K_0'=60%-16%=44%

同样按式(3-6)计算：

为实现剩余目标利润变动率 K_0'' 的销售量变动率(K_3)=$(-1)^{1+3}$×44%÷1.6%×1%

=27.5%

答：在单位变动成本增长 1%的情况下，为实现该目标利润变动率应采取以下综合措施：使单价增长 4%，降低固定成本 4%，增加产销量 27.5%。

第三节 经营杠杆系数在利润预测中的应用

一、经营杠杆的含义

在其他因素不变的条件下，销售业务量一定程度的变动会使利润以更大幅度变动，人们将这种利润变动率大于业务量变动率的特殊现象称为企业具有经营杠杆效应。从物理学的角度看，利用杠杆原理，可以用较小的力量移动较大的物体。产生经营杠杆效应的原因在于，当产销业务量变动时，因固定成本的存在而使得单位固定成本呈反比例变动，从而带来单位利润相对变化，导致利润的变动率总是大于产销量的变动率。在利润预测中，若只有销售业务量一项因素变动时，可以利用经营杠杆系数进行预测。

二、经营杠杆系数及其计算

经营杠杆系数又被译作经营杠杆率(简记为 DOL)，是指在一定业务量基础上，利润的变动率相当于产销业务量变动率的倍数，其理论公式是：

经营杠杆系数(DOL)=利润变动率/产销业务量变动率=K_0/K_3 (3-8)

【例 3-7】 已知某企业连续 3 年的有关资料如表 3-1 所示。

要求：计算第二年和第三年的经营杠杆系数。

表 3-1 某企业连续三年的有关资料 单位：元

时期 项目	第一年	第二年	第三年
单位贡献边际	50	50	50
销售量	10,000	20,000	30,000
贡献边际	500,000	1,000,000	1,500,000
固定成本	300,000	300,000	300,000
利润	200,000	700,000	1,200,000

解：∵第二年的利润变动率(K_0)= (700,000-200,000)/ 200,000=+250%

第三年的利润变动率(K_0)= (1,200,000-700,000)/ 700,000≈+71%

第二年的销售变动率(K_3)= (20,000-10,000)/ 10,000=+100%

第三年的销售变动率(K_3)= (30,000-20,000)/ 20,000=+50%

∴第二年的经营杠杆系数(DOL)= 250%/100%=2.5

第三年的经营杠杆系数(DOL)= 71%/50%=1.42

答：这两年的经营杠杆系数分别为 2.5 和 1.42。

按以上理论公式计算经营杠杆系数，必须掌握利润变动率和产销量变动率。这就不便于利用经营杠杆系数进行预测。为了事先能够确定经营杠杆系数，在实践中可按以下简化公式计算：

$$\text{经营杠杆系数(DOL)} = \frac{\text{基期贡献边际}}{\text{基期利润}} = \frac{cm \cdot x}{P} \qquad (3-9)$$

公式证明：

∵ $DOL = K_0/K_3 = (\Delta P/P)/K_3 = \Delta P/(P \cdot K_3)$

但 x 变动时，$\Delta P = K_3 \cdot cm \cdot x$，代入上式，

∴ $DOL = (K_3 \cdot cm \cdot x)/(P \cdot K_3) = (cm \cdot x)/P$

【例 3-8】仍按上例资料。

要求：用简化公式计算并验证第二年和第三年的经营杠杆系数，预测第四年的经营杠杆系数。

解：第二年的经营杠杆系数(DOL)= 500,000/200,000=2.5

第三年的经营杠杆系数(DOL)= 1,000,000/700,000≈1.43

第四年的经营杠杆系数(DOL)= 1,500,000/1,200,000=1.25

答：按简化公式计算的第二年和第三年的经营杠杆系数与按理论公式计算的结果完全相同；第四年的经营杠杆系数为 1.25。

三、经营杠杆系数的变动规律

由式(3-8)和式(3-9)可见经营杠杆系数的变动规律如下。

(1) 在盈利的条件下，分子($cm \cdot x$)大于分母 P，所以经营杠杆系数恒大于1。

(2) 在前后期单价、单位变动成本和固定成本不变的情况下，产销量越大，经营杠杆系数越小；产销量越小，经营杠杆系数越大。所以，产销量的变动与经营杠杆系数的变动方向相反。

(3) 由于成本指标的变动与利润指标的变动方向相反，因此，成本指标的变动与经营杠杆系数的变动方向相同。

(4) 由于单价指标的变动与销售收入指标的变动方向相同，因此，单价指标的变动与经营杠杆系数的变动方向相反。

(5) 在同一产销量水平上，经营杠杆系数越大，利润变动幅度就越大，从而风险也就

越大。

(6) 经营杠杆系数 DOL 与销量的利润灵敏度 S_3，可以互相推算，两者关系是：

$$DOL = 100 \times S_3 \tag{3-10}$$
$$S_3 = DOL \times 1\% \tag{3-11}$$

四、经营杠杆系数在利润预测中的应用

(一)预测产销业务量变动对利润的影响程度

在已知经营杠杆系数 DOL、基期利润 P 和产销变动率 K_3 的情况下，可按下列公式预测未来利润变动率 K_0 和利润预测额 P_1：

$$\text{未来利润变动率}(K_0) = \text{产销变动率} \times \text{经营杠杆系数}$$
$$= K_3 \cdot DOL \tag{3-12}$$
$$\text{预测利润}(P_1) = \text{基期利润} \times (1 + \text{产销变动率} \times \text{经营杠杆系数})$$
$$= P \cdot (1 + K_3 \cdot DOL) \tag{3-13}$$

【例 3-9】 已知甲公司 2007 年利润为 200,000 元，2008 年的经营杠杆系数为 1.4，销售量变动率为 15%。

要求：计算 2008 年利润变动率和利润预测额。

解：2008 年利润变动率(K_0) = 15% × 1.4 = 21%

2008 年预测利润(P_1) = 200,000 × (1+21%) = 242,000(元)

答：2008 年利润变动率(K_0)为 21%，2008 年预测利润(P_1)为 242,000 元。

(二)预测为实现目标利润的产销变动率

已知经营杠杆系数 DOL、基期利润 P 和目标利润 P_1 或目标利润变动率 K_0 的情况下，可按下列公式预测产销变动率 K_3：

$$\text{产销变动率}(K_3) = (\text{目标利润} - \text{基期利润}) / (\text{基期利润} \times \text{经营杠杆系数})$$
$$= (P_1 - P) / (P \cdot DOL) \tag{3-14}$$
$$\text{或} = \text{目标利润变动率} / \text{经营杠杆系数}$$
$$= K_0 / DOL \tag{3-15}$$

【例 3-10】 已知甲公司 2007 年利润为 200,000 元，2008 年的经营杠杆系数为 1.4，目标利润为 300,000 元，2008 年目标利润变动率为 50%。

要求：测算为确保 2008 年目标利润的实现其销售量变动率。

解：销售量变动率(K_3) = (300,000 - 200,000) / (200,000 × 1.4) = 35.71%

答：为确保 2008 年目标利润的实现，销售量必须增长 35.71%。

本 章 小 结

本章是在前一章销售预测的基础上对目标利润的预测分析,其基本步骤如下:调查研究确定利润率标准、计算目标利润基数、确定目标利润修正值、下达目标利润并分解落实纳入预算体系等四个步骤。

利润预测的影响因素较多,本章选择利用敏感性分析法对利润应用进行分析,具体在利润分析中有:测算任一因素以任意幅度单独变动对利润的影响,测算多个因素以任意幅度同时变动对利润的影响,通过影响因素的分析最后测算为实现既定目标变动率可以采取的单项及综合措施。

如何更好地解决利润预测的结构性问题,利润预测引入了经营杠杆系数作为结构性问题的解决方案,主要介绍了经营杠杆的含义、经营杠杆系数的计算以及如何在利润预测中利用经营杠杆系数原理对预测产销量、产销变动率影响程度进行分析。

第四章

资金预测分析

【学习要点及目标】
- 了解资金需要量预测的含义，何谓资金需要量预测的销售百分比法。
- 掌握根据销售总额确定融资需求的方法步骤及其运用。
- 掌握根据销售增加量确定融资需求的方法步骤及其运用。

【关键概念】

资金预测　销售总额　销售量　外部融资需求

资金预测是会计预测的一项重要内容。保证资金供应，合理组织资金运用，提高资金利用效果，既是企业正常经营的前提，又是企业的奋斗目标之一。开展资金需用量及来源预测、现金流量预测、资金运动状况预测和投资效果的预测，是资金预测的重要内容。本节只介绍资金需要量预测，其余内容将在以后各章中分别介绍。

资金需要量预测，是在销售预测的基础上进行的。它是根据企业历史资金占用资料和其他相关因素的变动来推测分析企业在未来一定时期内对资金的需要量。筹资预测过程，实际上也是一个提出不同筹资方案，对各筹资预测方案进行分析比较，使企业筹资的资本成本更低的一个过程。

关于资金需要量预测，我国财务管理已形成了一套方法体系，这里着重介绍西方的销售百分比预测法。所谓销售百分比法就是根据资产、负债各个项目与销售收入总额之间的依存关系，按照销售额的增长情况来预测需要追加多少资金的方法。此法是以未来销售收入变动的百分比为主要参数，考虑随销量变动的资产负债项目及其他因素对资金的影响而预测未来需要追加的资金量的一种定量方法。这种方法在西方国家颇为盛行。

该方法的基本思路如下。

首先，是假定资产、权益与销售收入之间存在稳定的百分比关系。

其次，是根据预计的销售额和相应的百分比预计资产、权益。

最后，是利用会计等式确定融资需求。

销售百分比法的计算一般有两种方法，即根据预计的销售总额确定融资需求和根据预计的销售增加量确定融资需求两种方法。

第一节 根据预计的销售总额确定融资需求

根据预计的销售总额确定融资需求，应按照下列基本步骤进行操作。

一、根据历史数据确定销售百分比

通过对历史数据进行分析，找出资产、权益各项目与销售收入之间的依存关系。不同企业销售额变动引起资产、权益变化的项目及比率不同，需要根据历史资料进行判断。一般的规律如下。

(1) 资产类项目，如周转中的货币资金、正常的应收账款和存货等流动资产项目，一般都会因销售额的增长而相应地增加。而固定资产是否增加，则需视固定资产是否已被充分利用而定。若尚未充分利用，则可通过进一步挖掘其利用潜力，即可产销更多的产品；若对固定资产的利用已达到饱和状态，则增加销售就需要扩充固定资产。至于长期投资和无形资产等项目，一般不随销售额的增长而增加。

(2) 权益类项目，如应付账款、应交税金和其他应付款等流动负债项目，通常会因销售的增长而相应增加。至于长期负债和股东权益等项目，则不随销售的增长而增加。(应付票据项目不同的企业会有差异)

将有关的资产、权益项目占销售额的百分比计算出来，表明每一元销售额占用的资产、权益金额。

二、预测销售额

根据近几年的销售状况和对未来前景的展望，预测企业销售额的增长幅度。

三、计算预计销售额下的资产和负债及留存收益增加额

根据公式：资产(负债)=预计销售额×各项目销售百分比，计算出资产总额和负债总额。留存收益项目，通常可作为内部资金来源。当企业的税后利润大于股利时，超出部分计入留存收益。

留存收益的具体计算公式为：

$$留存收益增加额=预计销售额×销售净利率×(1-股利支付率)$$

为了预测的简便起见，通常使用上年的销售净利率与股利支付率，计算留存收益的增加额。

四、计算外部融资需求

根据销售增长后对资产、负债的影响以及股东权益的变化，计算出企业对外的融资需求。计算公式为：

外部融资需求量=预计总资产-预计总负债-预计股东权益(原股东权益+留存收益增加额)

计算计划期内所需追加资金量时应考虑以下几方面的内容。

(1) 由于计划期间销售额增加而追加的资金量。它是根据增长的销售额按销售百分比计算的。

(2) 计划期提取的折旧未使用的余额。它是应提取的折旧额减去计划期用于更新改造后剩余的金额。

(3) 计划期的留存收益。即留存收益增加额。

(4) 计划期的零星资金需要量。

【例4-1】甲公司在基期的销售收入实际数为900万元；获得税后净利50万元，并发放了股利30万元，而且基年厂房设备的利用率已达饱和状态。该公司基期2007年12月31日的简略资产负债表如表4-1所示。

表 4-1 甲公司资产负债表(1)

2007 年 12 月 31 日   单位：万元

资　产	金　额	权　益	金　额
现金	3	应付账款	40
应收账款	90	应交税金	25
存货	100	长期负债	215
厂房设备(净额)	252	普通股股本	200
无形资产	55	留存收益	20
资产总计	500	权益总计	500

若甲公司计划期销售收入总额将增至 1,100 元，并仍按基期股利发放率支付股利；折旧提取数为 5 万元，其中 70%用于更新改造现有厂房设备；假定零星资金需要量为 60 万元。

要求：预测计划期追加资金的需要量。

解：(1) 分析资产负债敏感性项目，如表 4-2 所示。

表 4-2 甲公司资产负债表(2)

2007 年 12 月 31 日

资　产	百分比	权　益	百分比
现金	0.33%	应付账款	4.44%
应收账款	10.00%	应交税金	2.78%
存货	11.11%	长期负债(不适用)	
厂房设备(净额)	28.00%	普通股股本(不适用)	
无形资产(不适用)		留存收益 (不适用)	
合　计	49.44%	合　计	7.22%

(2) 计算销售规模扩大后公司的总资产、总负债和总权益。

总资产=1,100×49.44%+55=598.84(万元)

总负债=1,100×7.22%+215=294.42(万元)

所有者权益=200+20+1,100×50÷900×[1−(30÷50)]≈244.44(万元)

(3) 根据内部资金来源和资金的零星支出情况，计算计划期外部融资额。

外部融资额=598.84−294.42−244.44−5×(1−70%)+60≈118.48(万元)

答：预测计划期追加资金的需要量为 118.48 万元。

第二节 根据预计的销售增加量确定融资需求

这是一种较为简便的方法。它仅根据销售增长对资产、权益的影响变动计算所需增加的筹资额，其计算公式为：

外部融资需求=资产增加−负债增加−留存收益增加

【例 4-2】 以【例 4-1】资料为例,根据增加量计算外部融资额。

解:外部融资额 =(1,100-900)×49.44%-(1,100-900)×7.22%-1,100×50÷900×[1-(30÷50)]-5×(1-70%)+60≈118.50(万元)

或 =[(3+90+100+252)-(40+25)]×(1,100-900)÷900-1,100×50÷900×[1-(30÷50)]-5×(1-70%)+60≈118.50(万元)

本 章 小 结

资金预测是经营预测的一项重要内容,保证资金供应,合理组织资金运用,提高资金利用效果,既是企业正常经营的前提,又是企业的奋斗目标之一。本章主要介绍的是资金需要量预测,具体的需求预测方法有根据预计的销售总额确定融资需求和根据预计的销售增加量确定融资需求两种方法。

根据销售总额确定融资需求的具体步骤为:①根据历史数据确定销售百分比,②根据百分比计算预测销售额,③计算预计销售额下的资产和负债以及留存收益增加额,④计算外部融资需求,达到资金最终需求的预测结果。

第二篇 企业经营决策

第五章

经营决策分析概述

【学习要点及目标】
- 何谓企业经营决策,做好企业经营决策的意义。
- 了解企业经营决策的基本要素、主要特点、主要分类、主要程序步骤。
- 了解企业经营决策硬技术和软技术的方法种类。
- 了解多属性决策的基本原理及其特征。

【关键概念】

经营决策　决策分析　网络模型　马尔可夫模型　德尔菲法　特性列举法

现代管理学认为，管理的重心在经营，经营的重心在决策。决策的正确与否，往往关系到一个企业的兴盛衰亡，因此，在科学预测的基础上，利用会计信息进行决策分析，是管理会计的核心内容之一。

第一节 决策及决策的发展

"人人做决策，天天做决策。"决策并不神秘，从狭义上讲，决策就是"决定"，决策就是做出决定的行为，或者说，为了解决某个问题，从多种替代方案中选择一种行动方案的过程(这偏重于从"如何做出"决策的角度去理解决策)。日常生活中许多事情需要我们做出决定，如：出门是否需要带雨具；选什么课程；到商店买衣服，买不买，买什么样式，什么颜色，等等问题，都需要做出决定。不过，对于这些小问题的决策，一般称为"决定"。决策一般可理解为"决定政策"，主要是指关系到国家发展、企业生存等一些大问题的决定。

管理理论中的决策是广义的，既包括对小问题的"决定"，也包括对大问题的"决策"，但侧重于大问题的决策。广义的决策是指人们为了达到某个目标，运用科学的方法，从一些可能的方案(途径)中选择满意方案的分析过程，是对影响决策的诸因素做逻辑判断与权衡。

"要胜曹公，需用火攻，万事俱备，只欠东风。"三国赤壁之战采用火攻这一正确的战术决策，为诸葛亮"三分天下"战略决策的实现奠定了基础。可见，决策思想古已有之。决策是人类固有的行为之一，有人类就有决策。

中国是一个文明古国，在历史上可找出许多"运筹帷幄之中，决胜千里之外"的成功决策范例：大禹分而治之的治洪方案；三十六计中的"围魏救赵""增兵减灶"等策略；战国时的"田忌赛马"，就有了博弈论的思想；宋朝丁渭"一举三得"的修城方案，已具有现代系统工程的思维方法；都江堰李冰父子提出的"深淘沙，低作堰"的治河方案，至今仍有参考价值。

但古时的决策主要是依靠领导者个人的知识和经验来进行的，既有许多成功的范例，也有许多"一失策顿成千古恨"的事例，如：项羽饮恨自刎乌江；赤壁之战的"蒋干中计"等。那时的决策被称为"经验决策"。

"战局瞬息万变。"决策的观念和方法的科学化，首先是在军事领域中逐步发展并开始形成的。随着历史进程的演进，战争的规模越来越大，武器越来越先进，参战的兵种越来越多样化，相互配合、协同作战的要求越来越高。军事指挥者越来越感觉到仅靠个人的经验和才能已不能应付日趋复杂的战争局面。1806年，普鲁士的军事改革家香霍斯特创建了"参谋本部"体制，它以众多参谋的集体智慧来协调和支持军事长官的决策。

"规章制度是重复的结果。"人们在决策时发现许多决策问题会重复出现，若能寻找出一些共同的规律并加以制度化，则可大大提高决策的效率。

"一种科学只有成功地运用数学时，才算达到真正完善的地步。"20世纪以后，特别是在"运筹学"产生以后，数学理论、方法的飞速发展，使得数学这门学科显得光彩夺目。第二次世界大战期间，"搜索论"被用于研究飞机如何有效地搜索德军潜艇；"规划论"

被用来研究如何用最少的护航舰达到最好的护航效果;"对策论"(博弈论)被用来研究舰只在"神风突击队"(日本空军敢死队)攻击下的各种应急措施;"库存论"被用于研究军备、武器的合理库存量;"网络论"被用于战时的交通调度和管理;在"系统论"指导下建造的"自由轮",被美国罗斯福总统认为是第二次世界大战获胜的重要工具。

第二次世界大战结束后,许多军事人员开始从事工业和商业经济活动,他们发觉经济活动与军事活动有许多相似之处,因此,许多用于军事领域的数学方法也可用于经济领域。

直到20世纪,决策才真正走上科学化的道路,而决策科学化的标志是"数学化、模型化、电子计算机化"。

"危机是革命的前夜。"由于数学方法(特别是运筹学)在军事和经济领域取得了巨大的成功,管理科学一词几乎成了运筹学的代名词,许多公司成立了专门研究数学模型的机构。他们相信,任何管理问题只要给出足够多的约束条件和变量数目,再设计出一个更比一个庞大的矩阵图、网络图及数学模型就都能迎刃而解。这种狂热在西方一直持续到20世纪60年代。

但是,一个象棋大师异于常规的怪招,曾经使得储备了许多常规棋谱的机器人举手无措。第12届世界杯足球赛时,人们将24支球队的历史,队员的技术条件、身体素质,气候、环境、营养状况及过去的比赛记录等极为详细的情况输入计算机进行分析,希望用计算机来预测比赛的结果。但令人沮丧的是,第一轮比赛过后,计算机预测的结果与实际结果的误差高达41.7%,而西班牙国王卡洛斯的预测误差却只有16.7%。决赛的结果与计算机的预测更是相差十万八千里。

随着过分追求数学化、模型化的失败记录的日渐增多,决策方法数学化、模型化的上空笼罩着一片乌云。好走极端大概是人类的通病,许多公司撤销了数学模型机构,决策方法面临着一场危机。

"创造力是人类最高的能力,正是它把新事物引进了人们的想法、观念、方法和系统。"错误和教训使人们变得聪明起来,人们终于认识到,决策的科学化并不单纯是决策方法的数学化——决策是一种复杂的社会行为,决策是人做出的,也要人来执行。决策方案是在特定的政治、经济、文化等条件下确定并实施的,这就必然涉及人的、社会的、经济政治的、文化的、心理的诸多因素。而有些因素是难以或不能定量的,数学方法对这些因素的考量是无能为力的。

因此,过分地追求决策方法的数学化、模型化将导致管理科学的死亡。于是许多发挥人的创造性思维的决策方法应运而生。如"头脑风暴法""强制联想法"等。相对于决策的数学方法(硬方法),这些方法被称为决策的"软方法"。

美国的管理学家斯塔尔对此深有感触地说:"管理科学逐渐地越来越不像物质科学,而越来越像社会科学。人们渐渐明白了,问题的软的行为科学方面和硬的物质数量测定方面不仅是相互联系的,而且是不可分割的。"

决策是为达到某种预定目标,按照某种条件、形式、程序和标准,从多种方案的比较中,确定最佳方案,帮助方案实施和进行反馈修正的过程。

决策学是为决策提供理论基础的科学,是一门研究决策这种社会行为合理原则的方法论科学,具体内容包括决策的分类、程序、方法、实施原则、信息反馈、经济性等。决策学是一门由科学群组成的"大科学",是科学综合的结果。它涉及哲学、社会学、经济学、信息论、控制论、系统论、人才学、预测学、行为科学等众多学科。

第二节　企业经营决策的意义

企业经营决策是指企业管理者在现实条件下,为了达到预期的经营目标,通过预测及对比分析,在两个以上的可行方案中选择最佳方案的行为过程。决策是管理者的基本行为,是管理的首要职能。管理者工作的实质就是决策,管理者也常被称为"决策者"。决策是人的主观能动作用的表现,决策的正确与错误,决定着企业各项工作的成功与失败。任何一个组织都离不开管理,而决策是管理工作的核心,是执行各项管理职能的基础,管理工作的各项职能的执行都必须以决策为前提。

企业经营决策过程大体包括五个主要阶段,即提出决策问题、确定决策目标、拟订备选方案、选择行动方案、决策实施与反馈。对决策的广义理解,即为决策分析,把决策看作一个过程。广义的经营决策定义包含着以下内容:①决策要有明确的目标;②决策要有几个可行方案供选择;③决策要有科学的分析、评价和选择;④决策的本质是过程(包含许多步骤);⑤决策的目的是利用机会解决问题。

简单地说,经营决策就是做出解决问题的决定并对这一决定的后果承担相应的责任。在这里,决策被看成是一个过程,而不是时点,否则就根本不可能涉及有关需要对决定后果承担责任内容的讨论。按照这样的定义,对于那些能够参与决策过程,却又无须承担决定后果责任的人,在此可以将其界定为参谋者或建议者,而只有那些需要、愿意并且能够承担决定后果责任的人,才可看作是真正的决策者。现实中,将参谋者或建议者误认为是决策者,结果造成了许多原本可以避免的决策失误与偏差事件。例如,由于制度设计上的缺陷,有些单位不存在真正意义上的决策者,谁都无须或不必对决策后果承担责任,拍脑袋随意决定,拍胸脯信口开河,拍屁股走人免责,管理漏洞随处可见;一些由外部专家临时组成的项目论证小组,充其量只能算是参谋者或建议者,有时却在事实上代替了知识或经验相对不足的决策者,指手画脚,宏论高发,事不关己,过度自信,以为说到就一定能够做到;还有,许多涉及公共利益的决策,由于参与决定的相关主体,往往无须也不可能承担自己决策的长期全部后果,这就使得社会决策很容易出现短视症,从而偏离真正的大众长期利益。这一点,在涉及个人当前切身利益而又事关环境、生态、人口、医疗、保健、安全等公众长期利益的决策时,情况尤其严重。

上面经营决策定义中所涉及的"解决问题"一词,在概念上可以一般地描述为,已做到或已实现的与想做或欲求之间出现差异,或者简单地说是"现实"与"理想"产生差距,并且这种差距大到了足以引起人们重视的程度;而"决定"则泛指解决问题过程所涉及的方案构思、比照、判断、选择及行动等整个过程。这里提到的解题"方案",为人们提供了从"现实"向"理想"过渡的手段和方法,可以看成是"人们想做,也能做成,但却还不知道的事情"。从时间过程看,任何个人、群体、组织或社会的"现实"与"理想",总是伴随着不断变化的复杂内外环境而变的,这意味着决策所涉及的解决问题过程具有动态性,在解决了一个老问题从而改变了现状的同时,人们内心中想做与欲求的东西也会随之改变，从而也就自然而然地会引发出与已获解决的老问题有所不同的新问题。由此可见，现实中将会有永恒的问题，而却没有一劳永逸的终极解决方案；决策所涉及的不只是一个简单的一次性判断与选择事件，而是一个持续寻求创新性解决方案的系列判断与选择过程。对于管理者来说，最好是有能力解决的小问题不断，会失控的大问题却能尽量杜绝。

经营决策是事先做出的抉择，正确的经营决策是企业正确进行生产经营活动的前提和基础。决策是否正确，不仅直接影响企业的经济效益，甚至关系到企业的盛衰成败，从这个意义上说，决策是企业经营管理的核心问题。一个管理者每天都会采取许多行动，也就是说每天都会做出许多决策，有正确的决策，也有错误的决策。决策者的职位越高，他做出的决策就越重要，影响的范围越大、程度越深。企业管理者的决策失误，会影响企业的经营活动，导致财务状况恶化，甚至危及企业的生存。

现代管理科学认为，企业的经营管理过程实际上就是决策的过程。一个组织的全部管理活动都是集团活动，决策过程就成为组织中许多集团和个人共同参与的活动：制订计划的过程是决策；在两个以上备选方案中选择其中一个也是决策；组织的设计、部门的分割、决策权的分配等是组织方面的决策；实际业绩与预算的比较和考核、控制方法的选择等是控制方面的决策。

第三节　企业经营决策的基本要素

企业经营决策是从一些可能的经营方案中选择满意方案的分析过程。它有以下几个基本要素。

(1) 决策者：是指做出最后决定的"人"，可以是"个人"，也可以是决策群体、集团或团体的代表。决策者应是对决策结果承担责任、承担风险的人。

(2) 分析者：只提出和分析、评价方案，而不做出决断的人。例如一些咨询机构。

(3) 决策目标：决策者必须至少有一个希望达到的既定目标，可以是单个目标，也可以是多个目标。

(4) 行动空间：方案空间或方案集合，指供决策者选择的所有决策方案的集合。如有三种可供选择的方案。

(5) 状态空间(自然状态)：可能出现的状态集合，指决策者无法控制但可以预见的客观存在的决策环境的各种状态。

(6) 结果空间：结果空间是指所有行动在所有状态下产生的后果集合，决策结果是指各种决策方案在不同自然状态下所出现的结果。如三种可能的方案在两种可能的自然状态下对应着六种可能的结果。

(7) 决策准则或选择标准：决策者用来比较和选择方案衡量标准，是选择方案、做出最后决定、评价决策结果时的原则，决策准则应和决策目标协调。通常，它与决策者的价值取向或偏好有关。

(8) 信息：应具有较高准确性、完整性和及时性。决策要想正确，必须建立在收集、分析、处理大量资料、情报信息的基础上。不掌握完整、准确的信息，是不可能做出正确决策的。

第四节　企业经营决策分析的特点

我们认为经营决策是决策者为了按预期目的去完成某项任务或解决某个问题,运用各种方法,在系统地分析了主客观条件之后,考虑到未来状态,根据决策准则,对提出的多种可行方案,进行优选评比,选择合理方案的一种经营分析过程。它有以下特点。

(1) 未来性。这是决策分析的基本特点,决策的着眼点是对未来的行动要有正确的判断。在经营决策分析时,既要对过去和现在情况有确实的了解,更要对未来可能遇到的情况有科学的预见,要使决策时依据的信息具有较高准确性、完整性和及时性。对未来有长期影响的经营决策为高层决策,短期性的经营决策可在基层进行。

(2) 指向性。经营决策分析为各种经营决策活动指出了应遵循的方向。

(3) 系统性。这有两层意思,其一是指经营决策分析过程是一个系统分析过程;其二是要用系统观点来分析与评比各种可行方案,要有全面的观点,讲究决策过程和所做决策的整体效果。

(4) 优选性。经营决策分析过程是一个寻优过程,是对各种可行经营方案进行优选评比的过程。

(5) 动态性。经营决策分析是一个系统分析过程,也是一个多次反复分析与寻优的动态过程,同时也具有反馈性。反馈性是指在经营决策分析过程中,不断地将各种决策信息,包括实施决策过程中不断取得的新的决策信息反馈回来,其目的是要求根据客观情况的变化,随时做出相应的调整,使经营决策能按照预期目标进行。

第五节　企业经营决策的分类

企业的经营决策涉及面较宽,为了掌握各类决策的不同特点,以便正确进行决策分析,有必要从不同的角度,对企业经营决策进行分类。从管理会计的角度出发,企业的经营决策可做如下分类。

一、按决策的重要程度进行分类

(1) 战略决策。是解决带全局性的重大问题的决策。是确定企业的发展方向,使其适应外部环境变化的决策,是对企业总目标以及为实现总目标而获得、使用和配置各种资源的抉择过程。如新产品研究和开发的决策、生产规模扩大或缩小的决策等。它解决的是一些事关企业全局的重大问题,它具有全局性、方向性、战略性和长期性等特点。

(2) 战术决策。是为保证战略决策的实现而制定的,是指与达到确定目标的手段和方法有关的决策。其重点是如何组织企业内部力量,如降低产品成本的决策和调整采购地点的决策。又如要开发产品(战略决策),需要进行设备改装、职工培训等(战术决策)。它具有局部性、暂时性和策略性等特点。

(3) 战役决策。主要是对具体经营作业中的问题的决策。它具有短期性和技术性等特点，如要完成职工培训(战术决策)，就要具体确定培训的人员、内容、时间和地点等(战役决策)。

二、按决策受益期时间长短进行分类

(1) 长期决策。这类决策又称为投资决策，是指对企业经济效益的影响时间在一年以上，一般都涉及企业的发展方向及规模等重大问题，如厂房、设备的新建与更新，新产品开发，设计方案选择与工艺改革，企业剩余资金投向等。这类决策一般都具有使用资金量大、对企业发展影响时间长的特点。

(2) 短期决策。这类决策又称为日常经营决策，是指对企业经济效益的影响在一年以内，决策的主要目的是使企业的现有资源得到最充分的利用。经营决策一般不涉及对长期资产的投资，所需资金一般靠内部筹措。短期决策的内容与企业日常生产经营活动密切相关，包括企业的销售决策、生产决策、成本决策、定价决策等。

三、按决策条件的肯定程度进行分类

(1) 确定型决策。是指影响决策的相关因素的未来状况是肯定的，决策的结果也是肯定的和已知的一种决策类型。确定型决策是对决策对象的信息有完全了解，不存在任何的不确定性的问题的决策。它可以运用常规决策方法进行确切测算，并可以用具体的数字反映出方案的经济效益。即用数学上解最优化的方法来选择方案。如用线性规划法来求解。企业经营管理决策分析中大部分都是确定型决策。确定型决策强调决策环境是完全确定的，且决策结果也是确定的。

(2) 风险型决策。是指影响决策的相关因素的未来状况不能确切肯定，但该因素可能存在几种结果，每一种结果出现的概率是已知的一种决策类型。换而言之，风险型决策是对决策问题可能出现若干种情况(随机现象)且知道各种情况发生的概率的一种决策。比如：决策者在做销售决策时可能对计划期的销售量不能完全确定，只知道计划期的销量可能为100件、200件、300件、400件，其概率分别是 0.5、0.3、0.2、0.1。在这种情况下，决策者可以通过计算销售量期望值大小来进行决策。由于决策是依据可能的而不是确定的因素来进行判断的，因此对方案的选取带有一定的风险。风险型决策是介于确定型决策与不确定型决策中间的一种决策。风险型决策强调决策环境是不确定的，但对于各自然状态发生的概率可以预先估计或计算，又称"随机型决策"或"统计型决策"。

(3) 不确定型决策。是指影响决策的相关因素的未来状况完全不能肯定，或者虽然知道它们存在几种可能的结果，但不知道各种结果出现的概率是多少的一种决策类型。换而言之，不确定型决策是指对决策问题可能出现若干种情况(随机现象)但不知道各种情况发生的概率的问题的决策。如管理者在进行销售决策时，计划期的销量可能为100件、200件、300件、400件，但不知道每种销售量的概率是多少，这种决策就完全取决于决策者的经验和判断能力。再如进行新产品开发，其产品可能畅销，也可能滞销，但不知道畅销、滞销的概率，这时对是否应该开发该种新产品的决策即是不确定型决策。不确定型决策强调决策环境不确定，且对于各自然状态发生的概率也无法预先估计或计算。

四、按决策本身的不同性质进行分类

（1）采纳与否决策。是指只需要对一个备选方案做出选择的决策，也称接受与否决策、单一方案决策。例如亏损产品是否停产的决策，是否接受加工订货的决策等。

（2）互斥选择决策。是指在一定的决策条件下，存在着几个相互排斥的备选方案，通过对比分析，最终选择最优方案而排斥其他方案的决策。例如零部件是自制还是外购的决策，联产品是否进一步加工的决策等。

（3）最优组合决策。是指几个备选方案可以并举，在其资源总量受到一定限制的情况下，如何将这些方案进行优化组合，使其综合经济效益达到最优的决策。例如在几种约束条件下生产不同产品的最优组合决策，在资本总量一定的情况下不同投资项目的最优组合决策等。

五、按决策解决问题的方式不同进行分类

（1）去除障碍型决策。这就是做事的方向明确，但行动的道路上有障碍，关键是如何消除或绕过这些障碍。

（2）寻求出路型决策。这就是不知道做什么，似乎前途渺茫，毫无出路，需要找到突破点。

（3）防患未然型决策。这就是不知道问题在哪，或者说存在着"没有问题的问题"，此时的关键在于，如何未雨绸缪，识别出可能存在的问题，并为其做好充分的准备。

六、按决策问题是否会重复出现进行分类

（1）重复性决策。是指在实际工作中经常出现问题的决策。如工厂中物资的购进与入库、广告宣传和新产品的开发等均是重复性决策问题。这种决策一般用决策"硬技术"解决。

（2）一次性决策。是对只出现一次或不经常出现问题的决策。如工厂是否转产、重大项目的投资、兼并、重组等问题的决策。这种问题一般用决策"软技术"解决。

七、根据决策者身份进行分类

（1）个人决策：是决策者为满足其个人的目的或动机而以个人身份做出的决策。

（2）组织决策：是为了实现组织的目标，由组织整体或组织的某个部分做出的对组织未来一定时期内活动的选择和调整。它与某个组织或群体的目标直接相关，它与个人的目的没有直接关系。组织决策可以是由组织成员个人做出的，但其目的是为了组织而非个人，因此，其价值判断应客观和理性。

八、根据决策方式进行分类

(1) 定性决策：决策目标与决策方案不能用数量表示的称为定性决策。如组织机构的设置与调整、环境污染对人体健康的影响等都属于定性决策问题。

(2) 定量决策：决策目标与决策方案等可以用数量描述与分析的决策问题称为定性决策。如计划年产量、成本预算、资源配置等都属于定量决策问题。

九、根据决策时期进行分类

(1) 单级决策(或称静态决策)：如果决策是在一个时期内进行的，称单级决策。

(2) 多级决策(或称动态决策)：如果决策是跨越两个时期，或在两个或两个以上连续时间段内进行的称为多级决策或动态决策。由于多级决策是处理一种在实践上有先后顺序，又是互为联系的、呈串联结构形状的决策问题，又称为序列决策。整个决策问题的效果并不是各阶段决策效果的简单叠加，而是相互组合而成的总效果，多级决策问题必须考虑整个决策问题的总效果。

第六节 企业经营决策程序

经营决策研究包括三方面的问题：做出什么经营决策？如何做出经营决策？经营决策做得如何？按照经营决策过程将解决上述三方面问题的过程归结为以下几个阶段，即提出决策问题阶段、确定决策目标阶段、拟订备选方案阶段、评价方案阶段、选择行动方案阶段、决策实施与反馈阶段。具体可分为以下几个步骤。

一、提出经营决策问题

(1) 问题与决策问题。"把一个问题说得清清楚楚，已经解决了一半。"问题是一切决策的开端，没有问题就无所谓决策。问题是主观与客观、理想与现实、应有现象与实际现象之间的矛盾，而矛盾是普遍存在的，所以，问题无所不在。要使问题成为决策问题要具有两个条件。首先，它是客观存在的，且是被发现、认识、理解并能清楚表达的问题；其次，必须是令决策者感到不满的问题才能成为决策问题。后面所说的问题均指决策问题。

(2) 正确分析问题。包括以下四步。

第一步，正确确定问题的类型。决策问题一般分为"开创型"和"常规型"两类。开创型决策一般是涉及一些重大问题的决策，且有时用现存的理论和方法均不能对问题进行清楚的认识和表述，必须用创造性和预见性的逻辑思维进行概念开发。这类问题一般由该部门的最高领导来进行决策。这类决策，是最高层次的、观念方面的、少数的重大决策。它需要的是决策的冲击，而不是决策的技巧，它是好的决策而不是巧的决策。常规型决策也称例行性决策，一般属于战术或战役决策。它一般是经常重复出现的、有共同规律的一些小问题的决策。这类问题一般由下一级的管理者来进行决策。

第二步，正确界定问题。所谓界定问题，就是把问题界定清楚。一般要就什么问题、什么时间、什么地点、什么幅度等四个方面说明清楚。界定问题就像医生诊断病情，如果病情都未诊断清楚就开药方，显然是达不到治病目的的。

第三步，以差距的形式表达问题。美国管理学家克普勒和崔可把"应有现象与实际现象的偏差"定义为问题，即"问题(差距)=标准-现状"。用这样的形式表达问题，一是可以把问题界定得更加清楚；二是可以衡量这样的差距是否令决策者感到不满，是否有必要付出代价来消灭或缩小这种差距。正如医生看病是以健康人为标准来判断受诊者是否有病及病的严重程度的。

第四步，找到产生问题的真正原因。确定问题后，还必须找到产生问题的真正原因，才能对症下药。要找到问题产生的真正原因，应从事物的特点与变化中去寻找，并对这些特点与变化进行验证。所谓特点的寻找，就是将界定问题的资料归为"是问题"与"不是问题"两类，然后就会产生一种对比，对比的结果，就会显示出各项特点来。变化就是一种新的、不同的事物或状况。这些变化很可能就是产生问题的真正原因。如果在寻找原因时未发现对比，则表明"界定"的问题并不准确，需再加"界定"；某些情况下，原因的原因构成事物的因果链，必须层层深挖。有时一项特点中的变化还要和另一项或几项变化结合起来，才能成为问题的真正原因。是否是产生问题的真正原因，还必须加以验证。所谓"验证"，就是对一个问题原因的任何解释，都去寻求例外的一种程序。如案件审理中的"例外原则"，就是验证的一种运用。例如，即使有若干条理由支持"某人是罪犯"的假设，但只要有一个理由能真正证明他不可能犯罪，则其他的理由都不能成立，如成语中的"疑人偷斧"。因为只可能有一项变化是造成该问题的原因，这一原因会产生确定的事实，而不会有例外，也不会有假设。所谓"例外原则"，就是要对问题产生的各种可能原因进行反面论证。在分析问题的过程中，一位高明的管理者，应如一位高明的侦探一样，能找出有关的资料并加以运用，一点点地缩小侦查范围，直到查出真正的罪犯。

二、确定经营决策目标

"有的放矢"和"南辕北辙"给人的启示是，如果目标不清楚甚至目标的方向都错了，则决策方案实施得越好，造成的损失可能越大。管理上流行的"管理效能=目标方向×工作效率"的公式，充分说明了目标确定的重要性。

(1) 经营决策目标的概念。决策目标是对决策问题的本质概括和抽象。

(2) 确定经营决策目标的要求。首先，要求目标必须具体明确。包括：①要确定价值准则。所谓价值准则，是指决策者希望达到的理想、期望和意图的科学的、定性与定量的表述。价值准则一般包括物质性价值准则和精神性价值准则。正确的价值准则是准确确定目标的前提，也是评价决策方案和实施结果的依据。②应使目标单义。即任何人对目标都应只有一种理解，因此，目标应尽可能量化。③目标要落实。决策目标是由总目标到具体目标的多层次系统，即分层目标结构。上层次的具体目标应是下层次的总目标，不能照搬总目标作为下层次的具体目标。其次,要求确定的目标是可以达到的。有时,由于主、客观条件的限制,不能达到理想的目标,这时需要订立一些"适应性目标"以保证目标是可以达到的。此外,还应考虑决策权与执行权的一致性。再次,规定实现目标的时间。"机不可失,时不再来。"没有规定时间的目标不是完整的目标。要避免"马后炮"的决策,就必须规定达到目标的时间。

三、拟订方案

"狡兔三窟"的故事说明了拟订方案的重要性。所谓经营决策就是在多方案中选优,没有选择就无所谓决策。人们把没有选择的单方案决策讥讽为"霍布森决策"。霍布森是英国剑桥的一个贩马者,他让买马者可以挑选马匹,但又说只许挑选靠近门边的那匹马,实际上是不让人选择。管理上有句名言:"如果你感到似乎只有一条路可走,这条路很可能是走不通的。"一般而言,可供选择的方案越多,说明决策的环境越好。

(1) 拟订方案的要求。从理论上讲,拟订方案要做到整体的详尽性和方案间的排斥性。方案的详尽性是指在拟订的方案中应把达到目标的所有可能的方案都包括无遗,即所谓"条条道路通罗马"。在实际工作中,只可能选择一个方案实施,因此,所拟订的方案间必须是相互排斥的。如果一个方案包含另一个方案,或两个方案可同时采用,或方案虽是从不同角度出发但彼此无法比较优劣,则这些方案均违背了相互排斥性。

(2) 拟订方案的阶段。拟订方案一般可分为大胆寻找与精心论证两个阶段。方案拟订的过程很大程度上是一个创新的过程。大胆寻找阶段就是要充分发挥人的创造性思维,找到好方案。创造性人人都有,但需要开发。创新思维的障碍有社会和思维两方面的,要打破这些障碍,需要经常做一些软化头脑的柔软体操。如丰田汽车公司的"传票卡制"的管理方法就是从小孩倒着放电影中受到启示。因此,在大胆寻求方案时,波亚说:"寻求真理时,正确答案的作用比错误答案小得不可比拟,而且一项新的假设不管多么荒唐,总是比对现有假设做一点点改进有用。"如果说方案的寻找需要的是创新精神和想象力,那么在精心设计阶段则需要求实精神和冷静的头脑。"没有缺点就是最不能容忍的缺点",世界上没有十全十美的事情,决策方案也是如此。由于方案的提出者对自己的方案一般都有一种偏好,故对优点的估计较充分,而对其缺点容易忽视。因此,在设计阶段首先要估计该方案有些什么缺点,并提出一些补救措施。其次,应对方案的可行性进行研究并对各种后果进行估计,这些后果一般包括:直接后果、间接后果、长远后果、社会后果和无形后果等。

四、评价方案

"兼听则明,偏信则暗。"在评价方案时要充分发扬百花齐放、百家争鸣的精神。任何方案都是优劣并存的,要对这些方案做出实事求是的综合评价,并提出参考性的方案供领导者选择。评价方案的内容主要有:审定方案、评价方案、推荐方案。审定方案要就决策问题的分析是否清楚、原因是否找到、目标是否正确及清楚、方案是否有细节、有无缺点及后果估计等进行审定。评价方案时多采用"反面论证法",要特别注意倾听反面意见,一个反面意见有时会是一个很好的补救措施。推荐方案就是在对众多方案进行综合评价的基础上,选择几个较好的方案供领导者选择。评价方案的人员要注意选择"反馈型人才"。这种人才一般具有思维活跃,且反应敏锐、知识面广、吸收新生事物快、综合分析能力强、敢于直言不讳、只有真理精神、没有权力欲望等素质。

五、选择方案

"成败在此一举。"选择方案就是人们常说的"拍板",这是领导者的主要职责。指挥员高于参谋和其他人员的地方就在于能敢于和善于拍板。在选择方案时会遇到许多困难。选中的方案将会付诸实际,一旦选错方案有时会产生严重的损失,甚至会产生不可弥补的后果。一失足而成千古恨的教训会使人犹豫不决;许多方案优劣互见,没有一个方案比其他方案更具明显优势,这也会使领导者难以下定决心。领导者一般属于"指挥型人才"。这种人才一般具有高瞻远瞩的战略眼光、大智大勇、果敢善断、有强烈的事业进取心等素质。

六、实施方案

"没有实施就没有决策。"决策方案必须是能够付诸实施的方案,否则就是没有实用价值的方案。实施应该是决策中最有成效的一个环节,也可能是最困难的一个环节。所谓实施,就是将选中的方案付诸实际运行。为了使方案能够实施,首先,在此之前的各环节都必须树立"一切为了实施"的观念,如目标能否达到、方案是否可行等。其次,方案的顺利实施需要有正确的宣传、上级的支持、群众的参与和正确的组织形式等。有人认为:一个实施方案就是一次变革,当变革将造成对某种现有的相对满足的社会系统的改变时,如组织结构、观念、地位、待遇、工作条件、领导关系等方面的改变时,如果对此处理不好或考虑不周,就会产生阻力。在人员选择方面,需要选择"执行型人才"来实施方案。这种人才具有忠实坚决、善于领会领导意图、埋头苦干、任劳任怨等素质。

七、信息反馈

"不能只问耕耘,不问收获。"方案实施后,并不是万事大吉。从控制论的角度看,经济管理过程就是一个不断进行控制的过程,控制得越好,管理成效就越高,但控制必须借助信息反馈才能实现。反馈本是机械系统中的一种作用,指人或机械控制一个运动并要求它达到一定的目标,在此过程中往往会产生偏差,把这个偏差反映回去,使它影响产生这个运动的人或机械的控制活动。心理学中将信息反馈称为结果的知识。结果的知识对人的活动具有重要的意义。如一个人打靶,若没有报靶人,则无论射击多少次也不能提高射击技术。美国人桑代克曾做过一个让人射击三千多次,但不将射击结果告诉射击人的试验,结果射击人的命中率没有一点提高。决策方案在实施过程中,一般会出现三种情况。其一是运行正常。这时让它继续运行。其二是偏离目标。其原因在于:一是主观因素,如执行人对决策目标、方案理解等方面的偏差或执行人选择不当等，其措施有沟通或调换执行人等；二是客观因素，如某种设备在实施时已经落后或环境变化等，这时要根据具体原因修改方案以达到目标。其三是达不到目标。原因可能是目标不合理，也可能是现有方案均达不到目标等，措施有修订目标、重拟方案或对方案进行重大修改。信息反馈不仅在方案实施阶段进行，而且贯穿于整个决策过程。

经营决策程序图如图5-1所示。

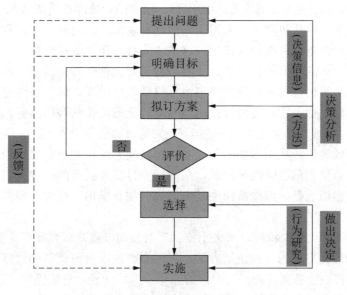

图 5-1　经营决策程序图

第七节　企业经营决策模型和方法

企业经营决策方法是指人们进行决策时借助的科学方法，也称为决策技术。决策技术一般分为"硬技术"和"软技术"。企业经营决策的"硬技术"主要是指一些数学方法和模型，特别是运筹学的方法。企业经营决策的"软技术"主要是指建立在心理学和行为科学基础上的、发挥人的创造性思维的方法。

一、企业经营决策的硬技术

(1) 规划模型。管理者经常需要面对资源有限(如资金短缺、能源紧张、运输繁忙、信息不足、时间不够和精力有限等)，但需求无限(更多的资金、更高的运输能力、更多的信息、更充裕的时间和更充沛的精力等)时，如何合理安排资源的问题。规划模型就是在满足既定条件下，按某一衡量指标(目标函数)来寻求最优方案的方法。规划模型按对约束条件的要求不同可分为线性规划模型、非线性规划模型、单目标规划模型、多目标规划模型、整数规划模型、静态规划模型和动态规划模型等。规划模型可广泛应用于解决运输安排、厂址选择、饲料配合、生产安排、合理下料、航空班次、设备配置和平稳生产等诸多问题。

(2) 风险模型。"你想要的是白猫,抓出来的却是黑猫。"大多数管理者都讨厌风险,但风险问题却又无处不在,这是因为社会经济现象中存在大量的随机现象。风险模型是运用概率论和数理统计知识,来研究如何在风险决策中合理选择方案的一种方法。

(3) 库存模型。"多多并非益善,太少也非妙事。"库存模型就是研究如何确定一个合理的库存量,从而使涉及相互消长的库存费用总和(存储费用、订货费用、脱销费用)最少的一种数学方法。库存模型可用于解决工厂原材料的合理库存、图书馆藏书的数量和种类、银行流动资金的合理储备量、军备武器的库存、粮食的合理库存等诸多问题。

(4) 排队模型。排队和拥挤令人讨厌,但这种现象却又随处可见:到食堂买饭、到图书馆借书、上下班乘车、到银行取钱等,这些"人群"排队等待服务;工厂中的原材料和半成品等待加工、坏的机器等待修理、货物等待装卸、信件等待发送、水库中的水等待排泄、布机上的断头等待接头等,这些"事情"排队等待处理。以上这些是有形的排队等待服务。此外还有打电话占线、飞机等待航道着陆等无形的排队等待服务。人们经常批评排队和拥挤的现象,并要求增加服务设施。但是,大量增加服务设施(窗口),则又可能造成"服务"排队等待"顾客",从而增加服务成本。排队模型就是在使总费用最少的情况下,合理确定"窗口"数量和服务时间等问题,从而减少排队和拥挤的一种有用的工具。排队模型与库存模型有相似之处,但排队模型是研究如何控制输出,而库存模型是研究如何控制输入。

(5) 对策模型。"兵来将挡,水来土掩。"对策模型就是研究在有竞争对手的条件下,如何选择自己的最优方案的一种决策方法。近年来,由于对策模型的思路已成为主流经济学的基础,对策模型已独立成为一门专门的课程,即博弈论。对策模型广泛用于体育竞赛、产品竞争、价格竞争、人才选择、经济及政治纠纷等问题的决策。

(6) 网络模型。网络模型是利用图形与网络的知识去解决实际工作中"卡脖子"的决策问题。一项复杂的任务往往包括许多各不相同而又密切相关的部分,各部分需要的人力、财力、物力、时间及先后顺序又不平衡,因而容易出现"卡脖子"的环节,从而影响整个任务的完成。网络模型就是要解决如何在许多变化的情况下,去计划、组织和控制一项任务的完成。网络模型是节约时间和资源的有力助手。如美国的"阿波罗登月计划"是一个庞大而复杂的计划,该计划总共耗资 380 亿美元,动员了 42 万人、120 所大学和 2 万家公司,生产了 700 万个零件。他们利用网络模型从而提前两年完成了该计划。网络模型可用于邮递员的路线选择,城市水管、下水道的设计安排以及无线电线路图的设计等。

(7) 马尔可夫模型。俄国数学家马尔可夫在研究一种所谓"布朗运动"的现象时发现有这样一种现象:当它在"将来"处于什么状况与且仅与"现在"处于什么状况有关,而与"过去"处于什么状况无关时,就可根据某种现象现在的状况去预测它将来的状况,从而做出相应的决策。马尔可夫模型常用于对市场销售、设备的更新和维修、最优工作分配和仓存量的研究等领域的问题的决策。

二、企业经营决策的软技术

(1) 头脑风暴法。这是美国奥斯本博士所倡导的发挥集体创造力的一种方法。"头脑风暴"原是医学上的一个词语,原指精神病人发病时胡言乱语的现象,这里借用这个词汇来比喻放开思想、不受约束和畅所欲言的意思。这个方法是召开5至10人的专家(是指思维开放、某一方面有独到见解的人)会议。为保证到会的人都能畅所欲言,会上有4条规定:①不做结论,不许反驳;②追求数量,不求质量;③欢迎奇思异想;④不许兜售,但可相互启发。

(2) 德尔菲法。这个方法是20世纪50年代初由美国兰德公司首创的。当时美国空军委托兰德公司研究这样一个课题:若苏联对美国发动核袭击,袭击的目标会选在什么地方?将产生什么后果?遇袭后的美国是否有还击的力量等问题。该课题很难用定量的方法进行研究,兰德公司用专家法进行研究,为了保密,取名为"德尔菲项目"。德尔菲是古希腊的历史遗址,是传说中的阿波罗神殿所在地。该神以预言灵验而著称,之所以预言灵验是因为他经常派人到世界各地搜集聪明人的意见来解答人们的疑难问题。用德尔菲法命名这种方法,含有灵验和集中众人智慧的意思。德尔菲法也是一种专家分析法,与头脑风暴法不同的是,这种方法要求参加的人员不见面,以免发生权威左右局面的现象。该方法采用信函征求意见的方式,有匿名、反馈和统计处理三个特点,一般反复进行三次。对一些重大问题的决策常采用德尔菲法。如:美国兰德公司用德尔菲法对科学的突破、人口增长、自动化技术、航天技术、战争的可能性和新武器系统等进行了预测(由82位专家组成);美国和加拿大锻造协会对粉末冶金和冷锻技术的发展及其对锻造业的影响用此法进行了预测;美国马尼托巴大学请40位专家用此法就能源和环境问题进行了预测;中国工业机械部用此法对大功率激光器的发展进行了预测等。

(3) 特性列举法。这是美国尼布拉斯加大学克劳福德教授提倡的一种创新思考法,最先用于对产品的改进。这种方法的实质是从"分解"中找出新的方法。他认为任何一个事物,都可分解为名词特性、形容词特性和动词特性,将这些特性一一列举后,对每一个方面进行检查,看有什么可改进的地方,进而产生新的想法。如想生产一种新式的水壶,从整体上有时会觉得很难下手。这时可先将其分解如下。

名词特性 　组成:壶嘴、把手、壶盖、壶身、壶底等;
　　　　　　材料:铁皮、铜皮、铝合金等;
　　　　　　制造工艺:焊接、压制。

形容词特性 　颜色:材料本色;
　　　　　　形状:椭圆形;
　　　　　　重量:轻、重。

动词特性　冲水是否方便、壶把是否烫手、是否保温等。

然后,对每一个特性进行分析和改进,则可生产出千万种不同的水壶。

(4) 缺点列举法。缺点列举法是从特性列举法中衍生出的一种方法,又称为"吹毛求疵"法。这种方法的基本思路是:世界上没有十全十美的事物,即任何事物都有缺点,找出这些缺点并加以改进,便可产生新的东西。管理上有句名言:"没有缺点就是最不能容忍的缺点。"据统计,20世纪真正的发明创造并不多,60%~80%新产品的问世是来自顾客的意见。国外一些企业专门成立一个"自己打击自己"的部门,在这个部门工作的人员对本企业的管理、产品和服务等各方面只许说坏，不许说好。因此，许多新的管理方法和新的产品源源不断地产生出来。

(5) 形态分析法。这是由美国加州理工学院兹维基教授提出的方法，实质是通过不同的"组合"而产生新的思路。组合包括直接组合与飞跃式组合，如小孩玩积木。该方法最先用于包装的设计和改进以及新产品和新技术的开发。

具体步骤是先分解后组合。如某种食品的包装，可分为：

包装材料——玻璃瓶、塑料、马口铁、特种纸、铝合金；

包装形状——小口瓶、圆形、方盒、球形、扁状、袋式；

包装重量——1千克、2千克、0.5千克、0.1千克等。

这样，可产生 120 种可能的组合。而某种产品的滞销，有时可能仅是某一方面不满足消费者的需要。

(6) 替换措施表列法。这是奥斯本博士发明的一种创新方法。他认为人们头脑中的一些先入为主的、经验性的思想是很顽固的。这种顽固性有碍于创新思想的产生，而通过一系列的启发式提问将有助于打破这种顽固性，从而使人们豁然开朗，如下面这些提问。

① 除此之外，还有没有别的办法可用呢？把现在的状况改变一下，如用途、颜色、运动形式、声音、味道、形状或花式的改变，会产生什么结果呢？

② 能不能用别的方法呢？与此相似的东西还有什么呢？能不能模仿呢？过去有过类似的东西吗？今后有什么思路可循呢？

③ 能否增加一些东西呢？添加组件、延长时间、增加次数、增加长度、增加附加价值、再粗些、再厚些、再浓些、再夸张一些、再重一些会怎么样呢？

④ 能否减少一些东西呢？减少组件、压缩体积、减轻重量、减少时间、再薄些、再稀释一些、再简单一些会怎么样呢？

⑤ 能否采用代换品呢？如用别的材料、别的工艺、别的配方、别的能源、别的方法、别的设备、别的人物、别的声音会怎样呢？

⑥ 能否综合起来呢？加起来、挂起来、拉一拉会产生什么结果？能否分割开来呢？

⑦ 能否互相替换呢？顺序改变、结构改变、时间改变、因果互换、元件互换、速度变换会怎样呢？

⑧ 能否反过来呢？任务颠倒、上下颠倒、左右颠倒、里外颠倒、正反颠倒会怎样呢？

⑨ 能否组合呢？方案组合、任务组合、目标组合、材料组合、部件组合、人员组合、设备组合等，这样组合后的结果怎样呢？

(7) 综摄法。这是美国瑟瑟·里特尔公司的威廉·戈登博士发明的一种创新方法，首先用于设计和改进产品。这种方法的本质是通过"强制类比"从而产生新的思路，即所谓的"变熟悉为陌生"或"不识庐山真面目，只缘身在此山中"，对某一领域非常熟悉的人员，反而会产生许多老框框和老经验，容易使思维受到束缚，从而妨碍创新思维的产生。这时，可以采用类比的方法从而产生一些好的主意来。综摄法又称类比法、提喻法。如想设计一种夜视装置，不是让设计师直接设计，而是先由生物学家介绍猫头鹰的眼睛是如何构造的从而类比产生新型的夜视器。类比的方法有拟人类比、直接类比、象征类比和幻想类比等。

(8) 焦点法。这是美国人怀亭所发明的一种"强制联想"的方法,其特点是"殊途同归"。这种方法的思路是,为达到预定的目标(焦点),把看来完全风马牛不相及的事物进行强制联想,从而产生新的思维和方法。如收录机的快录功能就是与飞机进行强制联想产生的。

(9) 方案前提法。这是国外近期产生的一种软方法,特点是"离题万里的讨论"。在现实生活或工作中,解决一个问题往往会产生几种方法,若持这几种方法的人数差不多,直接讨论这几种方法的优劣可能会出现"公说公有理,婆说婆有理"而相持不下的局面,且人们很难公正、客观地评价自己方法的优劣。为克服这种弊病,方案前提法的出发点是:每种方法的成立都有一定的假设前提(原因),而方案(结果)是否正确的关键在于前提是否成立,且前提还有前提,如此等等。因此,这种方法是不直接讨论方案的优劣,而是讨论前提是否成立。这种"离题万里"的讨论,目的是使参与人不知道讨论的题目与自己所提方案有什么关系,从而能客观、公正地进行讨论并一步一步倒推回去,从而找到一个较优的方案。

(10) 潜在问题分析法。"谨防因丢失一颗马钉而丧失一个王国。"任何一个方案都不可能是十全十美的,既有优点,也有缺点。对可能出现的问题分析得越充分、越透彻,则决策成功的可能性就越大。潜在问题分析法就是从这个目的出发,充分运用预测的方法对决策方案可能出现的各种问题进行充分研究,对这些问题产生后的严重性、危险性进行分析并制定预防措施。

(11) 决策模拟法。决策模拟严格地讲并不是一种决策的软技术,而是"硬技术"的软化。决策模拟企图建立一个社会经济现象的实验室。决策模拟是在数学模型上进行实验,即给定不同的数据使模型运转。它不追求理论上的最优解,而注重实际运行的效果。许多大公司做计划时都采用模拟的方法。决策模拟有许多种类,如"仿真技术""启发式搜索""管理演习"和"蒙特卡罗模拟"等。

第八节 多属性决策基本原理

多属性决策也称有限方案多目标决策,是指在考虑多个属性的情况下,选择最优备选方案或进行方案排序的决策问题,它是在一定数量的备选方案上进行偏好决策,如选择、排序、评价等。多属性决策的理论和方法在工程、技术、经济、管理和军事等诸多领域中都有广泛的应用。多属性决策问题一般具有如下特征。

(1) 备选方案:它是决策的客体。在不同的实际问题中,方案的称谓也等同于选项、策略、行动,或者候选者。这些方案被多个通常互相冲突的属性所刻画。

(2) 多个属性:每个问题都有多个属性。对于每个问题情况决策者必须产生相应的属性,其多少与问题的性质有关。

(3) 不同量纲:每个属性使用不同的测量单位。以汽车选择为例,汽油里程数用每升汽油能行驶的里程数表示,舒适程度用乘客空间来衡量,安全性能使用非数值的方法来指示,费用以万元来表示,等等。不同的度量单位使得测度的数值不能直接用于属性整体的比较。

(4) 属性权重：几乎所有的多属性决策问题都需要关于每个属性相对重要性的信息，这些信息通常可由决策者直接以基数或序数的形式提供。

前述，决策可根据其解决问题的方式不同分为去除障碍型决策、寻求出路型决策、防患未然型决策三类。管理者日常所处理的许多似乎很紧迫但却并不重要的问题，往往是由于对第三类问题的事先考虑不够造成的，而且这种现象通常会形成恶性循环，这就是：日常穷于应付的细小应急琐事越多，就越没有时间与精力考虑重要的防患未然型问题，结果就会给未来造成更多的临时性紧迫问题，从而导致更为严重的对于重要问题的思考不足。所以，有企业认为，看不出问题本身就是最大的问题，古语说："临事而惧，好谋而成"(孔子)；"生于忧患而死于安乐"(孟子)。

就具体的企业组织来说，为了有效界定它可能存在的问题，至少需要具备两个方面的前提。

(1) 找到能够真正表征企业运行状况的属性指标体系，如员工素质、产品性能、顾客偏好、渠道分布、市场份额、盈利水平、发展趋势等。

(2) 明确每个属性指标的具体衡量标准，如确定市场份额到底是以当地、全国还是全球为基准，对于那些很难或无法量化的属性指标，采取定性的等级程度差异表述等。

这样，根据所确定的指标体系及相应的衡量标准，可以逐一描述各属性的"现状"与"理想"差异情况，给出各解决方案所涉及的各属性相对于"现状"的"改进程度"或相对于"理想"的"接近程度"，这种"改进或接近程度"就可一般地称为"目标"。有鉴于此，一个完整的决策过程可以用"现状""理想""目标"三个要素来表征，现状代表了决策的出发点，理想代表了决策的最佳点，目标的最优化就代表了贯穿于整个决策过程的永恒追求与指导思想。

这里需要说明，关于最优化的决策目标，西蒙认为：人们没有智力做到最优化，因而提出了所谓的"够好"，也就是"满意"的决策准则。令人遗憾的是，从操作上看，"满意"准则存在着明显的问题。

(1) 混淆了有限理性与满意的区别，事实上约束条件下的最优化，与符合最低满足要求的满意准则是不同的。

(2) 满意只是追求最优的不完全或不成功的后果，无法事先以此作为决策指导原则，否则易使决策陷入无须或放弃尽善尽美的努力，甚至还可能陷入一切皆空的哲学思辨之中。

从心理动力形成基础来看，满意所指的是可达到状况，以此为理想，将会消除前述理想与现状之间存在的张力，无助于心理动力的形成。对于人们经常提的"找针"决策例子，即在干草堆里找出一根满足缝纽扣要求的针很容易(满意标准)，而找一根最尖的针却不容易(最优标准)，从中可见，这里所谓的满意标准，实际上只是达到缝纽扣目标前提下，找针时间最短或者成本最低的隐含表示，这在本质上是一种约束条件下的最优追求。一般地，考虑到现实中存在的理想模糊、现状不明、指标不清、目标难定、信息不全和环境多变等复杂情况，可见此时问题的本身就带有很大的不确定性，决策的关键就在于创意方案的构建，而根本不可能提出什么满意的标准，如果人们内心没有对于理想的执着追求，自然就会失去激情专注的创新动力。这意味着，现实决策实际上只是带有时间、信息、资源、能力等约束条件的最优化过程，而不可能只是泛泛所指的寻求满意。

具体地，从决策指标的选择看，从一个箩筐中挑选一个最大的西瓜，买一双价格最便宜的皮鞋，找一个薪水最高或者离家最近的工作，这类基于单指标的决策似乎非常简单，其中所涉及的只是比较、排序、选择，以取得自己最满意的决定过程。现实中，人们的真正决策过程可能还会涉及更多影响因素，例如，挑选出来的最大西瓜，是否脆甜多汁并且新鲜？买下来后是否能方便地拿回家？一家三口是否能及时吃掉而无浪费？买到的最便宜皮鞋，品牌形象如何？是否耐用、美观、有型、适脚等？找到的薪水最高的工作，其未来加薪可能，福利待遇，工作环境与挑战性，个人能力要求与发展空间，人际关系与公司文化等情况如何？离家最近的工作，实际的上下班交通是否最安全、最便宜、最快捷、最舒适？再如企业利润最大化，看起来只涉及单指标，但仔细考虑，是任期最大化还是长期最大化？利润最大化的考虑，如果与市场份额提升、员工福利改善、社会责任承担发生矛盾冲突，到底该如何行动？企业在面对重大投资决策时，要考虑的问题有，投资回报的高低及风险如何？项目管理团队的水平及可控性怎样？新投资业务与原有业务的关系是合作共生的，还是互损竞争的？

应该看到，实际决策中真正涉及的往往是多指标问题，此时需要考虑的是如何平衡各种常常是互不可比，有时甚至是很难同时兼顾的多指标之间的关系，以便适时做出所需的决策，解决所面临的现状与理想的差距问题。从理论上看，对于单指标问题的决策来说，目标最优化过程相对比较简单，要么使正面属性最大，如收入最高、得益最多等，要么使负面属性最小，如费用最低、损失最小。而对于多指标决策来说，目标最优化过程必然涉及多指标相对重要性关系的处理问题，例如，在各属性之间存在相互可替代性时，可对各属性指标进行统一的折算归总，以此对各备选决策方案进行比较选择；而在各属性都很重要，相互之间不存在可替代性时，则需首先进行各属性的优先级排序，然后根据此排序依次对各方案进行比较选择。考虑到现实中存在的管理决策，通常所涉及的都是多属性决策，作为一般性表述，其中至少存在着三个方面的选择与判断问题：第一，多个属性指标的取舍；第二，指标具体衡量标准的确定；第三，各指标相对重要性的评判。

在多人(群体)决策的动态过程中，决策涉及了从个人偏好到群体判断的复合问题，最终可以分为"一致"与"妥协"这样两种有代表性的情况。显然，如果多人之间所存在的个人观念分歧或偏好差异较小，则多人所组成的群体对于理想及目标，比较容易形成一致看法，相对来说也就更有可能找到能够满足群体多指标的兼容决策方案。如果多人之间所存在的个人观念分歧或偏好差异较大，则除非能够找到足以包容多人不同理想和目标的创造性解决方案，以有效消除各人的个体内在心理冲突，否则只能依靠各种政治性技巧，如独裁、投票等，来强制做出最终决策。实际上，除了多人之间存在的偏好差异，会影响群体决策方案的产生外，在涉及多属性指标决策时，对于现状、理想、目标这三者无法达成有效匹配的情况，除非能够找到或构建出兼容多属性指标要求的创造性方案，否则就只能采取对多指标分阶段逐一逼近的做法。例如，先满足其中最重要的一个指标，据此遴选可行方案；再满足其中次重要的指标，在前面遴选出来的可行方案中，进行再次方案筛选……当然，从时间过程看，也可以采取这样的做法，第一步，先满足其中的一个最重要指标，实施达到一定水平后，再考虑第二个指标的要求，运行一段时间后，再接着考虑第三个指标……

现实多指标决策，涉及指标体系的选择，各指标相对重要性的确定，解决方案的创建，各主体偏好的融合等情境化、社会化因素。若进一步考虑这些因素的动态变化性，可见，在不同的情况下，决策将表现为丰富多彩的组合特征。例如，从企业成长过程看，对于顾客、员工、股东、社会各方面利益的关注，在不同的阶段会有不同的侧重。有时受资源、能力、信息、时间所限，对多指标只能被迫做强制性的排序考虑。若仍以前述的找工作决策为例，对于刚步入社会的年轻人来说，显然，既可先找一份工资较高的工作，在逐步解决基本生活问题后，再找一份更能发挥自己能力，同时也是自己最喜欢的工作，然后，再进一步慢慢地考虑离家较近的工作等；当然，也可以先找一份自己最喜欢的工作，通过激情投入获得能力锻炼和提升后，再以此为基础找一份薪水较高的工作……以此不断接近理想的能够兼顾薪水高、自己喜欢又离家近的工作。现实中，还不排除这样一种情况，先找到一份薪水最高的工作，慢慢地随着兴趣的改变，真的喜欢上了此工作，这样也就达到了较为理想的状况。

对于以上找工作问题，如果这位年轻人刚开始找工作时，就想一步到位，同步解决收入、爱好这两个理想的兼顾问题，通常会由于自己缺乏工作经验等，显得比较困难，除非他能在短时内创造或找到这样的解决方案，否则就会面临巨大的现状与理想的反差，给自己带来无端的心理压力与冲突，造成难解的人生困惑。因为，他将本来只能依次分步逐一解决的多指标决策问题，当成了能够同步一次性解决的多指标问题，而在许多情况下这是根本行不通的。当然，现实中所遇到的各类多指标决策问题，到底是属于同步逼近性质，还是属于分步逼近性质，有时是很难区分的，它总是相对于人们提出创意性解决方案的能力而言的。在这里，并不试图代替决策者做出这样的思路预设与方案选择，因为这既不可能也没必要。这里的关键在于，讨论如何做出决策以及为什么如此做决策。应该说，决策中最令人困惑的主要是，找不到符合约束条件的基本满意(达到最低要求)的可行方案，或者所找到的方案在多指标上各有优劣而无法取舍，或者群体中的个人偏好矛盾难以协调。之所以出现这些问题，其根源当然在于不确定条件所导致的各种信息纷至沓来，令人眼花缭乱、无所适从，而决策者收集、处理、应对这种依次出现的信息资源的能力又相对不足，结果就造成了欲为难行。

进一步追踪整个决策的形成与实施过程，可以发现人们所做的判断与选择，实际上早在其做出决策那一刻之前就开始了。首先，出于对"理想"的追求，或者对"现状"的不满，例如，没有合适的解决方案，或理想方案不可行，甚至是没有明确的方向(理想模糊或消失)等，都可能激发起人们做点什么、改变现状的决策动机。然后，伴随着不满状况与感觉所引发的心理冲突的持续，就会进一步刺激人们对于新的解决方案的寻找，从而逐渐趋向更为"理想"的解决方案，或者形成新的有关"目标"评判的参照点。最后，通过方案评估与判断，发现与选择更为接近"理想"的方案，或者在始终找不到理想方案时，寻求能够接受的冲突消减或遏制方案。一般来说，决策动力源自现状与理想的差距，对于由这种差距所引发的心理冲突之感，消极的做法有化解、遏制、消除、忽视等，而真正积极的创新性解决方案，需要做到兼收并蓄，以达成冲突的消融。当然，有时也可以采取让时间来解决的做法，借由环境变化所带来的时过境迁，让冲突自然消失。

在创意产生过程中，对决策有信心可以确保人们的激情投入，而秉持正确的决策态度，积极采取横向思维方式，有助于打破自我锁定的心智模式。冲突有时是约束过程的结果，移去客观资源约束，或者调整个人主观偏好，就有助于新方案的产生与选择。例如，对于受困于方案 A 与 B 的选择的人来说，如果能够提出新的替代方案 C，也许就能使原有问题获得更好的解决。一般地，作为综合考虑，可以具体采取以下几种途径，解决人们所面临的常见决策问题。

(1) 引进新方案，以更好地消除存在于理想与现状之间的差距。

(2) 修改原有方案，使其能够有助于新目标的实现。

(3) 创造或引入新的目标或新的指标，从而改变原有问题的界定，为创新方案的提出打开更大的可能之门。

这意味着，创新解决方案的构建，可以通过改变决策属性指标集合的构成，调整"目标"或"理想"的参照点来获得，至少在许多情况下，可以将"不做决策"本身作为一种参照点，以此评判新的解决方案的优劣。

显然，对于解题方案的构建，特别需要进行发散性思考，以排除思维定式的束缚，为此，有时甚至可以考虑，通过引入新的决策者参与方案的评判与论证过程，以此拓宽创新思路。必须注意到，从决策问题的提出，到解题方案的形成、判断、选择，这里所经历的是一个完整的信息收集与评估过程。在这一过程中，相对来说，初始时人们的态度比较客观，而越到后来，特别是在倾向性的方案选择意见形成以后，就容易受知觉选择性的影响，变得越来越有主观偏差，更为排斥不同意见，而容易听进相似意见。所以，在多方案各有特色、难分优劣的情况下，通常会使决策者面临取舍难题，从而引发认知失调，产生内心冲突，激起进一步寻找更佳解题方案，或者对某些方案进行自我强化的动力。有鉴于此，有些人在做出决策后，倾向于在心理上将此决策的思考暂时抛到一边，以免在进一步获得对决策有负面影响的信息时，引起自己对于决策的认知失调感觉；有时为了防止自己事后对所做决策的后悔，甚至会刻意收集对决策有利的信息，以增加对于所选方案的信心与决心，更利于其后有关决策方案的谈判劝说、团队建设以及行动实施。

应该说，决策作为满足人们欲求的最古老、最基本的活动，也是人们做得多而理解少的活动。研究决策涉及多个层面，特别是在面临多指标决策时，必须解决其中所涉及的多属性的权重确定、取舍和兼顾等问题。通过给属性指标加上目的，即改进或欲求方向，就形成了决策的目标，从而也就为现状的改善或理想的逼近提供了参照标准。在单指标体系中，目标测算相对比较容易，关键在于指标选择与衡量；而在多指标体系中，除了其中各指标选择与衡量问题外，现状、理想、目标这其中的每一项都涉及多层面关系的权衡，涉及这种关系的历史、现实及演变进程，例如，这其中各个相关决策者的态度、看法或观念是如何形成、发展、变化的，为什么在相同或不同情境中，人们会选取或使用不同的指标体系等，这在一定程度上体现了对于决策者个人动态欲求与偏好的考虑。多指标决策的关键在于，各属性之间存在着不可替代和归并性，它们具有各自不同的满足个人欲求与偏好的异质特点，而从本质上看，由于受时间、资源、能力等多种因素的制约，人们所能提出的各类解题方案，往往与其希望同步平衡满足多元目标的理想存在着矛盾冲突。

对于冲突，例如，涉及多个互斥方案，存在着多主体、多方案、多指标，以及方案、目标、理想等互相影响的要素之间的冲突，如果仅仅是由于人们固执、无知、目标设定不当等表层问题引起的,则可以借助于加强接触、交流、谈判等途径得到改善,但如果是基于人际根本欲求或偏好差异等深层价值差异而引起的,则只有借助于创造性的解决方案,平衡兼顾多方面的要求,才有可能得到真正的解决。特别值得一提的是,伴随着现代社会、经济、政治、科技等层面的管理突破与组织整合,以分工专业化为基础的社会化协作越来越强化,网络化与全球化趋势不可逆转,一方面,个体逐渐沦为整个社会机器的一个细微部件,因为个性遭受到了技术与工具的奴役,致使自主性与创造性受到极大的损害,人们的内在精神生活变得越来越迷茫;另一方面,整齐划一的模式化物质生活,标准规范的商业化时尚运作,造成了人们对于外在物化东西的狂热迷恋。"精神迷糊"造成了个体价值分化与群体价值失落,"物质迷恋"致使个体物欲膨胀与群体资源稀缺,正是这种社会及人性异化现象,造成了整个社会长期运行的失衡,并由此引发了很难调和的矛盾与冲突。结果是,人们在涉及多指标、多主体决策情况时,很难找到单一确定的个体偏好表达、测量与整合方式,最终能够获得的所谓"最佳"决策方案,也只能是被群体内的多数人或其中的关键决策者充满信心地选定、理解、接受、支持、实施的方案。当然,这里提到的"信心",希望更多地出自客观事实依据或者某种人类价值共识,而不只是纯粹依赖于人们的主观评判。

从决策的信息加工角度看,决策所需的信息越不充分,就越需要人的参与,即越依赖于人的判断与选择。极端地,在有关属性、欲望、目标等信息完备的情况下,所谓的最优化过程实际上所需要的只是计算能力,其最终解答的获得,几乎不涉及决策——判断与选择。例如,对于例行程序化的重复工作,其过程与结果均完全可预见,不涉及任何判断与选择因素,只需按部就班地做事即可,所以,在此涉及的只是行动而无须决策。因此,从理论上看,关于事态过去及未来信息的不完全程度越高,对决策的依赖程度就越高。在这里,信息所提供的只是与决策问题相关的过去情况,而决策要求提供的解题方案,其关注的重点为对于未来行动及变化的指导作用,即希望得到关于将来演化趋势的预见信息。由此可见,无助于解题方案产生的过去信息是无效的信息,不能提供将来信息的解题方案也是无效的方案,决策的重点就在于为所涉及问题的解决提供创造性的备选方案,并对方案做出最终判断与选择。

总之,决策涉及实证描述与规范论证两个方面的内容,这其中既涉及个人知觉、记忆、直觉等心理过程,也涉及偏好、看法、选择等行为表现,更涉及时点、背景、人际等环境要素;就实证描述而言,特别关注决策过程所存在的规律性东西,如方案的创造性提出及实施难点的准确把握等,而就规范论证而言,特别关注决策过程所涉及的判断性内容,如方案的优劣排序及后果评估等。探讨决策问题,既需关注决定如何做出的过程,也应关心做出决定的理由,也只有弄清了如何做以及为什么这样做,才有可能为改善与提升决策水平与能力,提供真正有价值的改进建议。

本 章 小 结

本章主要介绍了决策及决策分析的概念、产生的原因及其历史发展。企业经营决策是指企业管理者在现实条件下,为了达到预期的经营目标,通过预测及对比分析,在两个及两个以上的可行方案中选择最佳方案的行为过程。

企业经营决策包括决策者、分析者、决策目标、行动空间、状态空间、结果空间、决策准则或选择标准、信息等八大要素。企业经营决策分析有自身的特点，包括未来性、指向性、系统性、优选性、动态性等。

企业经营决策根据不同的标准可以进行不同的类型分类，具体决策分类标准有重要程度、受益期时间长度、条件的肯定程度、本身具有的不同性质、解决问题的方式、决策问题是否重复出现、决策者身份、决策方式、决策时期等。

企业经营决策是按照一定的步骤完成的，具体步骤是在提出决策问题的基础上，确定决策的目标，通过方案的拟订、评价、选择以及实施后，对最终决策的决策信息进行反馈。

根据企业经营决策的模型不同，可以把决策模型方法分为硬技术与软技术，硬技术模型包括规划模型、风险模型、库存模型、排队模型、对策模型、网络模型、马尔可夫模型；软技术模型包括头脑风暴法、德尔菲法、特性列举法、缺点列举法、形态分析法、替换措施表列法、综摄法、焦点法、方案前提法、潜在问题分析法、决策模拟法等。

多属性决策也称有限方案多目标决策，是指在考虑多个属性的情况下，选择最优备选方案或进行方案排序的决策问题，它是在一定数量的备选方案上进行偏好决策，如选择、排序、评价等。

第六章

短期经营决策分析

【学习要点及目标】

- 明确短期经营决策的定义、主要内容、主要特点、基本假设。
- 了解短期经营决策的一般程序步骤,掌握短期经营决策分析中运用的成本含义。
- 掌握短期经营决策分析常用的方法及其运用。
- 掌握产品生产决策分析及其运用,了解定价决策分析及其运用。

【关键概念】

短期经营决策 差量成本 沉没成本 边际成本 机会成本 重置成本 可避免成本 可延缓成本 确定型决策 非确定型决策

第一节　短期经营决策概述

一、短期经营决策的定义

短期经营决策是指决策结果只会影响或决定企业近期(一年或一个经营周期)经营实践的方向、方法和策略，侧重于生产经营、资金、成本、利润等方面，对如何充分利用企业现有资源和经营环境，以取得尽可能大的经济效益而实施的决策。

二、短期经营决策的内容

短期经营决策的具体内容较多，概括地说主要包括生产决策和定价决策两大类。

(1) 生产决策是指短期(如一年)内，在生产领域中，围绕是否生产、生产什么、怎样生产以及生产多少等方面问题而展开的决策。包括新产品开发的决策分析、亏损产品的决策分析、产品直接出售或进一步加工的决策分析、零部件自制或外购的决策分析、资源限制条件下产量的决策分析、生产工艺技术方案的决策分析、生产能力充分利用的决策分析、设备购建或租赁的决策分析、是否接受特殊价格追加订货的决策，等等。

(2) 定价决策是指短期(如一年)内，在流通领域中，围绕如何确定销售产品价格水平的问题而展开的决策。这种决策所经常采用的方法包括利润最大化定价法、完全成本加成定价法、变动成本加成定价法等。

三、短期经营决策的特点

由于短期经营决策主要涉及企业的日常经营活动，因此，与长期投资决策相比，短期经营决策具有如下特点。

(1) 它是企业的战术性决策。短期经营决策的内容主要是现有生产能力和资源的有效利用，通常不涉及企业生产能力的扩大问题，影响决策的有关因素的变化情况通常是确定的或基本确定的，许多决策问题如产品生产、材料采购耗用等都是重复性的。因此，短期经营决策是一种战术性决策。

(2) 决策者通常是企业中下层管理人员。由于短期经营决策是一种战术性决策，所涉及的是日常经营管理方面的事务。因此，这类决策通常由企业内部中下层管理部门进行。

四、短期经营决策的假设

短期经营决策的基本假设包括如下几点。
(1) 决策方案不涉及追加长期项目的投资。
(2) 经营问题已经明确，决策目标基本形成。
(3) 所需预测资料齐全。

(4) 各种备选方案均具有技术可行性。
(5) 只有单一方案和互斥方案两种决策形式。
(6) 凡涉及市场购销的决策,均以市场上具备提供材料或吸收有关产品的能力为前提。
(7) 销量、价格、成本等变量均在相关范围内波动。
(8) 各期产销平衡。

第二节 短期经营决策的一般程序

正确的决策取决于四个基本要素:明确的决策目标、正确的决策原则、优秀的决策者、科学的决策程序。其中,前三个要素贯穿于决策全过程,并融合在决策基本程序的有关步骤之中。

按照科学的决策程序进行决策是决策者进行科学有效决策的保证。企业的决策过程实质上是一个提出问题、分析问题、解决问题的过程,可以概括为以下几个步骤。

一、确定决策目标

确定决策的目标,是进行决策的前提。它是在调查现实市场和收集大量信息的基础上提出的,确定决策的目标就是要弄清楚这项决策究竟要解决什么问题。

决策的目标是决策的出发点和归宿。它一般应具备三个特征:①目标具体、明确,不能含糊不清;②目标成果可以计量,以使多种方案的选择有明确的依据;③目标的实现在主、客观上具有现实可能性。

二、拟订若干可行的备选方案

最优方案是在若干备选方案中选出的,因此,在进行决策时,要提出各种可供选择的方案,以便进行比较,从中选择最优方案。应该注意:每个备选方案都要实事求是,要务必使现有资源得到最合理、最充分的利用。同时,所提出的方案必须是技术上先进、经济上合理的方案,而且要有备选方案,因为没有备选方案就谈不上择优。

三、收集各备选方案的有关信息

拟订备选方案后要有针对地收集可计量的有关预期成本和预期收入以及其他资料。对于收集到的各种资料,还要进行深入的调查分析,要去粗存精,去伪存真,使其转化为决策有用的信息。

四、考虑不可计量因素的影响

与备选方案相关的因素,除了可计量因素外,还有一些是难以或不能用数量形式来计量的因素,如社会环境、生态环境、国家方针政策、企业信誉等。决策时必须对这些不可计量因素加以考虑,并尽可能以可计量因素加以权衡。在很多情况下,某个方案定量分析时可能是最佳的,但考虑到不可计量因素后,原来的结论可能发生改变。

五、选择最优方案

从若干个可达到同一目标的可行方案中选定一个最优方案是决策的核心问题。它是计算、比较、分析、评价和判断的过程。在方案选优时,应遵循如下决策的基本原则。

(1) 全面考虑、综合评价的原则。对不同的方案进行优选时,既要从经济上考虑合理性,又要从技术上考虑先进性,同时要考虑该方案的社会效益;既要考虑企业的内部条件,又要考虑企业的外部因素影响;既要重视可计量因素的影响,又要注意不可计量因素的影响。总之,要从经济、技术、社会效益三个方面来综合评价。不同的方案在这三个方面是不统一和不平衡的。因此,必须进行全面分析,在对不同方案综合评价的基础上进行对比与优选。

(2) 决策方案最优化原则。传统观念认为,"以最小的代价获得最大的收益"是经营的核心问题,"最优决策"是决策的最高原则。美国管理学家西蒙教授认为,如果要求选择最优方案,必须满足四个前提:①决策者对全部可行方案及其未来执行结果能全面掌握。②必须要确实存在着全面的最优方案。③决策者要有充裕的人力、物力和时间。④全部因素和目标都能量化,以便采用数量方法加工。但在实际经济生活中同时满足这些前提条件是很困难的,所谓的"最优方案",实际上只是"相对最优"的方案。

六、在执行决策过程中进行信息反馈并及时修正决策方案

尽管在进行决策时要力求做到可靠、合理、正确,但是由于现实中存在大量的不确定因素,在预测中难以完全预料到,因而在决策的执行过程中,往往由于客观情况发生变化或主观判断失误而影响决策效果。为此,在执行决策的过程中,要及时进行信息反馈,不断对原有方案进行修正或提出新的决策目标。这在控制论中称为反馈环节,在决策理论中称为决策的动态过程。

第三节 短期经营决策应考虑的成本概念

企业经营决策的目标有经济、技术和社会三个方面,进行择优可计量的因素主要是经济效益。经济效益的体现是多方面的,比如产量、劳动生产率、成本、资金周转、产品质量、盈利等,都可以反映出方案经济效益的好坏。但成本是经济效益的一个关键因素,它是一个综合性的经济指标,企业所有工作的成绩与缺点、成功与失误都会反映到成本指标上来,而成本的高低最终又会体现到利润中去。因此,决策方案的未来成本和未来利润就成为评价不同方案经济效益大小的依据。

管理会计为了满足经营决策的需要,建立了若干新的成本概念,除前面涉及的固定成

本与变动成本之外，还包括其他一些概念。这些成本概念主要是为了决策分析的需要而建立的，是适用于特定目的、特定条件和特定环境的成本概念。现将决策分析使用的成本概念简要介绍如下。

一、差量成本

广义的差量成本是指可供选择的不同方案之间预计总成本上的差额，与差量成本相联系的一个概念是差量收入，不同方案在收入上的差量称为差别收入。

狭义的差量成本又称增量成本，是指不同产量水平所形成的成本差别。差量成本与变动成本有一定的区别和联系。如在产量的相关范围内，不同产量水平下的差量成本就是不同产量水平下的变动成本之差，即差量成本与变动成本取得了一致；但是，当产量超过相关范围时，不同产量水平下的差量成本包括固定成本和变动成本两部分。

二、沉没成本

沉没成本是指过去已经发生或由过去的决策所引起、现在的决策不能加以改变的，并已经支付过款项的成本。例如，某企业过去购置了一台设备，原价 20,000 元，累计折旧 5,000 元，随着技术的进步，这台设备已经过时，在考虑更新设备的决策中，这台设备原始支出中无法收回的账面净值 15,000 元就属于沉没成本，因为现在的决策不能改变这个事实。如果这台机器有残值或可出售并带来少量收入，则这部分少量收入与残值就不属于沉没成本，因为对决策来说它是可以利用的部分，与未来决策有关的，它不应包括在沉没成本当中。

三、边际成本

边际成本是指成本对产量无限小变化的变动部分，即由产量无限小变化所引起的成本变动程度。这是从数学的角度来讲的。但在微观的现实经济生活中，产量的变动最小只能小到一个单位实物产量，若小到一个单位实物产量以下（如 1/10、1/100 个单位实物产量）就没有意义了。因而，边际成本的实际计量，就是产量增加或减少一个单位实物产量所引起的总成本变动，而这个成本变动就是单位变动成本。也可以说，边际成本是指总产量中，生产最后一个产品所发生的成本增加额，或从总产量中减少最后一个产品生产所造成的成本减少额。因此，也可以把由产量变动引起的差量成本看作边际成本这个理论概念的实际表现形式。在相关范围内，每增加一个单位产品的差量成本，就是单位产品的变动成本。因此，在相关范围内，增加一个单位产品生产的变动成本就是边际成本，也是差量成本，在这种情况下，这三个成本概念的含义是一致的。但边际成本不会在任何情况下都与差别成本、变动成本一致。当超过相关范围时，由于产量变动引起固定成本或变动成本的变动，使差量成本与变动成本不一致，从而导致边际成本与单位变动成本不一致。

此外，通过数学推导论证，边际成本还和平均成本之间存在一个重要关系：当某种产品的平均成本与边际成本相等时，平均成本最低。边际成本和边际收入之间也有一个重要关系：当某种产品的边际收入与边际成本相等时，即边际贡献净增额为零时，企业能实现最多的利润。这两个规律性的关系对企业经营决策和提高经济效益具有重要指导意义。

四、机会成本

从若干备选方案中选择并实施其中某一方案，必然会同时放弃实施次优方案，由于实施某一方案而放弃次优方案所能获得的利益，称为机会成本。机会成本也可理解为由于放弃某一次要方案而损失的"潜在利益"。如某厂甲产品的生产需要 A 部件，该部件可以利用剩余生产能力生产也可以外购。如果外购 A 部件，该厂的剩余生产能力就可以出租，每年可以获得租金收入 5,000 元。对于企业而言 5,000 元的租金收入就是它选择自制 A 部件的机会成本。因为，当它选择自制时相应地就放弃了外购，选择自制的"所得"是以放弃外购的"潜在收益"5,000 元为代价的。

机会成本并非现实已发生的成本支出，因此不必在财务会计的账簿中进行记录，但在决策分析评价中必须认真考虑，否则可能做出错误的抉择。运用机会成本的概念，有利于对被选择方案是否具有最优性进行全面评价。

还有一类成本称为应付成本，亦称作"视同成本"或"估计成本"，它是机会成本的一种表现形式。例如企业要购买生产设备，有多种方案可供选择，应对各种可供选择方案进行正确分析对比，以选择最优方案，不论企业为此所用的资金是自有的还是外借的，都必须把利息作为机会成本看待。企业自有资金的应计利息就是应付成本的一种形式。

五、现金支出成本

现金支出成本又称为付现成本，是指决策执行当期需用现金或存款支付的成本。应注意的是，现金支出成本是指在决策付诸实施的决策执行期限内，以现金支付的成本。它与过去的以现金支出并已入账的成本是有区别的。不同方案在未来决策期内的付现成本往往不尽相同，为了适应企业付现能力，有时管理当局宁可选择现金支出成本低的方案来取代经济效益最优的方案，以适应其决策期的现金支付能力。如某企业需要及时更换一条生产线，否则企业将损失 40 万元。现有关部门联系到甲、乙两家供应商，甲供应商可以按 65 万元提供该套设备，但货款必须立即付清；乙供应商可以按 70 万元供应该套设备，交货时只需先支付货款的 15%，其余的 85%在未来 8 个月内付清。当时，企业的现金余额为 15 万元，一个月内无法筹集到更多的现金。基于这种情况，决策者的最终选择是从乙供应商那里购置设备。尽管从乙供应商那里购置设备的总成本高于从甲供应商那里购置设备的总成本 5 万元，但其现金支出成本较低，企业目前的支付能力能够承受。这样既能避免损失，又能够利用提前恢复生产所获得的收益补偿多支出的购置成本。

六、重置成本

重置成本又称现时成本或现时重置成本，是指在现行条件下重新购置或建造一项全新资产所发生的成本。在物价变动较为频繁时期，以历史成本作为计算依据，往往造成名盈实亏，无法重新买回与补偿原有资产，因此，当我们进行有关资产的决策分析时，必须考虑资产重置成本而不是历史成本。如某企业现拥有一台设备，2 年前以 50 万元的成本购进，而该种设备的现行市价为 70 万元。当企业考虑变卖这台设备时，是以 50 万元作为变价处理的计价基础还是以 70 万元作为变价处理的计价基础呢？无疑，企业会明智地选择后者，因为只有这样，才可以用卖出这台设备的所得换回同种设备。

七、专属成本与共同成本

(1) 专属成本是指与特定的产品、作业、部门相联系的成本，没有这些产品、作业或部门，就不会发生这些成本。例如，为了满足一批特殊订货而发生的专用工、模具费开支，就是该批订货的专属成本。一般而言，一种产品(或部门)的专属成本应由该种产品(或部门)的收入直接补偿。因此，专属成本通常是决策者进行决策分析时，与其相关的收入进行对比的成本。

(2) 共同成本是指与几种产品、作业、部门有关的，应由它们共同负担的成本。例如，在一条生产线上生产 A、B、C 三种产品，则该套生产线的折旧费构成了该三种产品的共同成本。共同成本应由相关的若干产品或部门共同分摊。对于其中的某一产品或某个部门而言，其分摊多少与分摊与否并不会改变共同成本总额，更进一步讲，无论这一产品的产量是多少或这一部门的业务量是多少，共同成本总额都保持不变，它不因某一产品的停产而不发生，也不因这一产品产量的增加而增加。所以，共同成本通常是不对决策分析产生影响的成本。在方案分析比较中，专属成本是相关成本，是选择方案的增量成本，属于差量成本。共同成本是相对固定的，不是增量成本，一般无须包括在差量成本中进行分析计算。

八、可避免成本与不可避免成本

(1) 可避免成本是指通过某项决策行动可以改变其数额的成本。也就是指那些成本发生与否取决于决策者是否选择某种决策的成本。例如，企业固定成本中的酌量性固定成本，如广告费、培训费等，对开拓经营业务是有益的，但它并非是绝对不可缺少的，并且支付数额的多少要根据企业具体财务状况，由决策者具体控制。因此，这些成本属于可避免成本。

(2) 不可避免成本是同可避免成本相对应的成本概念，它是指不能通过某项决策行动改变其数额的成本。不可避免成本是不随决策人意志而改变的，例如，现在的固定资产折旧费、已租赁房屋和机器设备的租金等，是企业过去决策的结果，除非把这些固定资产处理掉，否则它们的数额是不能变更的，因此，这些成本称为不可避免成本。

九、可延缓成本与不可延缓成本

(1) 可延缓成本是指在决策方案已经决定采用并准备实施的前提下，由于企业财力有限，虽与方案直接相联系，但可以推迟执行并且不会影响全局的成本。例如，新建企业可以推迟的环境绿化工程、职工福利设施，以及设计考究、耗资较大的厂门、厂区道路等项目的开支等就属于可延缓成本。

(2) 不可延缓成本则与此相反，如某一方案一经选定，即使企业财力有限、资金短缺，也不能推迟这部分成本的开支，必须立即付诸实施，否则会给企业经济效益造成严重损失。与此类方案联系的成本就属于不可延缓成本。这样区分的目的是便于在企业财力有限的情况下区分轻重缓急，以便最充分地运用企业有限的财力，提高资金运用效果。

十、相关成本与非相关成本

以上所介绍的成本概念，按与决策的相关性划分，可分为两类：一类是相关成本，差别成本、边际成本、机会成本、付现成本、重置成本、可避免成本、可延缓与不可延缓成本都属这一类；另一类是非相关成本，不可避免成本、沉入成本、共同成本等，以及在不同的方案对比中相同项目、数额相等的未来成本都属于非相关成本。

(1) 相关成本是指与决策相关联，进行决策分析时必须认真加以考虑的未来的各种成本。这类成本通常因决策的产生而产生，因决策的改变而改变，它们从根本上影响和决定着决策方案的取舍，并且这类成本都是目前尚未发生或支付的成本。

(2) 非相关成本是指已经发生或者虽未发生，但与决策没有关联，进行决策分析时不必考虑的成本。这类成本通常对决策没有影响作用，不因决策的产生而产生，也不因决策的改变而改变。

由于决策分析实际上是确定决策的各备选方案之间的差异，因此，对于决策的各备选方案中项目相同、金额相等的未来成本，无论其是否因决策的产生而产生，均可视为非相关成本。进行决策分析时，准确地划分相关成本与非相关成本对决策分析的结果至关重要，决策分析实际上就是将决策的各备选方案的相关收入与其相关成本进行对比，确定各备选方案的获利性。将非相关成本作为相关成本考虑或者忽略某些相关成本，都必然会影响决策的准确性，甚至得出与正确结论完全相反的选择。

第四节 短期经营决策分析常用的方法

短期经营决策分析的方法很多，按决策性质、决策内容和取得资料的不同进行划分，可以分为定性分析法和定量分析法两大类。管理会计着重采用定量分析法，在进行定量分析时，由于决策所涉及的变量因素预测结果的确定性程度不同，因而定量分析法又分为确定型决策分析方法和非确定型决策分析方法。

一、确定型决策分析方法

在确定型经营决策类型中，各种相关因素可能出现的结果是已知的，采取某一方案只会有一种确定的结果。确定型决策分析方法包括差量分析法、贡献边际分析法、本量利分析法、边际分析法、线性规划法等。

(一)差量分析法

差量分析法就是对不同备选方案所预期的收入、成本、利润之间的差额进行充分的分析、比较后，从中选择最优方案的决策方法。

差量是指各种不同的备选方案之间的差异，具体分为差量收入、差量成本和差量利润。差量收入是一个备选方案的预期收入与另一个备选方案的预期收入的差异数；差量成本是一个备选方案的预期成本与另一个备选方案的预期成本的差异数；差量利润是差量收入与差量成本的差额。可以用公式表示如下：

差量收入=甲方案的收入-乙方案的收入

差量成本=甲方案的成本-乙方案的成本

差量利润=差量收入-差量成本

以上公式只要差量收入大于差量成本，即差量利润为正数，就说明甲方案优于乙方案；相反，如果差量收入小于差量成本，即差量利润为负数，则说明乙方案优于甲方案。

差量分析法的决策程序一般可以分为如下4点。

(1) 计算备选方案的差量收入。
(2) 计算备选方案的差量成本。
(3) 计算备选方案的差量利润。
(4) 比较、选择执行方案。

应该注意的是：计算差量收入与计算差量成本的方案的排列顺序必须保持一致。

【例 6-1】甲工厂使用同一台设备，可生产 A 产品，亦可生产 B 产品。该设备的最大生产量为 50,000 工时，生产 A 产品每件需 25 工时，生产 B 产品每件需 12.5 工时。两种产品的销售单价、单位变动成本和固定成本总额数据如表 6-1 所示。

表 6-1 产品资料表

产品名称	A 产品	B 产品
销售单价	25 元	40 元
单位变动成本	14 元	30 元
固定成本总额	70,000 元	

要求：根据上述资料，采用差量分析法，分析生产哪种产品较为有利。

解：由于无论生产 A 产品还是 B 产品，固定成本总额 70,000 元都是不变的，所以，在决策分析中，70,000 元属非相关成本，决策分析时不必考虑。

(1) 按设备最大生产量，分别计算 A 产品和 B 产品的最大产量。

A 产品的最大产量=最大生产量工时/A 产品每件工时=50,000÷25=2,000(件)

B 产品的最大产量=最大生产量工时/B 产品每件工时=50,000÷12.5=4,000(件)

(2) 分别计算两方案的差量收入、差量成本和差量利润并进行比较。

$$差量收入=(2,000\times25)-(4,000\times40)$$
$$=-110,000(元)$$
$$差量成本=(2,000\times14)-(4,000\times30)$$
$$=-92,000(元)$$

$$差量利润=-110,000-(-92,000)$$
$$=-18,000(元)$$

(3) 评价。计算结果为负差量利润 18,000 元，说明差量收入小于差量成本，即后一方案(生产 B 产品)比前一个方案(生产 A 产品)较优，因此，应选择生产 B 产品。

(二)贡献边际分析法

贡献边际分析法是指在固定成本不变的情况下，通过对比不同备选方案所提供的贡献边际的多少进行选优的一种方法。例如，亏损产品是否停产的决策、新产品开发的决策等都可以运用贡献边际分析法。

必须指出的是，这里所说的贡献边际，是指各种产品所提供的贡献边际总额，或者每人工小时、机器小时所提供的贡献边际。尽管单位产品贡献边际是反映产品盈利能力的重要指标，但在评价各备选方案时，绝对不能以单位产品贡献边际的大小作为选优的依据。这一点是显而易见的。现举例说明如下：

【例 6-2】甲企业现有生产能力 60,000 机器小时，目前的生产能力利用程度为 90%，剩余的生产能力 10%可以用来开发新产品 A，每件工时定额 4 小时；也可以用来生产 B 产品，每件工时定额 5 小时。预计有关销售价格和成本资料，如表 6-2 所示。

表 6-2 销售价格和成本资料表　　　　　　　　　　　　单位：元

产品名称	A 产品	B 产品
销售单价	45	55
单位变动成本	27	35
单位贡献边际	18	20

要求：根据以上资料做出该企业利用剩余生产能力开发哪种新产品较为有利的决策。

解：我们可以根据贡献边际分析法编制计算表，如表 6-3 所示。

表 6-3 计算表

产品名称	A 产品	B 产品
销售单价	45 元	55 元
单位变动成本	27 元	35 元
单位贡献边际	18 元	20 元
单位产品所需定额工时	4 小时	5 小时
单位定额工时提供的贡献边际	18÷4=4.5(元/时)	20÷5=4(元/时)
剩余生产能力所提供的贡献边际总额	6,000×4.5 =27,000(元)	6,000×4 =24,000(元)

从表 6-3 的计算结果来看，尽管 B 产品的单位贡献边际比 A 产品高 2 元，但生产 A 产品单位工时创造的贡献边际比 B 产品多 0.5 元，该设备剩余生产能力 6,000 工时多创造 3,000 元的贡献边际总额，所以应选择生产 A 产品。

(三)本量利分析法

本量利分析法是根据各个备选方案的成本、业务量、利润三者之间的相互依存关系来确定在什么情况下何种方案最优的决策分析方法。

本量利分析法的关键在于确定"成本分界点"或"成本平衡点"。所谓"成本分界点"就是两个备选方案预期成本相同情况下的业务量。找到了成本分界点,就可以确定在什么业务量范围内,哪个方案最优。

【例 6-3】甲企业生产 P 产品,每年需要 A 零件 5,000 个。过去 A 零件一直外购,外购单价为 26 元。现在该企业尚有部分剩余生产能力可以生产 A 零件。据预测,每件 A 零件的直接材料、直接人工及变动制造费用为 18 元,但每年需增加专属固定成本 20,000 元。问该企业应自制还是外购 A 零件。

解:设全年需要 x 个 A 零件,x 为自制和外购方案的成本平衡点的需要量,则:

外购方案的预期成本(y_1)=26x

自制方案的预期成本(y_2)=20,000+18x

当外购方案与自制方案的成本相等时,即 $y_1=y_2$ 时,得:

$$26x=20,000+18x$$

$$x=20,000\div(26-18)=2,500(个)$$

若 x=2,500 个,则 $y_1=y_2$,两个方案的成本相等,均可行;

若 x>2,500 个,则 $y_1>y_2$,自制方案为优;

若 x<2,500 个,则 $y_1<y_2$,外购方案为优。

因为该企业每年需要 A 零件 5,000 个,大于成本平衡点的需要量 2,500 个,所以自制方案为优。

从上述例子可以看出,如果自制 A 零件,则每个 A 零件分摊的专属固定成本会随着产量的增减成反比例变动。很显然,产量超过某个限度,自制 A 零件的方案更有利;反之,如果产量低于这个限度,则外购 A 零件的方案更有利。因此,该项决策分析的关键点是先确定这个限度的产量,即确定"成本分界点"。

(四)边际分析法

边际分析法是运用边际分析原理,寻找方案最优值以进行方案决策的决策分析方法。在现实生产经营活动中,销售收入、总成本与业务量一般都表现为多元曲线函数关系。短期经营决策的目标是当期利润最大化,因此,收入和成本曲线总是存在着极值(极大值或极小值)。在数学上,当曲线的一阶导数为零时,曲线就达到一个转折点。利用这个原理,就可以分析当业务量再增加一件时的成本变动额和收入变动额,从而找出最大利润时的最优业务量,这种原理称为边际分析原理。

在边际分析原理中,进行决策所依据的边际分析结论有如下两点。

(1) 当边际成本等于平均成本时,平均成本最低。

(2) 当边际成本等于边际收入,边际利润为零时,利润总额最大。

在上述结论中,进行边际分析的关键是确定曲线函数关系式,即:

$$y=a+b_1x+b_2x^2+\cdots+b_mx^m$$

在现实中，上述模型很少有 $m \geq 4$ 的情况，一般只假设 $m=2$ 或 $m=3$。当 $m=3$ 时，上述模型为：

$$y=a+b_1x+b_2x^2+b_3x^3 \tag{6-1}$$

对于上式中各个系数 a、b_1、b_2、b_3，仍可以采用混合成本分解中回归直线法的最小二乘法原理予以测算。即有下列联立方程式：

$$\begin{cases} \sum y = na + b_1\sum x + b_2\sum x^2 + b_3\sum x^3 \\ \sum xy = a\sum x + b_1\sum x^2 + b_2\sum x^3 + b_3\sum x^4 \\ \sum x^2y = a\sum x^2 + b_1\sum x^3 + b_2\sum x^4 + b_3\sum x^5 \\ \sum x^3y = a\sum x^3 + b_1\sum x^4 + b_2\sum x^5 + b_3\sum x^6 \end{cases} \tag{6-2}$$

【例 6-4】某厂 2007 年 1 月至 6 月有关销售量与利润资料参见表 6-4。

解：根据已知条件，列示回归方程计算表如表 6-4 所示。

表 6-4　回归方程计算表

月份	销售量 x(件)	利润 y(元)	x^2	x^3	x^4	xy	x^2y
1	40	−1,500	1,600	64,000	2,560,000	−60,000	−2,400,000
2	50	−500	2,500	125,000	6,250,000	−25,000	−1,250,000
3	90	4,000	8,100	729,000	65,610,000	360,000	32,400,000
4	130	5,500	16,900	2,197,000	285,610,000	715,000	92,950,000
5	160	5,000	25,600	4,096,000	655,360,000	800,000	128,000,000
6	180	3,000	32,400	5,832,000	1,049,760,000	540,000	97,200,000
∑	650	15,500	87,100	13,043,000	2,065,150,000	2,330,000	346,900,000

在表 6-4 中，利润先随销售量逐步上升，达到一定程度后又逐渐下降，表现为一种抛物线状态，可以判断利润曲线为一个二次方程曲线。因此在(6-1)式中令 $b_3=0$，并将表 6-4 中其他数据代入式(6-2)得出：

$$\begin{cases} 15,500 = 6a + 650b_1 + 87,100b_2 \\ 2,330,000 = 650a + 87,100b_1 + 13,043,000b_2 \\ 346,900,000 = 87,100a + 13,043,000b_1 + 2,065,150,000b_2 \end{cases}$$

解方程组，得：

$a \approx -9,658.33$，$b_1 \approx 233.6$，$b_2 \approx -0.9$

$$y = -9,658.33 + 233.6x - 0.9x^2 \tag{6-3}$$

在式(6-3)中，当 $y'=0$ 时，y 取得极大值。此时：

令：

$$y' = 233.6 - 0.9 \times 2x = 0$$

得：

$$x \approx 129 (件)$$

因此，当销售量为 129 件时，利润最大，此时最大利润为：
$$y_{max} = -9,658.33 + 233.6 \times 129 - 0.9 \times 129^2 = 5,499.17 (元)$$

(五)线性规划法

线性规划法是管理科学中的运筹学方法，专门用来对具有线性联系的极值问题进行分析，以便在有若干约束条件的情况下，对合理组织人力、物力、财力做出最优组合决策，使企业的有限资源得到最佳运用。线性规划问题具有以下特点。

(1) 有目标函数。决策的目标在于追求目标函数的最大值或最小值。
(2) 有若干约束条件。在追求目标函数极值的同时，必须受若干条件的限制。
(3) 目标函数和约束条件函数，应具有直线式的线性关系。

线性规划法主要采用单纯形法求解，在只有两个约束变量时，一般采用直观的图解法，管理会计中也主要采用图解法。

【例 6-5】 某工厂拟生产 A、B 两种产品，该厂生产能量为 360 工时，库存材料可供使用的总数量为 240 公斤。另外，A 产品在市场上的销售无限制，B 产品在市场上每月最多只能销售 30 件。A、B 两种产品有关数据如表 6-5 所示。求：工厂应如何安排 A、B 两种产品的生产，才能获得最大边际贡献？

表 6-5 产品资料表

产品名称	单位生产工时	单位材料耗量	单位边际贡献
A 产品	6 工时	6 公斤	90 元
B 产品	9 工时	3 公斤	80 元

解：首先，确定目标函数与约束条件，并用代数式表示。

设下月应生产 A 产品 x_1 件，B 产品 x_2 件，两种产品贡献边际额为 S。根据已知条件可建立如下数学模型：

约束条件 $\begin{cases} 6x_1 + 9x_2 \leq 360 \\ 6x_1 + 3x_2 \leq 240 \\ x_2 \leq 30 \\ x_1, x_2 \geq 0 \end{cases}$

目标函数 $S = 90x_1 + 80x_2$

其次，将约束条件方程式在坐标图中标出，以确定可行解区域。如在图 6-1 中，同时满足上述约束条件的可行解区域为多边形 ABCDO。多边形 ABCDO 内任何一点所对应的坐标点都满足上述条件，构成多组可行的组合方案。

最后，确定目标函数最大解的最优可行解。从数学中的凸集原理可知，目标函数的极值一定在凸集顶点上，因此只要比较凸多边形各顶点的目标函数值就能找到最优解。图 6-1 中，各顶点的坐标分别计算列表 6-6。

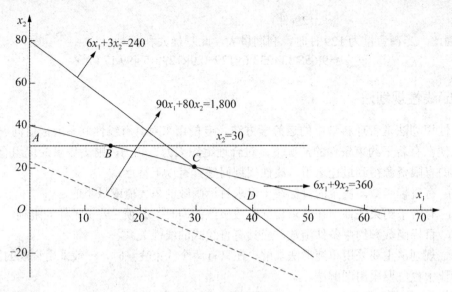

图 6-1 线性规划图

表 6-6 凸多边形各顶点产品贡献边际额计算表 单元：元

角 点	A 产品(x_1)	B 产品(x_2)	贡献边际额 $S=90x_1+80x_2$
O	0	0	0
A	0	30	$S_A=90\times0+80\times30=2,400$
B	15	30	$S_B=90\times15+80\times30=3,750$
C	30	20	$S_C=90\times30+80\times20=4,300$
D	40	0	$S_D=90\times40+80\times0=3,600$

由上表计算可知：C 点即最优解，此时，A 产品生产 30 件，B 产品生产 20 件，此组合下最大的边际贡献额为：

$S_{max}=90\times30+80\times20=4,300$ 元，为极大值。

另一种解法是利用目标函数图形求最优解。将目标函数 $S=90x_1+80x_2$ 整理为：

$$x_2 = \frac{S}{80} - \frac{90}{80}x_1$$

该方程在坐标图中表现为斜率为-9/8、纵截距为 $S/80$ 的平行线组，平行线距原点越远，S 越大；距原点越近，S 越小。如令 $S=1,800$，则 $S=90x_1+80x_2=1,800$ 的直线在图 6-1 中如虚线所示。在可行解 ABCDO 区域内与虚线平行并使 S 最大的平行线交于 C 点，C 点即最优解。此时，A 产品生产 30 件，B 产品生产 20 件，此组合下最大的边际贡献额为：$S_{max}=90\times30+80\times20=4,300$ 元，为极大值。

【例 6-6】某食品公司正在考虑如何才能进入本来就有许多供应商的早点谷类食品市场。幸运的是，他们有一个很好的早点食品产品。公司副总裁决定搞一次促销活动。不过她非常清楚的是，她必须避免上一次产品促销所犯的一个错误，那就是忽略了与那次活动没有多大关系的目标市场：幼年儿童及其父母。同时她还总结出另一个失误是：没有将优惠券包含在杂志和报纸的广告中。这次，她决定和管理决策小组携手共同来研究和解决问题。

解：依题意,决策分析如下。

(1) 问题及问题的数据。公司拟雇用一家一流的广告公司 A 公司来帮助设计全国性的促销活动,并付给广告公司不超过 100 万美元的酬金;另外分配 400 万美元作为广告费用。公司和管理决策小组一致同意以目标市场的消费者感知量最大化代替利润最大化作为总的绩效测度(目标函数)。

A 公司确定出这种产品最有效的三种广告媒体:媒体 1:周六上午儿童节目的电视广告;媒体 2:《食品与家庭导向》杂志上的广告;媒体 3:主要报纸周日增刊上的广告。将收集到的数据整理如表 6-7 所示。

表 6-7 相关数据表

资　源	每种活动的单位资源使用量			可获得的资源数
	电视广告	杂志广告	周日增刊广告	
1. 广告预算	30 万	15 万	10 万	400 万
2. 计划预算	9 万	3 万	4 万	100 万
3. 电视时段	1	0	0	5
单位贡献	130	60	50	

单位贡献=单位广告可取得的消费者感知量的单位数

(上面数据解释一下:第一行数值表示各种媒体上每一广告的单位成本;第二行表示 A 公司用于设计与开发各种媒体广告的估计费用;第三行表示每一广告可以使用可获得的五个电视广告时段之一)

现在的问题是:如何确定各种广告活动的水平以取得最有效的广告组合。

(2) 建立代数模型及求解。拟订代数符号:S——目标消费者的感知量;T——电视广告时段数目;M——杂志上广告数目;N——周日增刊上的广告数目。

约束条件 $\begin{cases} 300T + 150M + 100N \leqslant 4,000 \\ 90T + 30M + 40N \leqslant 1,000 \\ T \leqslant 5 \\ T, M, N \geqslant 0 \end{cases}$

目标函数　$S = 130T + 60M + 50N$

容易求解上面模型,最优解是(0,20,10),即不做任何电视广告,在杂志上刊登 20 处广告,在周日增刊上刊登 10 处广告。

(3) 模型正确性评价。管理决策小组认识到,模型是在一定假设基础上对实际问题的抽象,应该要求模型和实际有较高的关联度。考查二者是否达到这个较高的关联度,就是对模型正确性的评价。①模型假设之一:允许有分数解。事实上对于做广告这类事情不能有分数解的。所幸的是,我们模型正好都是整数解。②模型假设之二:增加的广告的效果不变。事实上,随着这一媒体上广告数的增加,并达到饱和时,增加的广告效果肯定会减小。而且,模型还假定了不同媒体不互相影响,这也不是绝对真实的。③模型假设之三:媒体上广告的开发成本与数量成比例,同种媒体上广告开发成本不会受到其他媒体广告开发投入的多少的影响。事实上,A 公司最近在另一媒体上做过相同主题的广告而大大减少成本也是可能的。

为了判断"增加的广告的效果不变"的假定是否合理，管理决策小组与 A 公司会谈。A 公司认为，目前广告远远没有达到饱和水平，大多数读者最多看到两次广告，所以上面假定可以认为是合理的。

接下来，管理决策小组询问 A 公司广告的开发成本问题。A 公司承认在不同媒体上的广告设计是有重叠部分，特别是均为印刷的媒体时，但是，由于不同媒体截然不同的特色，这种重叠是非常有限的。此外，A 公司认为，比例性的假设很合理，因为在某一种媒体上设计开发广告的工作量大致相等，基本上等同于在该媒体上第一次设计开发该种广告的工作量。

基于上面的讨论与了解，管理决策小组认为，上面模型是合理的，可以提供给管理层参考使用。

(4) 管理者的反应。总裁：居然没有使用电视广告，但好像也有些合理。(你觉得如何?)市场部副总裁：我对不使用电视广告有些意见。大家知道，能够使儿童向他们父母索要我们的这个产品是极为重要的。这将是我们产品销售的最佳途径。而那些电视广告时段往往都是家长陪同小孩一起看的。因此，我们需要的是，能同时迎合儿童和家长的广告时段，能让儿童立即要求家长去买。我认为，这才是这次促销活动成功的关键。总裁：是的。我们必须让管理决策小组将这一因素考虑进去，重新计算一遍。你只需要告诉他们这次促销活动所要接触的儿童及其家长的数量就可以了。(还有哪些因素管理决策小组忽略了呢?)市场部副总裁：没问题，我已经有了那些数据。另外，该方案没有考虑杂志和报纸上的优惠券的预算。我想，他们把这一预算加进去，而且是不困难的。

(5) 模型的重新设定与求解。为此，公司提供 149 万元作为优惠券预算，同时，管理层提出两个目标。目标 1：必须至少有 500 万儿童看到该广告；目标 2：必须至少有 500 万儿童的家长看到该广告。实际上，这两个目标就是广告活动收益的最低可接受水平。该收益由广告接触到的人群数量来衡量。

为了建立相应的收益约束，管理决策小组要求 A 公司估计出每一个单位的各种广告能让多少儿童及其家长看到。调查和估计的数据，如表 6-8 所示。

表 6-8 调查和估计数据表

收益	每一活动的单位收益			最低可接受水平
	电视广告	杂志广告	周日增刊广告	
儿童	1.2 万人	0.1 万人	0 万人	5 万人
家长	0.5 万人	0.2 万人	0.2 万人	5 万人

对优惠券的安排，如表 6-9 所示。

表 6-9 优惠券安排表

需求	每一活动对需求数量的单位贡献			需求数量
	电视广告	杂志广告	周日增刊广告	
优惠券	0	40,000	120,000	1,490,000

因此，除了原先的模型约束外，我们在这里还增加了两个收益约束，一个确定需求约束：

$$\begin{cases} 1.2T+0.1M \geqslant 5(目标是1，单位是万人) \\ 0.5T+0.2M+0.2N \geqslant 5(目标是2，单位是万人) \\ 4M+12N=149(以10000美元为单位) \end{cases}$$

因而总结起来，整个模型变为：
目标函数　　$S=130T+60M+50N$
约束条件：
1) 资源约束

$$\begin{cases} 300T+150M+100N \leqslant 4,000 \\ 90T+30M+40N \leqslant 1,000 \\ T \leqslant 5 \end{cases}$$

2) 收益约束

$$\begin{cases} 1.2T+0.1M \geqslant 5 \\ 0.5T+0.2M+0.2N \geqslant 5 \end{cases}$$

3) 确定需求约束
$4M+12N=149$

4) 非负约束
$T,M,N \geqslant 0$

重新求解，即可得到最优解是(3，14，7.75)，即在电视上做 3 处广告，在杂志上做 14 处广告，在周日增刊上做 7.75 处广告(因此，第八个增刊广告仅能在 75%的报纸上刊出)。

二、非确定型决策分析方法

非确定型决策分析类型包括风险性和不确定性决策分析。风险性决策分析问题是指决策过程中存在两种以上无法确切肯定未来状况的因素，但各种状况下可能的概率大致可以判断的决策问题，主要决策分析方法是决策树法。不确定性决策分析问题是指决策过程中存在两种以上无法确切肯定未来状况的因素，并且各种状况可能的概率也无法判断的决策分析问题，主要决策分析方法是决策树法、小中取大法、大中取小法、最大后悔值最小化法等。

(一)决策树法

决策树法是风险型问题的主要决策分析方法，又称为概率分析法。"千言万语不如一张图。"决策树是决策局面的一种图解表示。顾名思义，这种图像一颗被砍倒的树，有干有枝。决策树法以网络形式把决策的各个方案分布在决策树图形上，并以定量比较各个方案的实施结果，以选择最优方案。决策树按逻辑关系从左到右展开，而决策则从右到左进行。其基本要点如下：

(1) 绘制决策树图形。决策树图形是决策者对某个决策问题未来发展情况的可能性和可能结果所做出的预测在图纸上的反映，所画图形因其决策分析思路为树枝状而得名，如

图 6-2 所示。

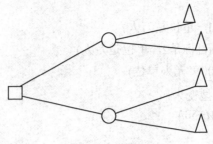

图 6-2 决策树图

图中，□表示决策节点，从决策节点引出的分枝叫方案分枝；○表示机会节点，或称自然状态节点，从它引出的分枝叫概率分枝，表示可能出现的自然状态数；△表示结果节点，反映每一行动方案在相应自然状态下可能的结果。

(2) 计算期望值。期望值是各方案下各种可能结果的数值与其相应的概率可能性乘积之总和。

(3) 剪枝。从右到左在每个决策节点中，对各方案的分枝进行比较，剪去期望值较差的分枝，最后留下的分枝就是最优方案。

决策树为决策者构造出一个合理而有序的决策过程，并具有形象直观的优点。一般多用于多阶段决策。

利用决策树进行决策的一般步骤如下。

(1) 确定决策目标及决策阶段数。
(2) 按逻辑关系从左到右绘制决策树。
(3) 按决策顺序从右到左进行决策。

【例 6-7】某企业准备更新一台设备。旧设备每生产一批需负担修理费 2,000 元，新设备购置需投入 50,000 元，每生产一批需分担折旧费和修理费 3,000 元。每批生产量 15,000 件，单位产品废品损失 5 元，新旧设备的废品率及其出现的概率和损失资料如表 6-10 所示。

要求：对该设备是否要更新进行决策。

表 6-10 新旧设备的废品率及其出现的概率和损失资料

	废品率	6%	10%	15%
旧设备	废品损失	4,500 元	7,500 元	11,250 元
	概率	0.5	0.3	0.2
	废品率	4%	8%	12%
新设备	废品损失	3,000 元	6,000 元	9,000 元
	概率	0.6	0.3	0.1

解：根据表 6-10 资料，可绘制决策树图，如图 6-3 所示。

从树的末端往回算，先算出每个机会节点的期望值，填入图形○或□内：

旧设备的费用和损失期望值=4,500×0.5+7,500×0.3+11,250×0.2+2,000

=8,750(元)

新设备的费用和损失期望值=3,000×0.6+6,000×0.3+9,000×0.1+3,000
=7,500(元)

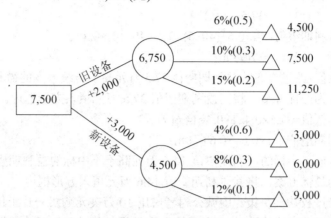

图6-3 决策树图(1)

比较机会节点值,新设备的费用和损失期望值7,500元低于旧设备的费用和损失期望值8,750元。故应将更新设备方案作为最优方案,损失期望值为7,500元,填入方形框内。

【例6-8】上山建筑公司正考虑是否为一项建设工程进行投标,投标准备费约为1万元,中标的可能性为40%,不中标的可能性为60%。若中标后能按保质完成,则可盈利40万元。若延期1个月,罚款5万;延期2个月,罚款10万。公司有两种修建方法:一是传统方法,这种方法按期完成的可能性为60%,延期1个月的可能性为20%,延期2个月的可能性为20%;二是改进方法,但需花1.5万元购置一种设备。改进方法按期完成的可能性为85%,延期1个月的可能性为10%,延期2个月的可能性为5%。公司是否应该为这项工程进行投标呢?中标后应选择哪一种修建方法呢?

解:根据上述资料,可绘制决策树图,如图6-4所示。

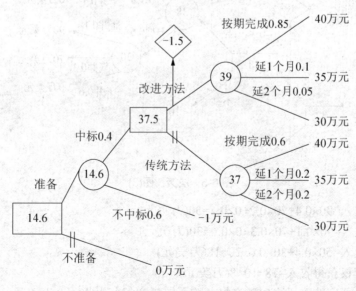

图6-4 决策树图(2)

从树的末端往回算,先算出每个机会节点的期望值,填入图形○或□内:
改进方案的盈利期望值=40×0.85+(40-5)×0.1+(40-10)×0.05-1.5
            =37.5(万元)
传统方案的盈利期望值=40×0.6+(40-5)×0.2+(40-10)×0.2
            =37(万元)
比较机会节点值,改进方案的盈利期望值37.5万元高于传统方案的盈利期望值37万元。故应将改进方案作为最优方案,将其盈利期望值37.5万元填入方形框内。
中标的盈利期望值=37.5×0.4-1×0.4=14.6(万元)
不中标的盈利期望值=-1×0.6=-0.6(万元)
比较机会节点值,中标的盈利期望值14.6万元高于不中标的盈利期望值-0.6万元。故应将中标方案作为最优方案,将其盈利期望值14.6万元填入方形框内。

【例6-9】矿产权购买决策。山城公司考虑用10万美元购买一片土地的矿产权。这一价格包括地震试验以探明这片地是A型还是B型地质结构。购买后才能知道该地的地质结构类型。估计该地区40%是A型,60%是B型。若公司准备钻井,将花费20万美元。可能钻到油井、气井或干井。经验表明:在A型地上钻到油井的概率为0.4,利润为90万美元;钻到气井的概率为0.2,利润为70万美元;在B型地上钻到油井的概率为0.1,利润为90万美元;钻到气井的概率为0.3,利润为70万美元。利润是除了矿产权和钻井费外的利润。问山城公司是否应该购买这项矿产权?

解:该问题是一个多阶段决策问题,可用决策树进行决策,如图6-5所示。

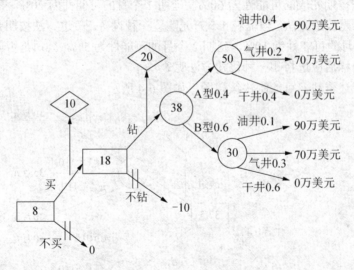

图6-5 决策树图(3)

A型获得收入=90×0.4+70×0.2+0×0.4=50(万美元)
B型获得收入=90×0.1+70×0.3+0×0.6=30(万美元)
钻井获得收入=50×0.4+30×0.6-20=18(万美元)
购买该矿产权获得收入=18-10=8(万美元)
答:山城公司应该购买这项矿产权,购买该矿产权获得收入8万美元。

(二)小中取大法

小中取大法是从各种决策方案的收益(利润)值出发,在各方案不同状态下最小收益值的基础上,选择最大收益值的决策方法。其特点是从不利情况出发,找出最坏的可能中最好的方案,因此也称为悲观准则。

【例6-10】某企业在计划年度可生产A、B、C三种产品。根据销售、生产等部门的预测资料,在销路好坏不同的情况下,三种产品预计可获得的边际贡献总额如表6-11所示。
要求:根据预测资料,做出生产哪种产品的决策。

表6-11 各种产品可获得的边际贡献总额　　　　　　　　　　单元:元

销路 收益值 产品	好	一般	不好
A	55,000	40,000	28,000
B	60,000	42,000	30,000
C	65,000	30,000	15,000

解:依题意编制分析表,如表6-12所示。

表6-12 小中取大法分析表　　　　　　　　　　　　　　　　单位:元

销路 收益值 产品	好	一般	不好	最小的收益值
A	55,000	40,000	28,000	28,000
B	60,000	42,000	30,000	30,000
C	65,000	30,000	15,000	15,000
小中取大			30,000	
最优决策方案			生产B产品	

答:由于不论生产哪种产品,最小收益值都在第三栏(销路不好)中,而最小收益值中,最大的是生产B产品可获得边际贡献总额30,000元,因此,生产B产品的方案为最优方案。

(三)大中取小法

大中取小法是从各种决策方案的支出(损失)值出发,在各方案各种状态下最大支出(损失)值的基础上,选择最小支出(损失)值的决策分析方法。这种方法与小中取大法相同,也是从最差的情况出发,找出最坏的可能中支出或损失最小的方案。只不过小中取大法着眼于收益利润,大中取小法着眼于支出损失。因此,该法也称为稳健准则。

【例6-11】某企业对一台旧设备是否选择更新或租入进行决策。用旧设备生产产品最大报废率为3%,一般报废率为2%,最小报废率为1%;用新设备生产产品最大报废率为

2%，一般报废率为 1%，最小报废率为 0.5%；用租入半新设备生产产品最大报废率为 2.5%，一般报废率为 1.8%，最小报废率为 0.8%。旧设备每月应负担修理费 3,000 元，新设备每月应负担折旧费和修理费 4,000 元，租入半新设备每月应负担租金及修理费 3,000 元。每月生产 A 产品 30,000 件，每件 5 元。要求：对一台旧设备是否选择更新或租入进行决策分析。

解： 依题意编制分析表，如表 6-13 所示。

表 6-13 设备决策分析表 单位：元

行动方案	各种状态下的废品损失及其他费用			最大支出值
	最大	一般	最小	
旧设备	7,500	6,000	4,500	7,500
购新设备	7,000	5,500	4,750	7,000
租设备	6,750	5,700	4,200	6,750
大中取小	6,750			
最优决策方案	租设备			

由于不论继续采用旧设备，还是选择更新或租入设备最大支出值都列在第三栏中，而最大支出值中最小的支出值是租入设备生产 A 产品，因此，租入设备的方案为最优方案。

(四)最大后悔值最小化法

最大后悔值最小化法是找出同一状态下最大收益值方案与所选方案收益值的后悔值(或最小支出值与所选方案支出值的后悔值)，然后从各方案在各状态下的最大后悔值中选择最小后悔值方案作为最优决策方案。当某种状态出现后，事后知道哪种方案最优，而当初并未采取这个方案，就会感到后悔。因此，从其原理出发，该法又称为遗憾准则。

【例 6-12】 从例 6-11 中，首先找出对应于各状态下的最小支出值。在表 6-13 所列，最大报废率时的最小支出值为租设备，其废品损失及其他费用为 6,750 元；一般时的最小支出值为购新设备，其废品损失及其他费用为 5,500 元；最小时的最小支出值为租设备，其废品损失及其他费用为 4,200 元。

解： 根据上述资料，将每种状态下各项支出值与最小支出值相减，求出后悔值并列表，设备决策分析表如表 6-14 所示。

表 6-14 设备决策分析表 单位：元

行动方案	各种状态下后悔损失值			最大后悔值
	最大	一般	最小	
旧设备	750	500	300	750
购新设备	250	0	550	550
租设备	0	200	0	200
最小的最大后悔值	200			
最优决策方案	租设备			

最大后悔值最小化法实际是从最坏的可能性出发，去争取好的结果，以求损失最小。这种思路符合人们对事物判断的一般逻辑推理，故较为稳妥，又不过于保守。

【例 6-13】新时尚服装厂是一个资金不雄厚的企业，最近准备推出一种新式服装，估计推出后可能出现畅销、一般和滞销三种情况，但不能估计出相应的概率。厂里现有大量生产、中量生产、小量生产和不生产四种意见。四种方案在各可能状况下的盈亏，如表6-15所示。

表 6-15 生产方案表   单位：万元

	大量生产 (a_1)	中量生产 (a_2)	小量生产 (a_3)	不生产 (a_4)
畅销	20	15	12	0
一般	10	8	4	0
滞销	-12	-4	-1	0

问该厂按照乐观标准、悲观标准、现实标准、拉普拉斯标准和后悔标准分别应该选择什么方案？

解：该问题由于没有各可能状况的概率，故是完全风险决策。下面用不同标准选择的列示方案如下。

(1) 乐观标准。决策者对未来持乐观态度，认为一切都会好上加好，这种标准又称为"大中大标准"。在收益情况下，这种标准是先选择每个方案各可能状况下的最大值，在这些最大值中再选最大值所对应的方案。本例先选出每一方案在各可能状况下的最大利润值，即 a_1=20、a_2=15、a_3=12、a_4=0。然后在这些值中再选最大值，即 a_1=20，按该标准选中大量生产。乐观标准又称为最冒险的标准，实际中采用得并不多。

(2) 悲观标准。决策者对未来持悲观态度，希望在最坏的情况下使自己的损失最小(盈利最大)，又称为"小中大标准"。这种标准是先选择每个方案各可能状况下的最小值，在这些最小值中再选最大值所对应的方案。本例先选出每一方案在各可能状况下的最小利润值，即 a_1=-12、a_2=-4、a_3=-1、a_4=0。然后在这些值中再选最大值，即 a_4=0，按该标准选中不生产。这种标准往往被称为最保守的标准。是从损失最小的角度出发，虽然在最坏的情况下不会造成大的损失，但往往选中"无所作为"的方案。一般为一些十分保守的决策者和一些经不起打击的小企业所采用。

(3) 现实标准。决策者对未来既不能过于乐观，也不宜过分悲观，应采取现实态度，这种标准是估计一个乐观系数α，则 $1-\alpha$为悲观系数，用乐观系数乘以某方案在各可能状况下的最大值加上用悲观系数乘以该方案在各可能状况下的最小值，得现实值。由各方案现实值比较来选择方案。本例中若令乐观系数$\alpha = 0.4$，则悲观系数 $1-\alpha = 0.6$。各方案的现实值如下：

a_1 的现实值=20×0.4+(-12)×0.6=0.8(万元)

a_2 的现实值=15×0.4+(-4)×0.6=3.6(万元)

a_3 的现实值=12×0.4+(-1)×0.6=4.2(万元)

a_4 的现实值=0×0.4+0×0.6=0(万元)

按这种标准应选 a_3，即小量生产。

这种标准由于较接近实际而经常用到。但确定乐观系数是个难题，有较大的主观随意性。

(4) 拉普拉斯标准。拉普拉斯从"不充足理由原则"出发，认为各可能状况的概率既然没有充足的理由认为哪一种更大或更小，则就不能否定它们出现的概率是相等的。实际上是给各可能状况以相同的概率来计算各方案的期望值来选择方案。本例按等概率计算各方案的期望值：

a_1 的期望值 $=20×1/3+10×1/3+(-12)×1/3=6$(万元)

a_2 的期望值 $=15×1/3+8×1/3+(-4)×1/3=6.33$(万元)

a_3 的期望值 $=12×1/3+4×1/3+(-1)×1/3=5$(万元)

a_4 的期望值 $=0×1/3+0×1/3+0×1/3=0$(万元)

按这种标准应选 a_2，即中量生产。

由不充足理由而推论各可能状况的概率是一样的结论在现实中显得非常勉强，在实际中采用得并不多。

(5) 后悔标准。这种标准是先用某一可能状况下各方案的最大值减各方案的条件值得到后悔值，再选出各方案的最大后悔值，在这些最大后悔值中最小的后悔值对应的方案为该标准所选中的方案(在收益情况下)。本例先计算各方案在各可能状况下的后悔值(表 6-16 中括号内的数值)。

表 6-16　各方案在各可能状况下后悔值表　　　　　　　　　　单位：万元

	大量生产 (a_1)	中量生产 (a_2)	小量生产 (a_3)	不生产 (a_4)
畅销	20(0)	15(5)	12(8)	0(20)
一般	10(0)	8(2)	4(6)	0(10)
滞销	-12(12)	-4(4)	-1(1)	0(0)

然后找出各方案的最大后悔值，即 $a_1=12$、$a_2=5$、$a_3=8$、$a_4=20$。再在这些最大后悔值中找最小后悔值，即 $a_2=5$，则中量生产为该标准下的最优方案。

案例分析：在完全风险的决策中，由于各可能状况的概率不能确定，以上五种标准并无真正的优劣可言。最终决策往往取决于决策者个人对风险的态度、决策目标的要求、决策单位的条件及环境因素等。这就需要决策者根据具体决策问题的实际，加以灵活选择。

【例 6-14】建兴房地产开发公司，现已购得一块商业住宅地用，地处相对繁华的城区，对面护城河，并旁有植物园，有很好的景观优势，因此，拟建造一栋高档沿河综合商住楼。每一个建筑物单元的价格是 30~120 万元，取决于单元所处楼层、面积以及备选的设施。

公司对这套楼房进行设计，已制订出三个方案：

a_1——小型楼，有 6 层，30 个单元；

a_2——中型楼，有 12 层，60 个单元；

a_3——大型楼，有 18 层，90 个单元。

决策问题是要从这三个方案中选择其中之一，并提出决策分析的书面报告，包括分析计算书、建议,以及风险提示。

解:对于本问题,为了进行决策分析,必须做好以下两项工作。

(1) 市场调研,综合楼被市场接受的程度如何?亦即市场的需求如何?

对此问题,公司管理者通过调研认为,只有两种市场接受状态,称为决策者无法控制的自然状态:

S_1——高的市场接受程度,对楼房有显著需求;

S_2——低的市场接受程度,对楼房需求有限。

(2) 要根据工程设计与造价核算以及销售价格计算出不同方案、不同自然状态时,楼房的盈亏(或益损)表。对该问题,经计算得到的收益矩阵表,如表6-17所示。

表6-17 收益矩阵表　　　　　　　　　　　　　　　　　　　　单位:万元

方案\收益\状态	自然状态	
	高的市场接受程度 S_1	低的市场接受程度 S_2
小型楼 a_1	800	700
中型楼 a_2	1,400	500
大型楼 a_3	2,000	-900

根据上述收益矩阵表显示:在低的市场接受程度 S_2 情况下,楼房不能正常销售,估计可能带来亏损900万元。

根据资料列示下列后悔值表,如表6-18所示。

表6-18 后悔值表　　　　　　　　　　　　　　　　　　　　　单位:万元

方案\收益\状态	自然状态	
	高的市场接受程度 $S_1(0.8)$	低的市场接受程度 $S_2(0.2)$
小型楼 a_1	1,200	0
中型楼 a_2	600	200
大型楼 a_3	0	1,600

由于概率$(S_1)=0.8$,概率$(S_2)=0.2$,则期望后悔值为:

a_1 期望后悔值$=0.8×1,200+0.2×0=960$(万元)

a_2 期望后悔值$=0.8×600+0.2×200=520$(万元)

a_3 期望后悔值$=0.8×0+0.2×1,600=320$(万元)

可见,以方案 a_3 建大楼为最佳方案。

(五)概率决策分析法

实际工作中的许多决策问题都是具有随机现象特征的风险决策问题,如设备更新、采购成本、投标决策、建厂问题、新产品开发、订购量、生产量等。这些问题均可用风险模型加以解决。在重复决策时,期望值是一个较合理的选择方案的标准。

【例6-15】设备(零部件)更新决策。新华化工厂在生产过程中需500支温度计来控制液体温度,损坏时必须更新。据统计,温度计在第1、2、3、4、5、6月的损坏率分别为0.05、0.1、0.15、0.2、0.25、0.25。若大批更新时(即到一定时间将全部500支温度计全部换新),更新费用为1元/支,而个别更新的费用为4元/支。要求为该厂选择一个更新策略,以使其月平均更新费用最少。

解:该问题由于温度计的寿命不一样,故属于风险决策问题。可供选择的方案有随坏随换、每一个月、每二个月、每三个月、每四个月、每五个月、每六个月更换七个方案。

采用随坏随换方案时,先计算温度计的平均寿命:

$$\bar{x} = \sum_{i=1}^{6}\left(x_i \frac{f_i}{\sum_{j=1}^{6} f_j}\right) = 1\times 0.05 + 2\times 0.1 + 3\times 0.15 + 4\times 0.2 + 5\times 0.25 + 6\times 0.25 = 4.25 \text{(个月)}$$

然后再计算每月平均更新支数及每月费用:

月平均更新支数为500/4.25=118(支)

每月更新费用为118×4=472(元)

采用定期大批更新方案时,涉及大批更新(固定的500支温度计的更新费用)和个别更新两种费用。在计算个别更新费用时,要先计算每个月温度计的损坏数,如表6-19所示。

表6-19 每个月温度计损坏数计算表

第几月	计算过程	更新数(支)
0		500
1	500×0.05	25
2	500×0.1+25×0.05	51
3	500×0.15+25×0.1+51×0.05	81
4	500×0.2+25×0.15+51×0.1+81×0.05	113
5	500×0.25+25×0.2+51×0.15+81×0.1+113×0.05	152
6	500×0.25+25×0.25+51×0.2+81×0.15+113×0.1+152×0.05	172

得到每个月温度计的损坏数后,则可得到各方案的更新费用,如表6-20所示。

表6-20 月平均费用计算表

更新方案	大批更新费用(元)	个别更新费用		总费用(元)	月平均费用(元)
		支数(支)	费用(元)		
随坏随换		118	472	472	472
每一个月	500	25	100	600	600
每二个月	500	76	304	804	402
每三个月	500	157	628	1,128	376
每四个月	500	270	1,080	1,580	395
每五个月	500	422	1,688	2,188	438
每六个月	500	594	2,376	2,876	479

可见,采用每三个月整批更新的月平均费用最少,故应每三个月更新一次。

【例 6-16】 采购成本决策。某工厂生产某种产品时需要一种化学添加剂,该添加剂有效期仅为一个月,故需每月初采购一次。该厂对这种添加剂过去每月耗费的情况是:使用数量(千克)为 0、1、2、3、4 的概率分别为 0.05、0.1、0.4、0.3 和 0.15。生产这种化学添加剂的化工厂有两种购买方式:一是预定,在购买 5 千克及以下时,固定费用 500 元,每千克价格为 100 元;二是临时购买,每千克的价格为 400 元。要求为该厂推荐一种购买策略,使其采购成本最低。

解: 该厂在使用这种添加剂时,由于每月使用的数量是随机的,故属于风险决策。且该厂每月都面临按什么方式及购买多少数量的问题,可用期望值标准选择方案(如表 6-21 所示)。

表 6-21 标准选择方案

月末订购量(千克)	计算过程	采购成本期望值(元)
0	400×0.1+800×0.4+1,200×0.3+1,600×0.15	960
1	500+100+400×0.4+800×0.3+1,200×0.15	1,180
2	500+200+400×0.3+800×0.15	940
3	500+300+400×0.15	860
4	500+400	900

答: 分析表明,该厂应采用每月预订 3 千克的采购策略,月平均成本为 860 元。

【例 6-17】 某公司有一投资项目,有三个投资方案 A、B、C,这三个方案的经济收益取决于今后两年的经济状态,经济状态估计有好、中、差三种,相应的概率分别为 0.2、0.5、0.3。现估算出如表 6-22 所示的收益值及概率统计。

表 6-22 收益值及概率统计表

状态 收益 方案	经济状态及其概率,收益(万元)		
	好,$P=0.2$	中,$P=0.5$	差,$P=0.3$
A	2,200	1,600	950
B	1,600	1,200	1,000
C	2,030	1,710	880

解: 根据上述资料,我们可计算出各方案的期望收益值:

$E(A)=0.2×2,200+0.5×1,600+0.3×950=1,525(万元)$

$E(B)=0.2×1,600+0.5×1,200+0.3×1,000=1,220(万元)$

$E(C)=0.2×2,030+0.5×1,710+0.3×880=1,525(万元)$

根据期望值决策准则,期望收益值最大的方案为最优方案,A 和 C 期望收益值相等,B 为最差方案。为确定最优方案,再考虑方案 A 和 C 的离差:

$\sigma_A=E(A)-\min\{2,200,1,600,950\}=1,525-950=575(万元)$

$\sigma_C=E(C)-\min\{2,030,1,710,880\}=1,525-880=645(万元)$

答: 由于离差 $\sigma_A<\sigma_C$,故应选取方案 A 作为最优方案。

第五节 产品生产决策分析

产品生产决策分析是企业短期经营决策分析的重要环节和内容。企业所面临的短期经营决策问题，大多数都是产品生产决策问题。产品生产决策所涉及的问题大体包括三个方面，即生产什么？生产多少？如何生产？主要解决产品生产、生产数量、生产方式等问题。

一、新产品开发的决策分析

(一)不追加专属成本时的决策分析

当各备选方案只是利用现有剩余生产能力，而不涉及追加专属成本时，各备选方案的原有固定成本都是相同的，属于无关成本。在进行决策分析时，只需计算各方案的贡献边际就可以进行决策，因此，这种情况一般采用贡献边际分析法。

【例 6-18】甲公司原设计生产能力为 120,000 机器小时，但实际开工率只有原生产能力的 60%，现准备将剩余生产能力用来开发新产品 A 或 B。有关资料如表 6-23 所示。

要求：对该公司开发何种新产品较为有利进行决策分析。

表 6-23 甲公司有关资料

项目	新产品 A(预计)	新产品 B(预计)
定额工时(机器小时/件)	50	40
销售单价(元/件)	50	48
单位变动成本(元/件)	40	38
固定成本总额(元)	30,000	30,000

解：采用边际贡献分析法。根据有关资料，编制边际贡献分析表，如表 6-24 所示。

表 6-24 边际贡献分析表(1)

项目	新产品 A	新产品 B
剩余生产能力(机器小时)	120,000×(1-60%)=48,000	
定额工时(机器小时/件)	50	40
最大产量(件)	48,000÷50=960	48,000÷40=1,200
销售单价(元/件)	50	48
单位变动成本(元/件)	40	38
单位边际贡献(元/件)	50-40=10	48-38=10
边际贡献总额(元)	960×10=9,600	1,200×10=12,000

计算表明，开发新产品 B 比开发新产品 A 多获贡献边际总额 2,400 元，因此，开发新

产品 B 更为有利。

(二)追加专属成本时的决策分析

当产品开发的品种决策方案中涉及追加专属成本时，就无法直接利用贡献边际总额指标来评价各方案的优劣，此时可以采用剩余边际贡献指标，即边际贡献总额扣除专属成本后的余额进行评价，或者用差量分析法进行评价。

【例 6-19】在例 6-18 条件基础上，假设甲公司制造新产品 A 需支付专属固定成本 1,500 元，制造新产品 B 需支付专属固定成本 5,000 元。

要求：对该公司开发何种新产品较为有利进行决策分析。

解：采用边际贡献分析法。根据有关资料，编制边际贡献分析表，如表 6-25 所示。

表 6-25　边际贡献分析表(2)

项目	新产品 A	新产品 B
剩余生产能力(机器小时)	120,000×(1-60%)=48,000	
定额工时(机器小时/件)	50	40
最大产量(件)	48,000÷50=960	48,000÷40=1,200
销售单价(元/件)	50	48
单位变动成本(元/件)	40	38
单位边际贡献(元/件)	50-40=10	48-38=10
边际贡献总额(元)	960×10=9,600	1,200×10=12,000
专属固定成本(元)	1,500	5,000
剩余边际贡献总额(元)	8,100	7,000

计算表明，考虑了专属固定成本以后，新产品 A 的剩余贡献边际总额较新产品 B 的边际贡献总额多 1,100(8,100-7,000)元，故开发新产品 A 较为有利。

本例也可以采用差量分析法进行决策，其计算分析过程如表 6-26 所示。

表 6-26　差量分析表　　　　　　　　　　　　　　　　　　　　单位：元

方案 项目	开发新产品 A	开发新产品 B	差异额
相关收入	48,000	57,600	-9,600
相关成本合计	39,900	50,600	-10,700
其中：增量成本	38,400	45,600	
专属成本	1,500	5,000	
差量利润		+1,100	

计算表明，考虑了专属固定成本以后，新产品 A 的差量收入-9,600 元较新产品 B 的差量成本-10,700 多 1,100[-9,600-(-10,700)]元，故开发新产品 A 较为有利。

二、亏损产品的决策分析

从事多种产品生产的企业,在其财务会计完全成本法资料中可能会显示某种产品亏损。当该亏损产品的生产能力不能转产其他产品时,应否停产这种亏损产品呢?如果仅仅根据财务会计的完全成本法资料,出现亏损就决定停产,这可能是一个错误的决策。

一般而论,不管现有产品是否停产或转产,企业的固定成本总是不变的。如果亏损产品为整个企业提供了边际贡献,则停产该产品就降低了整个企业的边际贡献总额,也降低了整个企业弥补固定成本的能力。是否应该停产或转产亏损产品,关键在于该产品提供的贡献边际总额。

(一)生产能力无法转移时,亏损产品是否停产的决策

所谓生产能力无法转移,是指当亏损产品停产以后,闲置下来的生产能力无法被用于其他方面,既不能转产,也不能将有关设备对外出租。在这种情况下,只要亏损产品的贡献边际大于零就不应该停产,而应该继续生产。为什么亏损产品的贡献毛益大于零就不应该停产呢?这是因为停产亏损产品,只能减少其变动成本,并不能减少其固定成本,如果继续生产亏损产品,亏损产品提供的贡献边际就可以补偿一部分固定成本,而停产亏损产品不但不会减少亏损,反而会扩大亏损。

【例6-20】甲公司产销A、B、C三种产品,其中甲、乙两种产品盈利,丙产品亏损。A、B、C三种产品利润表,如表6-27所示。

表6-27　A、B、C三种产品利润表　　　　单位:万元

项目 \ 品种	A产品	B产品	C产品	合计
销售收入	8,000	7,000	4,500	19,500
生产成本				
直接材料	1,400	800	900	3,100
直接人工	800	700	800	2,300
变动制造费用	600	600	700	1,900
固定制造费用	1,600	1,000	1,100	3,700
非生产成本				
变动推销管理费用	1,200	900	1,100	3,200
固定推销管理费用	800	600	300	1,700
成本总额	6,400	4,600	4,900	15,900
利润	1,600	2,400	-400	3,600

要求:假定C产品停产后生产能力无法转移,请分析评价C产品应否停产。

解:根据资料可以知道,C产品亏损400万元。为正确决策,必须首先计算C产品的贡献边际。

C产品贡献边际=4,500-(900+800+700+1,100)=1,000(万元)

C 产品创造的贡献边际是 1,000 万元,而其分摊的固定成本是 1,400 万元,所以亏损 400 万元。但如果 C 产品停产后,就不能提供 1,000 万元的贡献边际,而它原来分摊的 1,400 万元固定成本就只能由 A、B 两种产品负担了,将使该企业利润减少 1,000 万元。换句话说,不管 C 产品是否生产,该企业 5,400 万元的固定成本都要发生,只不过是由三种产品分摊还是两种产品分摊。所以在生产能力不能转移的条件下,C 产品不应停产,而应该继续生产。

(二)生产能力可以转移时,亏损产品是否停产的决策分析

如果亏损产品停产以后,闲置下来的生产能力可以转移,如转产其他产品,或将设备对外出租。此时就必须考虑继续生产亏损产品的机会成本因素,并在对比分析可供备选方案后进行决策。

【例 6-21】以例 6-20 资料为例,假设生产 C 产品的设备可以转产 D 产品,也可以将此设备出租,每年可获租金 900 万元。转产 D 产品的具体资料如表 6-28 所示。

要求:对继续生产 C 产品、转产 D 产品和对外出租三个方案进行决策分析。

表 6-28 预测 D 产品资料　　　　　　　　　　　　　单位:万元

项目	金额
销售收入	6,000
变动生产成本	3,200
变动推销管理费用	800

解:计算 D 产品贡献边际如下:

D 产品贡献边际=6,000-(3,200+800)=2,000(万元)

继续生产 C 产品的贡献边际是 1,000 万元,转产 D 产品的贡献边际是 2,000 万元,设备对外出租的租金是 900 万元,通过比较,转产 D 产品的效益最好,所以,应停产 C 产品而转产 D 产品。

三、产品直接出售或进一步加工的决策分析

在工业企业中,有些产品经过若干加工程序成为半成品后,既可直接出售,又可进一步加工成最终产成品后出售。完工产品的售价要高于半成品,但继续加工,则要追加一定的变动成本和固定成本。对这类问题,一般可采用差量分析法进行决策分析。但应注意:

第一,半成品在进一步加工前所发生的全部成本,无论是变动成本还是固定成本,在决策分析时,都属非相关成本,无须加以考虑。

第二,决策的关键是看半成品进一步加工增加的收入是否超过进一步加工中追加的成本。若增加收入大于追加成本,则以进一步加工为优;若增加收入小于追加成本,则应当立即出售,不应再加工。

【例 6-22】某公司每年生产甲半成品 6,000 件,甲半成品单位变动成本 6 元,固定成本 15,000 元,销售单价 11 元。如果把甲半成品进一步深加工为甲产成品,销售单价可提高到 16 元,但需追加单位变动成本 3 元,追加固定成本 15,000 元,若不进一步加工,可将追加

固定成本的资金进行债券投资,每年可获投资收益 3,000 元。

要求:做出甲半成品直接出售或深加工的决策分析。

解:采用差量分析法进行决策分析,差量分析表如表 6-29 所示。

表 6-29 差量分析表   单位:元

方案 项目	深加工为甲产成品	直接出售甲半成品	差 异 额
相关收入	6,000×18=108,000	6,000×11=66,000	42,000
相关成本	36,000	0	36,000
其中:增量成本	6,000×3=18,000	0	
专属成本	15,000	0	
机会成本	3,000	0	
差量利润	6,000		

通过计算分析可知,深加工为甲产成品与直接出售甲半成品的差量利润为 6,000 元,即深加工比直接出售获得利润多 6,000 元,所以应深加工后出售。

四、零部件自制或外购的决策分析

企业生产所需要的零部件,既可以用本企业的设备、技术加工制造,也可以从市场上购进。有时企业由于业务的扩展或技术力量、设备能力的限制,会停止某种或某几种零部件的生产,改为外购,如若增加设备,也可以自行制造;有时企业的生产能力有剩余,为充分利用生产能力,可以将原外购的零部件改为自制,或者将剩余设备出租,所需零件仍然可以外购,等等。现分别就不同情况予以介绍。

(一)自制方案不需要增加固定成本的决策分析

【例 6-23】假定某洗衣厂,每年需要微型电机 35,000 台,如果向外购买,市场批发价为 120 元。该厂现有剩余生产能力,可以自制,并且可达到外购的质量。经会计部门核算,每台电机的自制成本为 140 元,其单位产品成本构成如表 6-30 所示。

表 6-30 电动机单位产品成本构成   单位:元

项目	金额
直接材料	90
直接人工	15
变动制造费用	10
固定制造费用	25
合计	140

要求:进行该厂微型电机应自制还是外购的决策分析。

解： 由于该厂有剩余的生产能力可以利用，它原来的固定成本不会因自制而增加，也不会因外购而减少，所以，微型电机的自制成本内不应包括固定制造费用。可用差量分析法计算，如表 6-31 所示。

表 6-31　差量分析表(1)　　　　　　　　　　　　　　　　　　　　单位：元

项目 \ 方案	自　制	外　购	差 异 额
相关收入	0	0	0
相关成本	4,025,000	4,200,000	−175,000
其中：变动成本	35,000×115=4,025,000	35,000×120=4,200,000	
差量利润	+175,000		

两种方案的收入相等，但自制比外购节约 175,000 元成本。故应选择自制方案。

本例题也可用自制方案与外购方案的单位变动成本相比较进行决策分析。自制方案的单位变动成本为 115 元，比外购单价 120 元节约 5 元。故应选择自制方案。

(二) 生产设备可以出租的决策分析

企业如果利用多余的生产设备从事其他经营活动，可以为企业带来一定的收益；而如果选择自制，就会丧失这部分收益。这部分丧失的收益应作为自制方案的机会成本，在决策分析时加以考虑。

【例 6-24】 仍用例 6-23 的资料，假定该厂如果不自己生产微电机，可将设备租给外厂，每月可获租金收入 15,000 元。要求：在这种情况下，微电机应自制还是外购？

解： 在这种情况下，若决定自制，则将放弃外购方案可获得的潜在利润(即每年的租金收入)，所以应将租金收入作为自制方案的机会成本考虑。据此，可进行差量分析，如表 6-32 所示。

表 6-32　差量分析表(2)　　　　　　　　　　　　　　　　　　　　单位：元

项目 \ 方案	自　制	外　购	差 异 额
相关收入	0	0	0
相关成本	4,205,000	4,200,000	+5,000
其中：变动成本	35,000×115=4,025,000	35,000×120=4,200,000	
机会成本	15,000×12=180,000		
差量利润	−5,000		

计算结果表明，考虑机会成本后，则外购方案比自制方案节约成本 5,000 元，所以应选择外购方案。

(三) 自制方案需要增加专属固定成本的决策分析

假定企业的生产能力没有剩余，企业所需的零部件若自制，需要增加固定资产投入，即增加专属固定成本(即扩充厂房、增加有关设备的折旧费等)。此时在决策分析过程中应将专属成本考虑在内。

【例 6-25】仍用例 6-23 的资料,假定该厂自制微电机时,每年要增加专属固定成本 170,000 元。要求:进行微电机应自制还是外购的决策分析。

解:在这种情况下,若决定自制,应将每年要增加专属固定成本 170,000 元考虑在内。据此可进行差量分析,如表 6-33 所示。

表 6-33 差量分析表(3) 单位:元

方案 项目	自制	外购	差异额
相关收入	0	0	0
相关成本	4,195,000	4,200,000	−5,000
其中:变动成本	35,000×115=4,025,000	35,000×120=4,200,000	
专属成本	170,000		
差量利润	+5,000		

计算结果表明,考虑专属成本后,则自制方案比外购方案节约成本 5,000 元,所以应选择自制方案。

(四)企业生产所需要的零部件不确定时的决策分析

【例 6-26】仍用例 6-23 的资料,假定该洗衣厂自制微电机时,每年要增加专属固定成本 170,000 元。每年企业生产所需要的微型电动机多少台不确定。

要求:进行微电机应自制还是外购的决策分析。

解:在这种情况下,可采用本量利分析法,求出自制与外购的成本平衡点,然后进行决策。设 x 为微型电机自制与外购的成本分界点。根据资料可得出:

$$115x+170,000=120x$$
$$x=34,000(台)$$

计算表明,自制和外购两方案的成本分界点是微型电机年需用量 34,000 台。当该企业微型电机年需用量在 34,000 台时,自制方案和外购方案的成本是相等的。由于外购方案的固定成本较低,所以当微电机年需用量在 34,000 台以下时,外购方案总成本较低,应选择外购。自制方案的固定成本较高,但其单位变动成本较低,所以当微型电机年需用量在 34,000 台以上时,自制方案总成本较低,应选择自制。

(五)外购方案有价格优惠的决策分析

【例 6-27】仍用例 6-23 的资料,假定该洗衣厂自制微电机时,每年企业生产所需要的微型电动机多少台不确定。如果外购,采购量小于 20,000 台,每台价格为 140 元;超过 20,000(包括 20,000)台,每台价格为 120 元。如果该厂自己组织生产,每台需开支变动成本 115 元,并每年要开支专属固定成本 160,000 元。

要求:进行微电机应自制还是外购的决策分析。

解： 在这种情况下，可采用本量利分析法，求出分数量阶段的自制与外购的成本平衡点，然后进行决策。设 x_1 为 20,000 台以内外购或自制成本平衡点，x_2 为 20,000 台以上外购或自制成本平衡点。根据资料可得出：

$$115x_1+160,000=140x_1$$
$$115x_2+160,000=120x_2$$

据以确定：$x_1=6,400(台)$，$x_2=32,000(台)$。

根据以上计算，可编制自制或外购方案选择表，如表 6-34 所示。

表 6-34 自制或外购方案选择表

年采购量(台) \ 方案选择	自制或外购方案选择
$x \leq 6,400$	外购
$6,400 \leq x < 20,000$	自制
$20,000 \leq x \leq 32,000$	外购
$x \geq 32,000$	自制

五、资源限制条件下产量的决策分析

任何企业所能控制的资源总是有限的。如果多种产品受一种资源的限制，则应使该资源的单耗取得最大的效益，其决策目标是单位资源的贡献边际最大或单位资源的利润最大。如果多种产品受多种资源的限制，则应通过线性规划法加以决策，其决策目标是企业贡献边际总额或利润总额最大。

【例 6-28】甲工厂目前生产 A 产品 3,000 件，单位边际贡献 50 元，固定成本 160,000 元。由于该产品目前亏损 40,000 元，因此，想利用同一设备和同种材料转产生产 B、C、D 三种产品中任意一种。材料最大供应量为目前 A 产品 3,000 件的生产耗用量，材料单价为 6 元/公斤，其余资料如表 6-35 所示。

表 6-35 甲公司产品资料表

产品	A	B	C	D
材料单耗(公斤/件)	16	10	18	20
销售单价(元)	220	200	300	320
单位材料费用(元)	96	60	108	120
单位人工费用(元)	28	16	24	28
单位变动费用(元)	55	40	50	60
单位边际贡献(元)	41	84	118	112
固定成本(元)	160,000			
单位材料边际贡献(元/公斤)	2.56	8.4	6.56	5.6

要求：就以下各不相关情况做出甲产品转产的决策分析。

(1) 各产品市场销售量无限制。

(2) A 产品最大销量为 3,000 件，B 产品最大销量为 1,400 件，C 产品最大销量为 1,000 件，D 产品最大销量为 900 件。

解：依题意对甲产品转产的决策分析。

(1) 由于目前 A 产品已经提供 123,000 元(3,000×41)的边际贡献，而固定成本保持不变，因此，所转产的产品只要能提供大于 123,000 元的边际贡献额即可。

由于材料最大供应量为目前 A 产品生产 3,000 件的耗用即 48,000 公斤(3,000 件×16 公斤/件)，材料供应量受到了限制，因此，应转产单位材料边际贡献较高的产品。根据表 6-35 的资料，B 产品单位材料的边际贡献额最高，达到 8.4 元/公斤，故应转产生产 B 产品。此时：

B 产品最大产量=48,000÷10=4,800(件)

B 产品提供的边际贡献=4,800×84=403,200(元)

(2) 如果各产品在市场上的销售量有限制，则应按各产品单位材料边际贡献额的大小确定产品生产顺序。根据表 6-35 中的数据，各产品的单位材料边际贡献最大的是 B 产品，其次为 C 产品，然后为 D 产品，最后为原有的 A 产品。这样，先生产 B 产品 1,400 件，共耗用材料 14,000 公斤；再生产 C 产品 1,000 件，共耗用材料 18,000 公斤。B、C 两种产品总共耗用材料 32,000 公斤，剩余材料 16,000 公斤可生产 D 产品 800 件，尚未超过 D 产品的市场容量。这样：

B 产品边际贡献=1,400×84=117,600(元)

C 产品边际贡献=1,000×118=118,000(元)

D 产品边际贡献=800×112=89,600(元)

合计：325,200(元)

【例 6-29】 甲公司生产 A、B 两种产品，由于能源供应紧张，因此每月电耗不能超过 5,000 度。为了尽量利用生产能力，规定开工台时不得低于 2,000 台时。为了确保整个公司利润的完成，要求两种产品每月至少盈利 20,000 元。两种产品单位指标如表 6-36 所示。

要求：对两种产品的生产量进行合理安排的决策分析，实现每月总成本最低。

表 6-36 甲公司两种产品单位指标表

产 品	单位电耗 (度/件)	单位台时消耗(台时/件)	单位盈利 (元/件)	单位成本 (元/件)
A	8	2	50	40
B	6	10	45	60

解：两种产品受多种资源条件限制，应当使用线性规划的图解法进行决策分析。设 A 产品的产量为 x_1 件，B 产品产量为 x_2 件，企业的总成本为 T，则有：

$$约束条件 \begin{cases} 8x_1 + 6x_2 \leq 5,000 \\ 2x_1 + 10x_2 \geq 2,000 \\ 50x_1 + 45x_2 \geq 20,000 \\ x_1, x_2 \geq 0 \end{cases}$$

目标函数　　$T_{\min} = 40x_1 + 60x_2$

将上述约束条件在坐标图上标出，如图6-6所示。

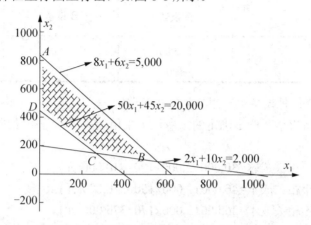

图6-6　线性规划图

在图中，$ABCD$ 区域为可行解区域，各顶点的坐标分别为 $A(0, 800)$、$B(559, 88)$、$C(270, 146)$、$D(0, 500)$。因此相应的成本值为：

$T_A = 40 \times 0 + 60 \times 800 = 48,000(元)$

$T_B = 40 \times 559 + 60 \times 88 = 27,640(元)$

$T_C = 40 \times 270 + 60 \times 146 = 19,560(元)$　　（极小值）

$T_D = 40 \times 0 + 60 \times 500 = 30,000(元)$

因此，能使总成本 T 最小的可行解为 C 点，即最优产量组合为 A 产品生产 270 件，B 产品生产 146 件，此时最小总成本为 19,560 元。

六、生产工艺技术方案的决策分析

生产企业有时可采用不同的工艺技术进行产品生产，如同一种产品既可以采用半机械化生产，又可以采用机械化生产或自动化生产。一般来说，生产设备越先进，固定成本就越高，但由于技术先进生产效率高，生产产品的单位变动成本就越低。反之，则是固定成本低，但生产产品的单位变动成本就相应较高。

在进行生产工艺技术方案的决策分析时，要根据生产规模的大小来选择工艺技术方案。一般来说，当生产规模较小时，可选择生产效率相对较低、固定成本较低的工艺技术方案；当生产规模较大时，则应选择生产效率较高、固定成本较高的工艺技术方案。在选择决策方法时，要以生产产品的数量是否确定为依据。

(一)生产产品的年产量已确定的决策分析

【例 6-30】某企业每年生产甲产品 2,000 件,有 A、B、C 三种设备可供选择使用,有关成本资料,如表 6-37 所示。

表 6-37 成本资料　　　　　　　　　　　　　单位:元

设备 项　目	A 设备	B 设备	C 设备
年专属固定成本	30,000	40,000	36,000
单位变动成本	190	150	170

要求:做出选择何种设备生产甲产品的决策分析。

解:生产甲产品的年产量是确定的,所以可采用相关成本分析法进行决策分析。计算如下:

使用 A 设备的年相关成本=30,000+2,000×190=410,000(元)

使用 B 设备的年相关成本=40,000+2,000×150=340,000(元)

使用 C 设备的年相关成本=36,000+2,000×170=376,000(元)

使用 B 设备生产的成本最低,所以应选择 B 设备生产甲产品。

(二)生产产品的年产量不确定的决策分析

【例 6-31】某企业有两套闲置设备,A 设备每年折旧费 30,000 元,B 设备每年折旧费 20,000 元。现在准备生产甲产品,若用 A 设备生产,则需支付一次性改装费 35,000 元;若用 B 设备生产,则需添置一台辅助设备计 25,000 元。用 A 设备生产甲产品的单位变动成本 50 元,用 B 设备生产甲产品的单位变动成本 60 元。

要求:对该企业选择何种设备进行甲产品生产的决策分析。

解:生产甲产品的年产量不确定,所以可采用成本分界点法进行决策分析。计算如下:

设 A、B 设备的成本分界点业务量为 x,则有

$$35,000+50x=25,000+60x$$

$$x=(35,000-25,000)/(60-50)=1,000(件)$$

上述计算表明,A、B 设备的成本分界点业务量是 1,000 件。当甲产品的产量在 1,000 件时,A、B 两种设备的使用成本是相等的;当甲产品的产量在 1,000 件以下时,应选择 B 设备生产(因 B 设备固定成本较低);当甲产品的产量在 1,000 件以上时,应选择 A 设备生产(因 A 设备固定成本较高)。

【例 6-32】某机器厂在生产 A 产品时,可以用普通铣床、万能铣床或数控铣床三种设备进行加工,这三种铣床加工该产品的有关成本资料,如表 6-38 所示。

表 6-38　产品的有关成本资料　　　　　　　　　　　　　　　　单位：元

机床名称	每个 A 产品加工费	每批 A 产品的调整准备费
普通铣床	16	600
万能铣床	12	1,000
数控铣床	10	1,500

要求：对采用哪种设备生产 A 产品进行决策分析。

解：设 x_1 为普通铣床与万能铣床的成本分界点；x_2 为万能铣床与数控铣床的成本分界点；x_3 为普通铣床与数控铣床的成本分界点，则有如下方程：

$$\begin{cases} 600 + 16x_1 = 1,000 + 12x_1 \\ 1,000 + 12x_2 = 1,500 + 10x_2 \\ 1,500 + 10x_3 = 600 + 16x_3 \end{cases} \text{解之得} \begin{cases} x_1 = 100 \text{（个）} \\ x_2 = 250 \text{（个）} \\ x_3 = 150 \text{（个）} \end{cases}$$

根据以上计算可知：当 A 产品加工批量小于 100 个时，采用普通铣床成本最低；当 A 产品加工批量大于 100 个小于 250 个时，采用万能铣床的成本最低；当 A 产品加工批量超过 250 个时，则采用数控铣床成本最低。

七、生产能力充分利用的决策分析

企业在同时生产几种产品的情况下，各种产品的生产量要受企业生产能力的限制，同时企业还要考虑产品的盈利能力，这就需要采用线性规划法对各产品生产数量进行规划，使现有生产能力得到最充分的利用。

【例 6-33】甲厂生产 A、B 两种产品，每种产品都要经过锻造、加工、装配三个车间，各车间最大生产能力及单位产品加工时间和单位贡献边际如表 6-39 所示。

要求：就以下各不相关情况做出安排相关产品生产的决策分析，使企业边际贡献最大。

(1) 如何安排各种产品的产量，才能使生产能力得到充分利用？

(2) 若各车间生产能力不生产 A、B 产品而对外提供劳务，每一工时提供纯收入分别为：锻造车间 2 元/工时，加工车间 1 元/工时，装配车间 3 元/工时，问：如何安排两种产品的产量，才能充分利用生产能力？

表 6-39　单位产品工时及生产能力资料表　　　　　　　　　　　　　　单位：工时

项目	车间	锻造	加工	装配	单位边际贡献
单位产品工时消耗	A	21	40	16	210 元
	B	24	36	30	320 元
最大能力工时		800	1,420	900	—

解：设 A 产品产量为 x 件，B 产品产量为 y 件，贡献边际总额为 S。

(1) 生产能力无法转移时,要使生产能力得到充分利用的决策分析。根据上述资料有:

$$\text{约束条件} \begin{cases} 21x+24y \leq 800 \\ 40x+36y \leq 1420 \\ 16x+30y \leq 900 \\ x,y \geq 0 \end{cases}$$

目标函数 $S_{max}=210x+320y$

将上述约束条件在坐标图上标出,如图6-7所示。

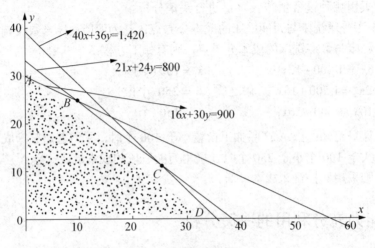

图6-7 线性规划图

在图中,ABCD 区域为可行解区域,各顶点的坐标分别为 $A(0,30)$,$B(9.75,24.80)$,$C(25.89,10.68)$,$D(35.5,0)$。各顶点相应的边际贡献为:

S_A=210×0+320×30=9,600(元)

S_B=210×9.75+320×24.80=9,983.5(元)　　(极大值)

S_C=210×25.89+320×10.68=8,854.50(元)

S_D=210×35.5+320×0=7,455(元)

可见,能使边际贡献最大的可行解为 B 点,即最优安排为 A 产品生产 9.75 件,B 产品生产 24.80 件,此时最大边际贡献为 9,983.5 元。

(2) 在各车间生产能力可以对外出租的情况下,还应当考虑租金收入。依题意,对于可行解 A(0,30)点来说,生产 A 产品 0 件、B 产品 30 件的组合,在锻造车间中尚剩余 80 个工时,在加工车间中尚剩余 340 个工时,在装配车间中无生产能力剩余,共取得纯租金收入 2×80+1×340=500 元。同样道理,对于可行解 B(9.75,24.80)点的生产组合来说,在锻造车间中无生产能力剩余,在加工车间中尚剩余 137 个工时,在装配车间中无生产能力剩余,共取得纯租金收入 1×137=137 元。在可行解 C(25.89,10.68)点的生产组合下,在装配车间剩余 165 个工时的生产能力,纯租金收入为 3×165=495 元。在可行解 D(35.5,0)点的生产组合下,在锻造车间剩余 54 个工时,在加工车间中无生产能力剩余,在装配车间剩余 332 个工时,共获租金纯收入为 2×54+3×332=1,104 元。因此各点的边际贡献总额分别为:

S_A=9,600+500=10,100(元)

S_B=9,983.5+137=10,120.5(元) (极大值)

S_C=8,854.50+495=9,349.5(元)

S_D=7,455+1,104=8,559(元)

可以看出，考虑剩余生产能力出租后，B 点的组合即 A 产品生产 9.75 件、B 产品生产 24.80 件为最优组合。上述分析也可以用下列公式表达：

$$S_{max}=210x+320y+(800-21x-24y)\times2+(1,420-40x-36y)\times1+(900-16x-30y)\times3$$
$$=80x+146y+5,720 \quad\quad\quad (6-4)$$

将各种生产组合下 x 和 y 的数值代入式(6-4)，也可得到同样结果(因有关数字小数点之后被舍去，所以计算结果近似)。

八、设备购建或租赁的决策分析

企业在市场竞争中，需要不断开发新产品并以销定产，因而常常会遇到临时性某些设备加工能力不足的问题，对于这类问题，可采用购买新设备、企业间协作或租赁设备的方法解决，可运用本量利分析法来进行决策。

【例 6-34】 某企业今年临时接受一批出口订单，但精磨加工能力不足，短缺工时为 1,000 台时，如果与外厂协作，外厂每个台时收费 30 元。如果自己购买设备一套，买价为 80,000 元，可使用 10 年，报废无残值，据有关部门提供资料表明，这种机器每小时营运成本 8 元，但全年要支付维修保护费 2,200 元。

要求： 试分析该企业精磨设备是外购还是与外厂协作解决。

解： 购买设备每年增加的专属固定成本为：80,000÷10+2,200=10,200(元)

购置设备自行加工与外厂协作加工的成本平衡点：10,200÷(30-8)≈463(台时)

计算表明，当年精磨加工能力的需求量为 463 个台时之时，进行加工与外协加工的成本是相等的；当年加工能力的需求量在 463 个台时以上时，购置设备自行加工合算；当年加工能力的需求量在 463 个台时以下时，选择与外公司协作成本较低。本例中，年加工能力需求量为 1,000 台时，所以应选择购置设备自行加工方案。

九、是否接受特殊价格追加订货的决策

这里所说的特殊价格是指低于正常价格甚至低于单位产品成本的价格。在企业尚有一定剩余生产能力可以利用的情况下，如果外单位要求以低于正常价格甚至低于计划产量的平均单位成本的特殊价格追加订货量，企业是否可考虑接受这种条件苛刻的追加订货呢？应针对不同情况区别对待。

(一)简单条件下的决策

当追加订货不冲击本期计划任务(正常订货)的完成，又不要求追加专属成本，而且剩余生产能力无法转移时，只要特殊订货单价大于该产品的单位变动成本，就可以接受该追加订货。这里所说的追加订货不冲击本期计划任务，是指当追加订货小于或等于剩余生产能力时，企业可利用其剩余生产能力完成追加订货的生产，而不会妨碍正常订货的经营。

(二)复杂条件下的决策

(1) 当剩余能力可以转移时。当企业有关的剩余生产能力可以转移，则应将与此有关的可能收益作为特殊价格追加订货方案的机会成本综合考虑。则接受此追加订货方案的可行条件是：该方案的边际贡献大于机会成本。

(2) 当要追加专属成本时。若该特殊价格追加订货要求追加专属成本，则接受此追加订货方案的可行条件是：该方案的边际贡献大于专属成本。

(3) 当追加订货冲击正常任务时。若该特殊价格追加订货会妨碍本期原有计划任务的完成，应将由此而减少的正常收入作为追加订货方案的机会成本。当追加订货的边际贡献额足以补偿这部分机会成本时，则可以接受订货。即接受此追加订货方案的可行条件是：该方案的边际贡献大于机会成本。

【例 6-35】 甲企业原来生产 A 产品，年生产能力 10,000 件，每年有 30%的剩余生产能力。正常销售单价 100 元，有关 A 产品成本数据如表 6-40 所示。

表 6-40 A 产品成本数据   单位：元

项 目	金 额
直接材料费	32
直接人工费	26
制造费用	20
其中：变动制造费用	4
固定制造费用	16
单位产品成本	78

要求：就以下各不相关情况做出应否接受特殊价格追加订货的决策分析。

(1) 现有一用户提出订货 2,800 件，每件定价 70 元，剩余生产能力无法转移，追加订货不需要追加专属成本。

(2) 现有一用户提出订货 3,000 件，每件；定价 73 元，但该订货还有些特殊要求，需购置一台专用设备，年增加固定成本 1,500 元。

(3) 现有一用户提出订货 4,000 件，每件定价 71 元，剩余生产能力无法转移。

(4) 现有一用户提出订货 5,000 件，每件定价 75 元，接受订货需追加专属成本 6,000 元，若不接受订货可将设备出租，可获租金收入 2,000 元。

解：(1) 该企业现有 3,000 件/年的剩余生产能力，用户提出的特殊订货量只有 2,800 件，小于企业剩余生产能力，剩余生产能力无法转移，也不需要追加专属成本。在这种情况下，只要定价大于该产品的单位变动成本就可以接受订货。因为特殊定价 70 元大于该产品的单位变动成本 62 元(32+26+4)，所以可以接受此追加订货。接受此追加订货可多获利润=(70−62)×2,800=22,400(元)。

(2) 在此种情况下，可对接受和拒绝追加订货两个方案采用差量分析法，具体计算分析如表 6-41 所示。

表6-41　差量分析表(1)　　　　　　　　　　　　　　　　　　　　单位：元

方案 项目	接受追加订货	拒绝追加订货	差异额
相关收入	3,000×73=219,000	0	219,000
相关成本合计	187,500	0	187,500
其中：增量成本	3,000×62=186,000	0	
专属成本	1,500	0	
差量利润	31,500		

从计算分析中可以看出，接受订货比拒绝订货可多获利润 31,500 元，所以应接受订货。

(3) 订货 4,000 件，已经超过了企业的剩余生产能力，如果接受订货，将减少正常销售量 1,000 件，此 1,000 件的正常销售收入应作为接受订货方案的机会成本。另外，在计算增量成本(新增加的变动成本)时，应按增加的产量 3,000 件计算。具体计算分析如表 6-42 所示。

表6-42　差量分析表(2)　　　　　　　　　　　　　　　　　　　　单位：元

方案 项目	接受追加订货	拒绝追加订货	差异额
相关收入	4,000×71=284,000	0	284,000
相关成本	286,000	0	286,000
其中：增量成本	3,000×62=186,000	0	
机会成本	1,000×100=100,000	0	
差量利润	-2,000		

从计算分析中可以看出，差量利润为-2,000 元，意味着接受追加订货将使利润减少 2,000 元，所以，应拒绝接受订货。

(4) 订货 5,000 件，超过了剩余生产能力，如果接受订货，将减少正常销售量 2,000 件，此 2,000 件的正常销售收入应作为接受订货方案的机会成本，设备出租的租金也应作为接受订货方案的机会成本。同样，计算增量成本应按增加的产量 3,000 件计算。具体计算如表 6-43 所示。

表6-43　差量分析表(3)　　　　　　　　　　　　　　　　　　　　单位：元

方案 项目	接受追加订货	拒绝追加订货	差异额
相关收入	5,000×75=375,000	0	375,000
相关成本	394,000	0	394,000
其中：增量成本	3,000×62=186,000	0	
专属成本	6,000	0	
机会成本	2,000×100+2,000=202,000	0	
差量利润	-19,000		

从计算分析中可以看出，差量利润为-19,000 元，意味着接受追加订货将使利润减少 19,000 元，所以，应拒绝接受订货。

第六节　定价决策分析

产品定价决策关系到商品在市场中的竞争地位，关系到企业的利润，关系到企业的生存和发展。如果产品定价过高，就会减少销售，甚至被迫退出市场；如果定价过低，则不能保证足够的利润，影响企业健康发展，甚至影响投资者的利益，使企业无以自立。可见，定价决策是企业生存和发展的关键。

一、企业的定价目标

企业的产品定价应有明确的目标，企业的定价目标与企业的销售目标和经营目标是一致的，前者是后者的手段，同时也是定价策略和定价方法的基础和依据。不同企业、不同产品、不同环境、不同时期的定价目标也不相同。一般来说，企业的定价目标可以划分为如下五类。

(一)为获取最高利润

以利润为定价目标，通常把定价视为实现企业经营目标和销售目标的手段。可以根据企业利润目标的要求和预计销售量，倒算出产品价格。在实务中，常以预期利润或投资报酬率作为制定价格的具体依据。以获取最高利润为定价目标是对全部产品和长期经营而言的，不能认为以利润为定价目标就是定高价，因为高价会导致供应量增加、需求量减少、代用品流入，所以维持高价是不会长久的。

(二)为使生产经营活动延续

在产品供过于求的情况下，企业为使生产经营活动延续下去，防止产品积压，有时不得不采取低价策略，甚至价格低于成本。其目的是渡过难关，维持生产经营活动。

(三)为保持或提高市场占有率

市场占有率是指企业的产品销售量占市场上该产品全部销售量的比例。企业要想获得发展，企业的产品就必须有稳定的销路。只有销售额不断扩大，才能在满足市场需求的同时，使企业的利润稳定增长。一些企业在保持一定的利润率的情况下，常常定出对潜在顾客有吸引力的较低价格，实现薄利多销。

企业以市场占有率为定价目标，可以在同一市场上击败竞争对手，也可以阻止新的竞争对手进入同一市场，有助于企业保持或扩大市场份额。因此，以市场占有率为定价目标是可行的，能够增强企业的开拓精神和竞争意识。

(四)为达到广告效应

新产品投入市场,企业往往会采取短期特低价优惠实施让利销售,为了刺激消费者的购买欲望,并达到广告效应。

(五)为达到投资收益率

投资收益指标可以用投资报酬率来衡量,即利润除以投资额。按投资收益指标制定价格,就是管理者事先规定一定的投资报酬率,如果低于这一指标,便不能进行某项投资。如某企业进入新领域开展新产品开发,新领域的行业平均收益率为12%,因此,决策者总是希望此项投资所获得的最低的收益率不低于12%。企业为新产品定价时,必须考虑投资额、新产品的售价、单位利润以及未来的销售量,这样才能在一定时期内收回全部投资。

二、定价决策分析方法

(一)利润最大化定价法

利润最大化定价法是在预测各种价格下可能达到的销售量的基础上,计算各种价格方案的利润,最终选择利润最大的价格方案为优选方案的方法。

【例6-36】某企业生产的甲产品准备投放市场。甲产品单位变动成本为30元,该企业现时年最大生产能力为6,000件,年固定成本9万元,如果要把年最大生产能力扩大到12,000件,每年将新增加固定成本4万元。甲产品各种单位售价下的年销售量预测资料如表6-44所示。要求:采取利润最大化定价法,对甲产品进行定价决策分析。

表6-44 甲产品各种单位售价下的年销售量预测资料表

单位产品售价(元)	年销售量(件)
65	5,000
60	6,000
55	7,000
50	8,000
45	9,000
40	10,000
35	11,000
30	12,000

解:根据资料,当甲产品的价格在60~65元时,销售量在5,000~6,000件,不超过企业现时年最大生产能力6,000件,所以年固定成本为9万元。当甲产品的价格在30~55元时,销售量在7,000~12,000件,已经超出了企业现时年最大生产能力,为达到这一生产能力,年固定成本将达到13万元。具体计算如表6-45所示。

表 6-45　甲产品各种单位售价下的利润计算表　　　　　　　　　　　　　单位：元

价　格	销售量	销售收入	变动成本	固定成本	总 成 本	利　润
65	5,000	325,000	150,000	90,000	240,000	85,000
60	6,000	360,000	180,000	90,000	270,000	90,000
55	7,000	385,000	210,000	130,000	340,000	45,000
50	8,000	400,000	240,000	130,000	370,000	30,000
45	9,000	405,000	270,000	130,000	400,000	35,000
40	10,000	400,000	300,000	130,000	430,000	-30,000
35	11,000	385,000	330,000	130,000	460,000	-75,000

答：从表中计算可知，甲产品价格在 60 元时获取的利润最大，所以甲产品单位产品售价 60 元为优选方案。

(二)完全成本加成定价法

这是一种只考虑企业完全成本的传统定价方法。它是在完全成本法计算的单位产品成本的基础上，加上一定的目标利润所确定的单位产品售价。单位产品售价的计算公式如下：

单位产品售价=单位产品完全成本+单位目标利润额

或

单位产品售价=单位产品完全成本×(1+成本加成率)

【例 6-37】某企业拟采用完全成本加成法制定甲产品的单位产品售价，甲产品单位制造成本的有关数据，如表 6-46 所示。该企业希望获得的甲产品成本利润率为 30%。

表 6-46　甲产品单位制造成本数据表　　　　　　　　　　　　　　　单位：元

项　目	金　额
直接材料费	50
直接人工费	35
变动制造费用	10
固定制造费用	20
单位产品成本合计	115

要求：对甲产品的单位产品售价进行决策分析。

解：甲产品单位产品售价=115×(1+30%)=149.50(元)

答：根据计算，甲产品的单位产品售价 149.50 元为优选方案。

(三)变动成本加成定价法

变动成本加成定价法是以单位变动成本为基础，加上一定数额的贡献毛益来确定单位产品售价的方法。这种定价方法，实质就是把单位变动成本作为定价下限的基础。根据此方法计算的单位产品售价可能获得利润，也可能无法获取利润。能否获取利润取决于所确定的单位贡献毛益的多少。在销售量相对稳定的前提下，如果确定的单位贡献毛益大于单位固定成本，则能获取利润，相反，则不能获取利润。在产品投放市场的初期为占领市场或产品严重滞销又不能马上转产的情况下，企业就可以采用此方法来确定单位产品售价，而不管其是否能够盈利。因为按照管理会计理论，只要单位产品售价大于单位变动成本就能创造贡献毛益，就可以为弥补企业的固定成本做出贡献。

变动成本加成定价法的计算公式是：

单位产品售价=单位变动成本+单位贡献毛益
　　　　　=单位变动成本/(1-贡献毛益率)

【例 6-38】 某企业生产的甲产品在市场上销售不畅，销售量逐渐下降，因此，该企业采取了如下营销策略：每单位产品只要能有 120 元的贡献毛益就可以出售，销售量不限。甲产品原来的单位产品售价为 2,300 元。甲产品的单位成本费用表，如表 6-47 所示。

表6-47　甲产品单位成本费用表　　　　　　　　　　　　　　　　单位：元

项目	金额
直接材料费	650
直接人工费	250
变动制造费用	100
固定制造费用	350
变动推销及管理费用	100
固定推销及管理费用	150
单位产品成本费用合计	1,600

要求：采用变动成本加成法计算甲产品的单位产品售价。

解：甲产品的单位变动成本=650+250+100+100=1,100(元)
　　甲产品的单位产品售价=1,100+120=1,220(元)

答：根据计算，为扩大市场份额增加销售量，把甲产品价格降低为 1,220 元作为该产品的定价决策。

三、调价决策分析方法

调价决策分析一般采用利润平衡点法。这种方法实质上就是根据计算调价后的利润能否增加来决定是否调价，如果调价后的利润能够增加，就可以调价，反之则不能调价。为了了解调价后利润是否能够增加，就要计算为了确保原有利润调价后至少应达到的销售量指标，这一销售量指标就是利润平衡点销售量。利润平衡点销售量的计算公式如下：

利润平衡点销售量=(固定成本+调价前可获利润)/(拟调单位产品售价-单位变动成本)

若调价后预计销售量大于利润平衡点销售量，就意味着调价后利润能有所增加，可以考虑调价；若调价后预计销售量小于利润平衡点销售量，就意味着调价后的利润会有所减少，则不能调价；若调价后的预计销售量等于利润平衡点销售量，就意味着调价前后的利润相同，价格可调可不调。

【例 6-39】 某企业生产一种 A 产品，现在单位产品售价 300 元，可销售 600 件，A 产品的单位变动成本 150 元，每年固定成本 30,000 元，该企业现时年最大生产能力 800 件。A 产品的价格每变动 1%可使销售量变动 3%，当产量超过企业最大生产能力时，扩大的产量在 150 件以内将增加固定成本 15%。

要求：采用利润平衡点法评价以下各不相关条件下的调价方案的可行性。

(1) 单价降低 6%。
(2) 单价提高 6%。
(3) 单价降低 12%。

解：(1) 单价降低 6%，可使销售量提高 18%(6×3%)，则：

预计销售量=600×(1+18%)=708(件)

调价前利润=(300-150)×600-30,000=60,000(元)

拟调单位产品售价=300×(1-6%)=282(元)

利润平衡点销售量=(30,000+60,000)÷(282-150)≈682(件)

因为预计销售量 708 件大于利润平衡点销售量 682 件，又不超过企业最大生产能力 800 件，所以该调价方案可行。

(2) 单位产品售价提高 6%，可使销售量下降 18%(6×3%)，则：

预计销售量=600×(1-18%)=492(件)

调价前利润=(300-150)×600-30,000=60,000(元)

拟调单位产品售价=300×(1+6%)=318(元)

利润平衡点销售量=(30,000+60,000)÷(318-150)≈536(件)

因为预计销售量只有 492 件，小于利润平衡点销售量 536 件，所以该调价方案不可行。

(3) 单价降低 12%，可使销售量提高 36%(12×3%)，则：

预计销售量=600×(1+36%)=816(件)

调价前利润=(300-150)×600-30,000=60,000(元)

拟调单位产品售价=300×(1-12%)=264(元)

预计销售量超过企业最大生产能力，如果要扩大生产，则固定成本为：

固定成本=30,000×(1+15%)=34,500(元)

利润平衡点销售量=(34,500+60,000)÷(264-150)≈829(件)

因为预计销售量 816 件小于利润平衡点销售量 829 件，所以该调价方案不可行。

本 章 小 结

短期经营决策是指决策结果只会影响或决定企业近期(一年或一个经营周期)经营实践的方向、方法和策略，侧重于生产经营、资金、成本、利润等方面，对如何充分利用企业现有资源和经营环境，以取得尽可能大的经济效益而实施的决策。

企业的决策过程实质上是一个提出问题、分析问题、解决问题的过程，可以概括为以下几个步骤：确定决策目标、拟订若干可行的备选方案、收集各备选方案的有关信息、考虑不可计量因素的影响、选择最优方案、在执行决策的过程中进行信息反馈并及时修正决策方案。

　　成本概念主要是为了决策分析的需要而建立的，是适用于特定目的、特定条件和特定环境的成本概念。主要影响决策分析的成本概念有：差量成本、沉没成本、边际成本、机会成本、现金支出成本、重置成本、专属成本与共同成本、可避免成本与不可避免成本、可延缓成本与不可延缓成本、相关成本与非相关成本等。

　　短期经营决策分析的方法很多，按决策性质、决策内容和取得资料的不同进行划分，可以分为定性分析法和定量分析法两大类。而定量分析法又分为确定型决策分析方法和非确定型决策分析方法。

　　产品生产决策分析是企业短期经营决策分析的重要环节和内容。企业所面临的短期经营决策问题，大多数都是产品生产决策问题。产品决策分析方法主要介绍了新产品开发决策分析、亏损产品决策分析、产品直接出售与进一步加工决策分析、零部件自制与外购决策分析、资源限制条件下产量的决策分析、生产工艺技术方案的决策分析、生产能力充分利用的决策分析、设备构建或者租赁的决策分析、是否接受特殊价格追加订货的决策分析等多方面决策选择确定方案。

　　产品定价决策关系到商品在市场中的竞争地位，关系到企业的利润，关系到企业的生存和发展。价格确定分析方法具体包括定价决策分析和调价决策分析，产品定价决策分析的方法包括利润最大化定价法、完全成本加成定价法及变动成本加成定价法等三种方法。

第七章

长期投资决策分析

【学习要点及目标】

- 了解长期投资决策的定义、主要特点、主要种类和决策应考虑的主要因素。
- 明确货币时间价值、现金流量、资本成本和投资风险价值四个长期投资决策的重要因素。
- 掌握货币时间价值、现金流量、资本成本和投资风险价值四个因素相关指标的计算。
- 掌握长期投资效益的评价方法及其相关指标的计算,了解运用不同指标对方案的评价问题。

【关键概念】

长期投资　长期投资决策　货币时间价值　现金流量　资本成本　风险价值　静态投资回收期　动态投资回收期　互斥方案

第一节 长期投资决策概述

一、长期投资的定义

长期投资是指不准备随时变现、持有时间在一年以上的有价证券以及超过一年的其他投资。长期投资是相对短期投资而言的,这些投资有一个共同的特点,就是投资的结果对投资人的经济利益有较长时期的影响。由于投资收回的时间长,对投资人在经济利益上影响的时间也较长,故将这种投资称为长期投资。

二、长期投资的特点

企业的长期投资可分为对内投资和对外投资,对内投资主要是以增加生产能力为主要目的的固定资产投资;对外投资主要包括股票投资、债券投资和其他投资等。根据企业长期投资的类型,可归纳出长期投资的以下几个特点。

(一)效益回收期长

长期投资的投资收回时间至少在一年以上。如果是固定资产投资,收回的时间更长(几年、十几年或更长时间)。由于投资回收期长,因此,对投资人经济利益的影响时间也长。

(二)资金耗用量大

长期投资耗费资金数额通常都较大。企业如果是进行对内投资(如购置固定资产等),耗费的资金一般都较多;如果是进行对外投资(如购买股票、债券或其他投资等),投入的资金一般也较多,以获得更多的投资收益。

(三)投资风险大

由于长期投资涉及的时间长,在投资有效时期内,投资项目的内部情况、外部环境等都会发生变化,而这些变化往往又是难以预测的。因此,长期投资面临着较大的风险。

三、企业长期投资的内容

企业长期投资的内容包括对内投资内容和对外投资内容。对内投资的内容归纳起来不外两大类:固定资产投资和流动资产投资。这两类投资在投入和收回的时间、方式、数量等方面都是有区别的。对外投资的内容大致分为三类:股票投资、债券投资和其他投资,其中股票投资和债券投资由于需支出现金,因而也可视为流动资产投资;其他投资(如与其他企业合资举办新企业等)则既包括流动资产投资(新企业所需开办费以及经营周转资金等),又包括固定资产投资(如购建房屋、机器设备等)。

四、长期投资决策的概念

决策按其对企业经济效益影响时间的长短可分为短期决策(一年以内)和长期决策(一年以上)两类。投资也可按投资收回时间的长短分为短期投资(一年以内)和长期投资(一年以上)。将决策的分类和投资的分类结合起来,就形成了短期投资决策(一年以内)和长期投资决策(一年以上)。由于短期投资决策涉及的时间短,不超过一年,基本上属于企业经营性的决策,故可称为短期经营决策。长期投资决策是指对各种长期投资方案进行分析、评价,最终确定一个最佳投资方案的过程,通常包含两层含义:一是在存在几个投资项目可供选择时,对不同投资项目进行比较,从中选出经济效益较佳的项目;二是对已选定的投资项目的各种实施方案进行比较,从中选出经济效益等各方面都最佳的实施方案。由于长期投资决策涉及的资金多,经历的时间长,风险较大,对企业近期和远期的财务状况都有较大影响,因而是一项十分重要的决策行为,投资者必须认真对待,从而做出明智的决策。

五、长期投资决策的特点

长期投资决策具有以下几个特点。

(一)它是企业的战略性决策

长期投资决策的内容通常涉及企业的生产能力、发展方向、新产品开发等,这些决策需要运用大量资金,对企业的发展都具有战略性意义。企业应从不同角度,根据内部和外部等各种情况,综合判断,做出决策。

(二)决策者通常是企业高层管理人员

由于长期投资决策涉及的资金多,风险大,对企业影响的时间长,对企业的未来发展具有重大影响,因此,这种决策通常由企业高层管理人员(如总经理)甚至由董事会来行使最后决策权。

(三)要考虑货币的时间价值

长期投资决策涉及的时间长,而货币在不同的时间其价值不同,因此进行长期投资决策时必须考虑货币的时间价值,以便较为准确地计算投资收益,做出正确的投资决策。

六、长期投资决策的种类

(一)战术性投资决策和战略性投资决策

战术性投资决策是指那些对企业的前途和命运影响不大的投资决策。一般不改变企业经营方向，只限于局部条件的改善，影响范围较小的投资，该类决策大多由中低层或职能管理部门筹划，由高层管理部门参与制定。比如，是否购置新机器以替代旧机器的决策；租入设备还是购入设备的决策；现在更新还是以后更新设备的决策等。

战略性投资决策是指那些可以改变企业的经营方向，对企业全局产生重大影响的，关系到企业的前途和命运的投资决策。因此，由企业最高管理当局筹划，报经董事会或上级主管部门批准。比如，与其他经济实体共同投资组建新的联营实体的决策；投资开发新产品的决策；厂址选择的决策；较大幅度地改变生产规模的决策，等等。

(二)初筛决策和选择决策

初筛决策是指确定投资方案是否满足某种预期标准的决策。例如，可以规定，凡提交决策的方案，其投资报酬率都要达到25%，达不到这个条件的不提交决策。选择决策是指从若干可行方案中选择最佳方案的决策。例如，在投资报酬率都达25%以上的若干投资方案中选择一项最优方案，这个过程就是选择决策。从时间顺序上看，初筛决策在前，选择决策在后。初筛决策从若干投资方案中确定若干能满足企业预期目标的可行方案；选择决策则从初筛出来的可行方案中确定一个最优方案。初筛决策可以减少决策方案的数量，以使决策人能更集中有效地对入选方案进行分析和评价。

七、进行长期投资决策需要考虑的因素

企业进行长期投资决策要考虑的因素很多。从广义上讲，要考虑社会、经济、政治、财务、环境保护等诸多因素。具体来讲，则要根据投资的不同对象，考虑若干因素。

(一)对内投资要考虑的因素

企业对内投资，多与扩大企业经营规模、增加生产能力、开发新产品等有关。企业要根据自身的情况，对投资项目进行可行性分析，包括对国家的宏观经济政策、企业自身的财务状况、市场情况、企业人力资源现状、环境保护等方面加以综合考虑。企业对内投资，其资本的支出和收回在很大程度上取决于企业的自身因素，所以，较之对外投资而言，对内投资需考虑的因素要少些。

(二)对外投资要考虑的因素

企业对外投资包括股票投资、债券投资和其他投资。不同的投资对象，需要考虑的因素不同。

股票投资首先要考虑国家的政治及经济政策，股市行情，股票发行单位的经营、财务等方面的情况，以及今后的发展方向和潜力等。同时，还要结合考虑本企业从事股票投资人员的素质等。股票投资的收益大，风险也大，考虑的影响因素要更加周密。

债券投资可分为企业债券投资和国债投资。购买企业债券时，要充分考虑债券发行单位的经营业绩、财务状况以及今后还本付息的能力等。进行企业债券投资的风险虽不像股

票投资那么大，但也不是没有风险的，债券发行单位也存在到期无力还本付息的可能性。因此，进行企业债券投资也要谨慎行事。进行国债投资是无风险投资，要考虑的因素要少一些。主要是企业要根据自身的财务状况、资金的周转使用情况等，合理进行投资。但国债作为无风险投资品种，其利息率通常较企业债券的利息率稍低一些。

其他投资包括企业将现金、实物及无形资产等投入其他经济实体，或与其他经济实体共同投资举办新的经济实体等。无论哪种类型，企业的投资行为都与其他企业有千丝万缕的关系。进行这些投资都要签订投资协议或合同，双方要履行相应的义务和承担相应的法律责任。为此，企业除了要考虑上述的内部及外部因素外，还要考虑企业本身履行和承担的法律责任、投资各方承担法律责任的能力以及今后可能引起的法律事项等。其他投资较之股票投资和债券投资更为复杂，因此，对有关人员的素质要求更高，对决策正确性的要求也较高。

第二节 长期投资决策的重要因素

进行长期投资决策需要考虑的因素较多，包括宏观的和微观的。从微观因素来看，包括企业的财务状况、人力资源素质、管理水平、科研实力、企业规模、中长期目标等。其中重要的是财务状况。管理会计的研究内容主要是微观的，是着重从财务角度为企业内部管理服务的，因此，本章分析要考虑的因素仅限于企业的财务因素。企业财务包含的内容很广泛，与长期投资决策分析有关的财务因素归纳起来主要有四个：货币时间价值、现金流量、资本成本和投资风险价值。

一、货币时间价值

货币时间价值是评价长期投资方案经济效益的重要因素。货币时间价值是指货币随着时间的推移而发生的价值"增值"。社会普遍认为，一笔货币如果作为储藏手段保存起来，在不存在通货膨胀因素的条件下经过一段时间后，作为同名货币，其价值不会有什么改变。但同样一笔货币若作为社会生产的资本或资金来运用，经过一段时间后就会带来利润，使自身价值增值。从后一情况看，同等数量的货币在不同时间上不能等量齐观。这就是所谓货币具有时间价值的现象。

西方的货币时间价值是：由于放弃现在使用货币的机会所得到的按放弃时间长短计算的报酬。从货币时间价值原理可以看出：货币时间价值的形式是价值增值，是同一笔货币资金在不同时点上表现出来的价值差量或变动率；货币的自行增值是在其被当作投资资本的运用过程中实现的，不能被当作资本利用的货币是不具备自行增值属性的；货币时间价值量的规定性与时间的长短呈同方向变动关系。

(一)一次性收付款项的终值与现值的计算

在某一特定时点上发生的某项一次性付款(或收款)业务，经过一段时间后再发生相应的一次性收款(或付款)业务,我们称为一次性收付款项。如存入银行一笔现金 1,000 元,年利率为 10%,经过 10 年后一次取出本利和 2,594 元,就属于这类一次性收付款项。这里若将存款当时的本金称作一次性收付款的现值,简记作 P=1,000 元,则 n 期后的本利和就是一次性收付款的终值,简记作 F=2,594 元。也有人称一次性收付款的现值和终值为复利现值和复利终值。在考虑货币时间价值的情况下,现值与终值在价值上是等价的。

1) 一次性收付款项终值的计算

在已知现值 P、利率 i,求 n 期后的终值 F 可按下式计算:

$$终值(F)=现值×(1+利率)^{时期}$$
$$=P \cdot (1+i)^n \quad (7\text{-}1)$$

上式是由表 7-1 所示的 P 与 F 关系归纳出来的。

表 7-1　P 与 F 关系表

期数 (t)	期初金额(本金) ①	本期利息 ②=①×利率	期末本利和 F_i ③=①+②
1	P	$P \cdot i$	$F_1 = P+P \cdot i = P(1+i)^1$
2	$P(1+i)$	$P(1+i) \cdot i$	$F_2 = P(1+i)+P(1+i) \cdot i$ $=P(1+i)^2$
3	$P(1+i)^2$	$P(1+i)^2 \cdot i$	$F_3 = P(1+i)^2 + P(1+i)^2 \cdot i$ $=P(1+i)^3$
…	…	…	…
n	$P(1+i)^{n-1}$	$P(1+i)^{n-1} \cdot i$	$F_n = P(1+i)^{n-1}+P(1+i)^{n-1} \cdot i$ $=P(1+i)^n$

式中的 $(1+i)^n$ 又叫一次性收付款项终值系数(又称复利终值系数,一元终值,终值因子),简称终值系数,记作 $(F/P,i,n)$。根据不同的 i 和 n,计算出 $(1+i)^n = (F/P,i,n)$ 的值,列表即为终值系数表(见附表:一元复利终值系数表)。于是(7-1)式可写成:

$$终值(F)=现值×终值系数$$
$$=P \cdot (F/P,I,n) \quad (7\text{-}2)$$

由于查表可大大节约计算工作量,故(7-2)式更具有实用价值。

【例 7-1】仍以上述存款业务为例,已知现值 P=1,000 元,利率 i=10%,存款期 n=10 年。要求:计算到期后的存款终值 F。

解:终值$(F)=P \cdot (1+i)^n =1,000×(1+10\%)^{10}$
$\qquad =2,594$ (元)
$\qquad$ 或$=P \cdot (F/P,10\%,10)=1,000×2.594$
$\qquad =2,594$ (元)

答：该项存款的到期值为 2,594 元。

【例 7-2】甲企业在年初存入一笔金额为 10 万元的资金，已知年复利率为 6%。

要求：三年后一次取出的本利和为多少？

解：已知 P=10 万元，i=6%，n=3 年。

终值$(F)=P\cdot(1+i)^n=10\times(1+3\%)^3=11.93$(万元)

答：三年后一次取出的本利和为 11.93 万元。

2) 一次性收付款项现值的计算

由本利和求本金的过程也叫折现，此时使用的利率 i 又称折现率。折现是终值计算的逆运算，若已知未来终值 F、折现率 i 和期数 n，则现值 P 可按下式求出：

$$现值(P)=终值\times(1+利率)^{-时期}$$
$$=F\cdot(1+i)^{-n} \quad (7\text{-}3)$$

该式可由(7-1)式直接推得，式中$(1+i)^{-n}$ 叫一次性收付款项现值系数(又称复利现值系数，一元现值，现值因子)，简称现值系数，记作$(P/F,i,n)$。该系数亦可通过查表求得(见附表：一元复利现值系数表)。则有：

$$现值(P)=终值\times现值系数$$
$$=F\cdot(P/F,i,n) \quad (7\text{-}4)$$

显然，终值系数与现值系数互为倒数。

【例 7-3】甲企业年初打算存入一笔资金，6 年后一次取出本利和 100,000 元，已知年复利率(折现率)为 6%。

要求：计算企业现在应存入多少钱。

解：已知 F=100,000 元，i=6%，n=6 年。

现值$(P)=F\cdot(1+i)^{-n}=100,000\times(1+6\%)^{-6}$
$\qquad=70,500(元)$

或$=F\cdot(P/F,i,n)=100,000\times(P/F,6\%,6)$
$\qquad=100,000\times0.705=70,500(元)$

答：企业年初应存入 70,500 元。

【例 7-4】假设甲厂准备自年初开始从利润留成中提取一笔资金，5 年后一次取出，本利和共计 60 万元。已知年复利率为 6%。

问：该企业在年初应提取多少资金方能满足上述要求？

解：已知 F=60 万元，i=6%，n=5 年。

现值$(P)=F\cdot(1+i)^{-n}=60\times(1+6\%)^{-5}$
$\qquad=44.84(万元)$

答：该企业应在年初提取 44.84 万元资金方能满足上述要求。

(二)系列收付款的终值与现值

系列收付款的终值与现值，它是理解年金的终值与现值，以及递增(减)系列收付款终值与现值的基础。所谓系列收付款，指在 n 期内多次发生收(付)款业务，形成多时点收(付)款数列。

1) 系列收付款终值的计算

这一计算过程实际上就是将多时点资金数列逐一换算为未来某一时点的终值再求和的过程。如在 n 年内，已知每年年末存款 $R_t(t=1, 2, \cdots, n)$，求第 n 年年末一次取出的本利和一共是多少，这类问题就属于求系列收付款终值的问题。它是由一次性存款现值求终值的发展，即分别将不同时点存款的现值(当时值)按一定的复利率 i 和该存款实际存放年限逐一换算为第 n 年年末的终值，再将它们加起来，便得到系列存款的终值。

当系列收(付)款额为 $R_1, R_2, R_3, \cdots, R_n(R_t \geq 0)$，它们相应的终值分别为 $F_1, F_2, F_3, \cdots, F_n$ 时，该系列收(付)款的终值 F_R 为：

$$F_R = \sum_{t=1}^{n} F_t = F_1 + F_2 + \cdots + F_t + \cdots + F_{n-1} + F_n$$
$$= R_1(1+i)^{n-1} + R_2(1+i)^{n-2} + \cdots + R_t(1+i)^{n-t} + \cdots + R_{n-1}(1+i)^1 + R_n(1+i)^0 \quad (7\text{-}5)$$
$$= \sum_{t=1}^{n} [R_t \cdot (1+i)^{n-t}]$$

如果系列收(付)款不是在每年年末发生，而是在年初，则系列收付款终值的计算公式应是：

$$F_R' = \sum_{t=0}^{n-1} [R_{t+1} \cdot (1+i)^{n-t}] \quad (7\text{-}6)$$

(7-5)、(7-6)式中的 $(1+i)^{n-t}$ 均为一次性收付款终值系数，所不同的是每当 t 有一个确定值，便有一个 $(n-t)$ 与之对应，可通过多次查终值系数表得到这些数值。故以上两公式又可分别写作：

$$F_R = \sum_{t=1}^{n} [R_t \cdot (F/P, i, n-t)] \quad (7\text{-}7)$$

$$F_R' = \sum_{t=0}^{n-1} [R_{t+1} \cdot (F/P, i, n-t)] \quad (7\text{-}8)$$

2) 系列收付款现值的计算

系列收付款现值的计算实质上是将多时点的终值(当时值)统一换算为事前某一时点的现值再求其合计的过程。如在 n 年内每年年末取款(本利和)$R_t(t=1, 2, \cdots, n)$，第 n 年取完，问事先应一次性存入银行多少钱才行(一次存入，分次取出)。这实际上是由一次性取款终值换算为现值问题的发展，只需将各期取款额(当期终值)分别折算为期初(第 0 年)的现值，那么这些现值的合计数就是所求的系列收入款项的现值。

设系列收付款分别为 $R_1, R_2, \cdots, R_n (R_t \geq 0)$，它们相应的现值分别为 $P_1, P_2, \cdots, P_n$ 时，系列收付款的现值 P_R 为：

$$P_R = \sum_{t=1}^{n} P_t = P_1 + P_2 + \cdots + P_t + \cdots + P_n$$
$$= R_1 \cdot (1+i)^{-1} + R_2 \cdot (1+i)^{-2} + \cdots + R_t \cdot (1+i)^{-t} + \cdots + R_n \cdot (1+i)^{-n} \quad (7\text{-}9)$$
$$= \sum_{t=1}^{n} [R_t \cdot (1+i)^{-t}]$$

同理，上式亦可写成：

$$P_R = \sum_{t=1}^{n} [R_t \cdot (P/F, i, t)] \tag{7-10}$$

系列收付款现值的计算在长期投资决策中是最常被采用的一种形式，应特别注意。

(三) 年金的终值与现值的计算

年金是系列收付款项的特殊形式，它是指在一定时期内每隔相同时间(如一年)就发生相同数额的系列收付款项，也称等额系列款项。

年金一般应同时满足下列两个条件：

(1) 连续性。在一定期间内每隔一段时间必须发生一次收(付)款业务，形成系列，不得中断。

(2) 等额性。各期发生的款项必须在数额上相等，因此若某系列收付款项 R_t ($t=1, 2, \cdots, n$)满足：

$$R_{t+1} = R_t \equiv A \quad (t=1, 2, \cdots, n-1, A \text{ 为一常数})$$

则该系列收付款项便取得了年金形式，记作 A。

在现实经济生活中，分期等额形成或发生的各种偿债基金、折旧费、养老金、保险金、租金、等额分期收付款、零存整取储蓄存款业务中的零存数、整存零取储蓄存款业务中的零取金额、定期发放的固定奖金、债券利息和优先股股息以及等额回收的投资额等，都属于年金的范畴。

年金又包括普通年金、先付年金、递延年金和永续年金等几种形式。其中普通年金应用最为广泛，其他几种年金均可在普通年金的基础上推算出来。因此应着重掌握普通年金的有关计算。

1) 普通年金终值的计算

凡在每期期末发生的年金为普通年金，又叫后付年金，用 A 表示。以后凡涉及年金问题若不特殊说明均指普通年金。普通年金终值又可简称年金终值，记作 F_A。它是特殊的系列收款终值，计算公式是：

$$F_A = A \times \frac{[(1+i)^n - 1]}{i} \tag{7-11}$$

【例 7-5】某企业连续 10 年于每年年末存款 5,000 元，年复利率为 10%。

要求：计算第 10 年年末可一次取出本利和多少钱？

解：根据题意，$A=5,000$ 元，$n=10$，$i=10\%$。

$F_A = 5,000 \times [(1+10\%)^{10} - 1] \div 10\% \approx 79,687$(元)

答：第 10 年年末可一次取出 79,687 元。

式(7-11)中：$F_A/A = [(1+i)^n - 1]/i$ 叫年金终值系数(又称一元年金终值或年金终值因子)，记作：$(F_A/A, i, n)$，于是(7-11)式又可改写为：

$$F_A = A \cdot (F_A/A, i, n) \tag{7-12}$$

通过查一元年金终值系数表(见附表：一元年金终值系数表)，可以求得 $(F_A/A, i, n)$ 的值。

【例 7-6】 甲企业于每年年末向保险公司存入 20 万元，为企业职工购买人身意外保险。年复利率为 6%。

要求：计算第 10 年年末该企业可以一次性取出的本利和为多少？

解：已知 $A=20$ 万元，$n=10$，$i=6\%$。

则：$F_A = A \times \dfrac{[(1+i)^n - 1]}{i}$

$\quad\quad\quad =20\times[(1+6\%)^{10}-1]\div 6\%=263.6(万元)$

答：第 10 年年末该企业可以一次性取出的本利和为 263.6 万元。

2) 年偿债基金的计算

年偿债基金的计算又叫积累基金的计算，即由已知的年金终值 F_A，求年金 A(在此叫年偿债基金)的过程，它是年金终值的逆运算，亦属于已知整取求零存的问题。

由式(7-11)可直接求得有关公式：

$$A = F_A \cdot \dfrac{i}{(1+i)^n - 1} \tag{7-13}$$

式中：$\dfrac{i}{(1+i)^n - 1}$ 叫偿债基金系数，简记为$(A/F_A, i, n)$。这个系数可通过查有关偿债基金系数表得到，或通过年金终值系数的倒数推算出来。

【例 7-7】 某企业计划在 15 年内每年年末存入银行一笔资金，以便在第 15 年年末归还一笔到期值为 200 万元的长期负债。假设存款利率为 8%。

要求：计算每年年末应至少存多少钱。

解：已知 $F_A=200$ 万元，$n=15$，$i=8\%$。

$A = F_A \cdot (A/F_A, i, n) = F_A / (F_A/A, i, n)$

$\quad =200 \div (F_A/A, 8\%, 15) \approx 7.3659(万元)$

答：每年年末至少应存入银行 7.3659 万元。

3) 普通年金现值的计算

普通年金现值简称年金现值，它是等额系列收付款额现值的简化形式，记作 P_A。

由已知年金 A，求年金现值 P_A 的公式是：

$$P_A = A \times \dfrac{[1-(1+i)^{-n}]}{i} \tag{7-14}$$

同理，$P_A/A =[1-(1+i)^{-n}]/i$ 被称作年金现值系数(又叫一元年金现值或年金现值因子)，记作：$(P_A/A, i, n)$，亦可通过查一元年金现值系数表(见附表：一元年金现值系数表)求之。则式(7-14)可写成：

$$P_A = A \cdot (P_A/A, i, n) \tag{7-15}$$

【例 7-8】 某企业打算连续 12 年在每年年末取出 20 万元。年复利率为 8%。

要求：计算最初(第一年年初)应一次存入多少钱？

解：根据题意，$A=20$ 万元，$n=12$，$i=8\%$。

$P_A = A \cdot [1-(1+i)^{-n}]/i = A \cdot (P_A/A, i, n)$

$\quad =20\times(P_A/A, 8\%, 12)=150.72(万元)$

答：最初(第一年年初)应一次存入 150.72 万元。

【例 7-9】甲企业若购置某自动化设备，每年可以节约人工和材料成本 20 万元。设该设备的使用期为 10 年，年复利率为 8%。

要求：计算该设备节约的人工和材料成本的现值。

解：根据题意，$A=20$ 万元，$n=10$，$i=8\%$。

$$P_A = A \cdot [1-(1+i)^{-n}]/i = A \cdot (P_A/A,i,n)$$
$$= 20 \times (P_A/A,8\%,10) = 134.2 (万元)$$

答：该设备节约的人工和材料成本的现值为 134.2 万元。

4) 年回收额的计算

年回收额计算是年金现值的逆运算，即已知年金现值 P_A，求年金 A(在此又称回收额)，也就是已知整存求零取的问题。公式是：

$$A = P_A \cdot \frac{i}{1-(1+i)^{-n}} = P_A \cdot \frac{i(1+i)^n}{(1+i)^n - 1} \tag{7-16}$$

$\dfrac{A}{P_A} = \dfrac{i}{1-(1+i)^{-n}} = \dfrac{i(1+i)^n}{(1+i)^n - 1}$ 称作回收系数，记作 $(A/P_A,i,n)$，可查有关的回收系数表，亦可利用年金现值系数的倒数求得。于是：

$$A = P_A \cdot (A/P_A,i,n)$$

或

$$= P_A \cdot \frac{1}{(P_A/A,i,n)} \tag{7-17}$$

【例 7-10】某企业计划投资 200 万元建设一个预计寿命期 10 年的新项目。若企业期望的资金报酬率为 16%。

要求：计算企业每年年末至少要从这个项目获得多少报酬。

解：这是一个已知年金现值 $P_A=200$ 万元，$n=10$，$i=16\%$，求年金 A 的问题。

$$A = P_A \cdot (A/P_A,i,n) = P_A \cdot \frac{1}{(P_A/A,i,n)} = 200 \times \frac{1}{(P_A/A,16\%,10)} \approx 41.382(万元)$$

答：该企业每年年末应从这个项目获得 41.382 万元报酬。

5) 其他种类年金问题简介

① 先付年金的终值与现值的计算。先付年金是在每期期初发生等额收付的一种年金形式，又称预付年金或即付年金，记作 A'。其终值可在普通年金终值的计算公式基础上调整算出。先付年金终值 F_A' 的公式是：

$$F_A' = A' \cdot \left[\frac{(1+i)^{n+1}-1}{i} - 1\right] = A' \cdot \{(F_A/A,i,n+1)-1\} \tag{7-18}$$

或

$$= A' \cdot \frac{(1+i)^n - 1}{i} \cdot (1+i) = A' \cdot (F_A/A,i,n)(1+i) \tag{7-19}$$

先付年金现值 P_A' 的计算公式是：

$$P_A' = A' \cdot \left\{\frac{[1-(1+i)^{-(n-1)}]}{i} + 1\right\}$$

$$= A' \cdot \{(P_A/A,i,n-1)+1\} \tag{7-20}$$

或

$$= A' \cdot \frac{[1-(1+i)^{-n}]}{i} \cdot (1+i)$$

$$= A' \cdot (P_A/A,i,n) \cdot (1+i) \quad (7\text{-}21)$$

【例 7-11】某企业连续 5 年于每年年初存入银行 200 万元，年复利率为 10%。

要求：计算到第 5 年年末可一次取出本利和多少钱？

解：依据题意，A'=200 万元，n=5，i=10%。

$$F'_A = A' \cdot \{(F_A/A,i,n+1)-1\}$$

$$=200\times(7.716-1)\approx 1,343.2(万元)$$

答：第 5 年年末可一次取出本利和 1,343.2 万元。

【例 7-12】某企业打算连续 5 年于年初投资 200 万元建设一个项目。假定折现率为 10%。

要求：计算当投资方式改为在第一年年初一次投入全部投资额时，企业需投入多少资金才在价值上等于分次投资。

解：已知 A=200 万元，n=5，i=10%，求先付年金现值 P'_A。

$$P'_A = A' \cdot (P_A/A,i,n) \cdot (1+i)$$

$$=200\times 3.791\times(1+10\%)=834.02(万元)$$

答：在第一年年初一次投资 834.02 万元的价值才等于连续 5 年于年初投资 200 万元。

② 递延年金现值的计算。所谓递延年金是指在一定期间内(如 n 期)，从 0 期开始隔 s 期($s \geq 1$)以后才发生系列等额收付款的一种年金形式，记作 A''。显然，凡不是从第一年开始的年金都是递延年金。

递延年金现值的计算公式有两个：

$$P''_A = A'' \cdot \left\{ \frac{[1-(1+i)^{-n}]}{i} - \frac{[1-(1+i)^{-s}]}{i} \right\}$$

$$= A'' \cdot \{(P_A/A,i,n)-(P_A/A,i,s)\} \quad (7\text{-}22)$$

$$= A'' \cdot \frac{[1-(1+i)^{(n-s)}]}{i} \cdot (1+i)^{-s}$$

$$= A'' \cdot (P_A/A,i,n-s)(P/F,i,s) \quad (7\text{-}23)$$

【例 7-13】某企业年初存入一笔资金，从第 6 年年末起每年取出 20 万元，至第 10 年年末取完，年利率为 10%。

要求：计算最初一次存入的款项是多少钱？

解：根据题意，A''=20 万元，n=10，s=5，i=10%。

$$P''_A = A'' \cdot (P_A/A,i,n-s)(P/F,i,s)$$

$$= 20 \cdot (P_A/A,10\%,10-5)(P/F,10\%,5)$$

$$=20\times 3.791\times 0.621\approx 47.0842(万元)$$

答：最初一次存入的款项是 47.0842 万元。

③ 永续年金现值的计算。所谓永续年金是指无限等额支付的特种年金，即是当期限 $n \to +\infty$ 时的普通年金。在实际经济生活中，并不存在无限期永远支付的永续年金，但可以将利率较高、持续期限较长的年金视同永续年金计算。由于假设永续年金没有终点，故不存在其终值问题，只能计算其现值。公式为：

$$P_A = A \cdot \frac{1}{i} \tag{7-24}$$

由上式可十分方便地推算出永续年金的年金公式和利率的计算公式：

$$A = P_A \cdot i \tag{7-25}$$

$$i = \frac{A}{P_A} \tag{7-26}$$

【例 7-14】 企业持有的甲公司股票每年股利收益为 100 万元。假定企业不准备在近期转让该股票，甲公司的预期效益良好，并较为稳定。已知折现率为 8%。

要求：对该项股票投资进行估价。

解：这是个求永续年金现值的问题。

根据题意，A=100 万元，i=8%。

$$P_A = A \cdot \frac{1}{i} = 100 \div 8\% = 1,250 \,(万元)$$

答：该项股票投资估价为 1,250 万元。

6) 货币时间价值系数表的使用

我们已讨论了各种情况下如何利用货币时间价值的各种系数计算有关指标的问题。下面介绍货币时间价值系数表的使用：

① 已知 P,i,n，求 F，利用$(F/P,i,n)$，查一元复利终值系数表。
② 已知 F,i,n，求 P，利用$(P/F,i,n)$，查一元复利现值系数表。
③ 已知 A,i,n，求 F_A，利用$(F_A/A,i,n)$，查一元年金终值系数表。
④ 已知 A,i,n，求 P_A，利用$(P_A/A,i,n)$，查一元年金现值系数表。

上述问题的共性在于：首先判断属于哪类问题，再决定查什么系数表；查表时，按已知的 i 和 n 确定系数；然后将查得的系数与已知的有关金额相乘，便可计算出所求的有关项目的金额。

在长期投资决策方案评估中应用频率较高的系数表是复利现值系数表和年金现值系数表。

二、现金流量

现金流量是指在长期投资决策中，投资项目引起的企业在未来一定期间(项目计算期)可能或应该发生的现金流出和现金流入的统称。这里的"现金"是指广义上的现金，它不仅包括各种货币资金，还包括项目开始时投入企业的非货币资金的变现价值，以及在流动资产上收回的投资的变现价值。它是以收付实现制为基础的，是计算投资决策评价指标的主要根据和关键信息之一。

在进行投资决策时，之所以要以按收付实现制计算的现金净流量作为评价投资项目经济效益的基础，而不是以利润作为评价投资项目经济效益的基础，主要是基于以下两个方面的原因：

首先，是因为采用现金流量有利于科学地考虑货币的时间价值因素。科学的投资决策必须认真考虑货币的时间价值，这就要求在决策前一定要弄清每笔预期收入款项和支出款项的具体时间，因为不同时期的货币具有不同的价值。在评价各方案的优劣时，应根据各投资项目寿命周期内各年的现金流量，按照资本成本，结合货币的时间价值来确定。而利润的计算，并不考虑现金收付的时间，它是以权责发生制为基础的。利润与现金流量的差异主要表现在以下几个方面：第一，购置固定资产要支付大量的现金，但不计入成本；第二，将固定资产的价值以折旧或损耗的形式逐期计入成本时不需要付出现金；第三，计算利润时，不必考虑垫支在流动资产上的资金的数量和回收时间；第四，计算利润时，如果销售行为已经发生，就要计算为当期的销售收入，尽管其中有一部分并未在当期收到现金。可见，要在投资决策中考虑货币的时间价值因素，就不能采用利润来评判项目的优劣，而必须采用现金流量。

其次，是因为采用现金流量能使投资决策更符合实际情况。在长期投资决策中，采用现金流量能科学、客观地评价投资方案的优劣，而利润则明显地存在不科学、不客观的成分。这是因为：第一，利润的计算没有统一的标准，在一定程度上要受到存货估价、费用分摊及折旧计提的不同方法的影响，因而净利润的计算比现金流量的计算有更大的主观随意性，作为决策的主要依据不是十分可靠；第二，利润反映的是某一会计期间"应计"的现金流量，而不是实际的现金流量，若以未实际收到现金的收入作为收益，具有较大的风险，容易高估投资项目的经济效益，存在不科学、不合理的成分。

现金流量的主要内容包括"现金流出量""现金流入量"和"现金净流量"。现分述如下。

(一)现金流出量

一个方案的现金流出量是指该方案引起的企业现金支出的增加额。一般包括如下几种。

(1) 固定资产上的投资(建设投资)。它是指房屋、设备、生产线的购入或建造成本、运输成本、保险费、安装成本等。

(2) 流动资产上的投资(垫支流动资金)。它是指企业为了提高生产能力，在原有基础上追加的流动资产(如原材料、在产品、产成品、存货和货币资金等)投入。

(3) 其他投资费用。它是指与长期投资项目有关的融资的相关税费、注册费、职工培训费、营业外净支出等。

(4) 付现成本。它是指营运过程中需要每年支付现金的成本，如用现金支付的工资、材料费用等。另外，成本中不需要每年支付现金的部分称为非付现成本，如固定资产折旧费、修理费等。某年付现成本等于当年的总成本费用扣除该年折旧额、无形资产摊销额等项目后的差额。

(二)现金流入量

一个方案的现金流入量是指投资项目在建成投产后的整个寿命周期内，由于开展正常生产经营活动而发生的现金流入的数量。一般包括以下三项。

(1) 营业现金流入。它是指项目建成之后，企业在营运过程中所获得的增量销售收入。

(2) 回收固定资产余值。它是指资产出售时企业所收回的现金，它引起企业的现金流入。

(3) 收回的流动资金。它是指收回的原垫支的流动资金额。收回的流动资金和回收固定资产余值统称为回收额。

(三)现金净流量

1. 现金净流量的概念

现金净流量又称净现金流量,是指在项目计算期内由每年现金流入量与同年现金流出量之间的差额所形成的序列指标,它是长期投资决策评价指标计算的重要依据。

2. 现金净流量的理论计算公式

某年现金净流量(NCF_t)=该年现金流入量-该年现金流出量 (7-27)

$$(t=0, 1, 2, \cdots, n)$$

由于项目计算期不仅包括经营期,还应包括建设期,因此,无论在经营期还是在建设期都应该存在净现金流量这个范畴。

由于现金流入和流出在项目计算期内的不同阶段上的内容不同,使得各阶段上的净现金流量表现出不同的特点,如在建设期内,净现金流量一般小于或等于零,在经营期内,净现金流量则多为正值。

在实务中,净现金流量的计算通常是通过编制投资项目的现金流量表来实现的,其表格格式是按年分栏目分别计算现金流入量、现金流出量和现金净流量。

3. 现金净流量的简化公式

1) 建设期现金净流量的简化计算公式

若原始投资均在建设期内投入,则建设期净现金流量可按以下简化公式计算:

建设期某年现金净流量(NCF_t) = − 该年发生的投资额 (7-28)

$$(t=0, 1, \cdots, s, s \geq 0)$$

式中:投资额为第 t 年投资额,原始投资等于建设期 s 年投资额之和。由(7-28)式可见,当建设期 s 不为零时,建设期净现金流量(NCF_t)的数量特征取决于其投资方式是分次投资还是一次投资。

2) 经营期现金净流量的简化计算公式

经营期净现金流量可按以下简化公式计算:

经营期某年现金净流量 $NCF_t = $ 该年利润 + 该年折旧 + 该年摊销额 + 该年回收额 + 该年利息费用 (7-29)

$$(t=s+1, s+2, \cdots, n)$$

【例 7-15】甲企业计划购建一项固定资产,需投资 500 万元,按平均年限法折旧,使用寿命 10 年。预计投产后每年可获营业净利润 60 万元。假定不考虑所得税和补充流动资金因素。

要求:就以下各种不相关情况分别计算该项目的现金净流量。

① 在建设起点投入自有资金 500 万元,当年完工并投产,期满有 30 万元净残值。

② 在建设起点投入自有资金 500 万元，建设期为一年，期满有 30 万元净残值。

③ 建设期为二年，每年年初分别投入 250 万元自有资金，期满无残值。

④ 在建设起点一次投入借入资金 500 万元，建设期为一年，发生建设期资本化利息 50 万元，期满无残值。

解：依题意计算有关指标：

∵ 固定资产原值=固定资产投资+建设期资本化利息

∴ 在第①、②种情况下，固定资产折旧=$\dfrac{500-30}{10}$=47(万元)

在第③种情况下，固定资产折旧=$\dfrac{500-0}{10}$=50(万元)

在第④种情况下，固定资产折旧=$\dfrac{550-0}{10}$=55(万元)

∵ 项目计算期=建设期+经营期

∴ 在第①种情况下，n=0+10=10(年)

在第②、④种情况下，n=1+10=11(年)

在第③种情况下，n=2+10=12(年)

∵ 第 n 年回收额=该年回收固定资产余值+回收流动资金

∴ 在第③、④种情况下，回收额为零。

在第①、②种情况下，回收额=30(万元)

按简化公式计算的各年净现金流量应分别为：

① NCF_0=-500(万元)，$NCF_{1\sim9}$=60+47=107(万元)，
NCF_{10}=60+47+30=137(万元)

② NCF_0=-500(万元)，NCF_1=0，$NCF_{2\sim10}$=60+47=107(万元)，
NCF_{11}=60+47+30=137(万元)

③ $NCF_{0\sim1}$=-250(万元)，NCF_2=0，$NCF_{3\sim12}$=60+50=110(万元)

④ NCF_0=-500(万元)，NCF_1=0，$NCF_{2\sim11}$=60+55=115(万元)

答：(略)。

【例 7-16】 甲企业有一套生产设备共投资 20 万元，两年后建成，每年投资 10 万元，使用寿命为 5 年，采用直接法计提折旧，预计残值为 2 万元。此外，需增加流动资金投资 5 万元。该设备投产后预计每年可获得销售收入 15 万元。第一年的付现成本为 8 万元，以后随着设备陈旧，修理费逐年增加 0.5 万元。企业所得税税率为 25%(假设各年投产额为年初一次发生，营业收入或支出都看作年末一次发生)。

要求：计算该项目的现金净流量。

解：依题意计算有关指标：

首先，计算该项目的营业现金净流量，如表 7-2 所示。

表 7-2　营业现金流量计算表　　　　　　　　　　　　　　　单位：万元

项　目 \ 计算期	3	4	5	6	7
销售收入(1)	15	15	15	15	15
付现成本(2)	8	8.5	9	9.5	10
折旧(3)	3.6	3.6	3.6	3.6	3.6
税前利润(4)=(1)-(2)-(3)	3.4	2.9	2.4	1.9	1.4
所得税(5)=(4)×25%	0.85	0.725	0.6	0.475	0.35
税后利润(6)	2.55	2.175	1.8	1.425	1.05
营业现金净流量(7)=(1)-(2)-(5)=(6)+(3)	6.15	5.775	5.4	5.025	4.65

注：年折旧额=(20-2)÷5=3.6(万元)。

其次，分析该项目的现金流量，现金流量分析表，如表 7-3 所示。

表 7-3　现金流量分析表　　　　　　　　　　　　　　　　　单位：万元

项　目 \ 计算期	0	1	2	3	4	5	6	7
固定资产投资	-10	-10						
投入流动资金			-5					
营业现金净流量				6.15	5.775	5.4	5.025	4.65
固定资产残值								2
收回流动资金								5
年现金流量合计	-10	-10	-5	6.15	5.775	5.4	5.025	11.65

【例 7-17】甲企业投资一项目需 4 年建成，每年投入资金 30 万元，共投入 120 万元。建成投产后，产销 A 产品，需投入流动资金 40 万元，以满足日常经营活动的需要。A 产品销售后，估计每年可获利润 20 万元。固定资产使用年限为 6 年，使用期满后，估计有残值收入 12 万元。采用使用年限法折旧。假定不考虑所得税因素。

要求：计算该项目的现金净流量。

解：依题意计算有关指标：

根据以上资料，编制成投资项目现金流量表，如表 7-4 所示。

表 7-4　投资项目现金流量表　　　　　　　　　　　　　　　单位：万元

项　目 \ 计算期	0	1	2	3	4	5	6	7	8	9	10	总计
固定资产	-30	-30	-30	-30								-120

续表

计算期 项目	0	1	2	3	4	5	6	7	8	9	10	总计
固定资产折旧						18	18	18	18	18	18	108
利润						20	20	20	20	20	20	120
残值收入											12	12
流动资金					-40						40	0
总计	-30	-30	-30	-30	-40	38	38	38	38	38	90	120

注：表 7-4 中的数字，第 5 年投入周转的流动资金在该投资项目使用期满时要全数收回。

三、资本成本

(一)资本成本的概念

通常情况下，资本成本是指企业取得并使用资本所负担的成本。例如，企业为了进行正常的生产经营活动，通过银行借款取得资本而需支付的利息、发行债券取得资本而需支付的利息、发行股票取得资本而需支付的股息等，同时还包括与这些筹资活动相关的筹资费用。

长期投资决策分析中所讲的资本成本是指为了取得投资所需资本而发生的成本。企业进行长期投资，所需资本数额大，需从外部筹资，如向银行借款、发行股票和债券等，这样，企业就要向债权人或股东支付利息或股息，并发生相关的筹资费用。这些由企业负担的利息或股息以及筹资费用等，就是资本成本。

资本成本是长期投资决策分析中应当考虑的一个重要因素。如投资项目的实际投资报酬率高于资本成本，该项目可取；反之则应舍弃。由于资本成本是投资者必须通过投资项目的未来报酬加以补偿的部分，补偿以后还有余额，才能给企业新增利润，所以，资本成本是衡量投资项目是否可行的最低投资报酬标准，故又将资本成本称为投资项目的"极限利率"。

资本成本通常有两种表示方法，一是绝对数(金额)，二是相对数(百分率)。

(二)资本成本的种类

按企业资本来源划分，资本成本可分为两类：借入资本的资本成本和自有资本的资本成本。

1) 借入资本的资本成本

借入资本是企业通过银行借款、发行债券以及向其他企业借款等方式取得的资本。借入资本的权益属于债权。企业借入资本是要发生资本成本的。借入资本的资本成本是银行借款利息、发行债券的利息、其他借款的利息以及发生的相关筹资费用等。

2) 自有资本的资本成本

自有资本是企业的所有者权益部分，包括实收资本、资本公积、盈余公积和未分配利润等。其中实收资本是股东投入企业股本。

企业的自有资本也是有资本成本的。自有资本的权益属于股东权益，股东对企业进行投资的目的在于获得社会平均利润以及超过这个标准的投资收益。企业必须承担起这个责任和承诺。于是，社会平均利润就成了企业使用自有资本的资本成本的最低标准。由于社会平均利润是一个比较抽象的概念，所以人们往往又把比较直观的银行存款利率或无风险利率(国债利率)作为自有资本的资本成本的最低标准。将这个最低标准加上企业对投资者承诺的超过一般水平的投资期望值差异率，即构成企业的自有资本的资本成本。如某企业用自有资本兴建一个化工厂，当时的 3 年期国债利率为 13%，投资者超过无风险利率的投资期望值差异率为 5%，则该企业投资该项目的资本成本为 18%(13%+5%)。

(三)不同资本来源的资本成本的计算

企业使用的资本有不同来源。企业的资本来源不同，资本成本也不尽相同。资本成本的多少对企业的经济利益及其发展都有直接影响，这就需要企业对筹资方式进行选择。

1) 借入资本的资本成本的计算

借入资本包括银行借款、发行债券和向其他企业的借款等。借入资本都要发生利息支出及相关的筹资费用。在会计处理上，利息支出及筹资费用等均要作为期间费用计入当期的费用，这样，就必然减少企业当期的税前利润额，从而减少企业的所得税支出。

考虑了所得税率后的借入资本的资本成本的计算公式如下：

$$借入资本的税后资本成本 = \frac{利息率 \times (1 - 所得税率)}{1 - 筹资费用率} \tag{7-30}$$

【例 7-18】 甲企业发行 3 年期债券，年利率 12%，筹资费用率 1.5%，所得税率 25%。要求：试计算该项借入资本的税后资本成本。

解：依题意计算有关指标：

$$借入资本的税后资本成本 = \frac{12\% \times (1 - 25\%)}{1 - 1.5\%} \approx 9.14\%$$

答：该项借入资本的税后资本成本为 9.14%。

需要指出的是，上述借入资本的资本成本中没有涉及债券的溢价发行和折价发行，也没有考虑货币的时间价值。

2) 发行股票的资本成本

股票分为优先股和普通股。两者的股息都要由发行企业用税后利润来支付，不能减少所得税。因此，其资本成本的计算方法与借入资本不同。

① 优先股的资本成本。优先股是没有到期日的(除非企业决定收回优先股股票)，每年的股息率大致固定，定期支付，这样，就可把每年股息视同永续年金。优先股的资本成本计算公式如下：

$$优先股的资本成本 = \frac{年股息率}{1 - 筹资费用率} \tag{7-31}$$

【例 7-19】 甲公司发行优先股，筹资费用率 2%，年股息率 15%。

要求计算优先股的资本成本。

解：依题意计算有关指标：

$$\text{优先股的资本成本} = \frac{15\%}{1-2\%} \approx 15.31\%$$

答：优先股的资本成本为 15.31%。

② 普通股的资本成本。普通股的资本成本有两种计算方法。

一种是假设普通股没有到期日，每年的股息也相同，这样，就可采用优先股资本成本的计算公式。

一种是假定普通股股息有逐年上升趋势，则在优先股资本成本计算公式的基础上再加上股息增长率。计算公式为：

$$\text{普通股的资本成本} = \frac{\text{年股息率}}{1-\text{筹资费用率}} + \text{股息年增长率} \tag{7-32}$$

【例 7-20】甲公司发行普通股，筹资费用率 3%。第一年股息率 10%，以后每年增长率为 3%。

要求：计算普通股的资本成本。

解：依题意计算有关指标：

$$\text{普通股的资本成本} = \frac{10\%}{1-3\%} + 3\% \approx 13.31\%$$

答：普通股的资本成本为 13.31%。

3) 未分配利润的资本成本

未分配利润是企业的一种内部资金来源，是股东权益的一部分。因此，未分配利润的资本成本相当于普通股的成本，不同的是，未分配利润没有筹资费用。未分配利润的资本成本计算公式如下：

$$\text{未分配利润的资本成本} = \text{年股息率} + \text{股息年增长率} \tag{7-33}$$

【例 7-21】甲公司发行普通股，第一年股息率为 12%，股息年增长率为 3%。

要求：计算未分配利润的资本成本。

解：依题意计算有关指标：

$$\text{未分配利润的资本成本} = 12\% + 3\% = 15\%$$

答：未分配利润的资本成本为 15%。

需要指出的是，发行股票和未分配利润的资本成本的计算都是以某种假定和预测为基础的，因此，据以计算的结果只能是一个仅供参考的近似值。

四、投资风险价值

投资风险价值也称风险报酬，是指投资者冒着风险进行投资而获得的超过货币时间价值的额外收益。投资者的财务活动通常是在有风险的情况下进行的。既然投资者在做出决策时应充分考虑到所面临的风险，那么，他也应该得到应有的收益，否则，他就不愿意去冒险。在此，我们将讨论有关风险的基本概念、相关的衡量手段以及在决策时如何适度地对风险因素加以计量。

(一)风险的概念

企业的一项行动如果有多种可能的结果,其将来的财务后果是不确定的,这项行动就存在风险;如果这项行动只有一种结果,其将来的财务后果是确定的,这项行动就没有风险。一般说来,风险是指一定条件下和一定时期内可能发生的各种结果的变动程度。如我们在预计一个投资项目的报酬时,不可能十分精确,也没有百分之百的把握。也就是有些事情的未来发展我们事先是不能确定的。一般而言,风险是事件本身的不确定性,或者说是某一不利事件发生的可能性。风险总是"一定时期内"的风险。因此,在企业里对风险和不确定性是不进行划分的,都是估计一个概率,一种是客观概率,另一种是主观概率。从投资的角度来说,投资风险实质上是企业经营收益及投资报酬无法达到预期收益和预期报酬的可能性。

如某企业拥有1,000万元,现有两种投资方案可供选择。方案一:将这1,000万元全部用来购买一年期利率为4%的国库券;方案二:将这1,000万元全部用来购买已上市的A公司股票。如果该企业选择方案一,它就能很准确地估算出国库券到期时所获得40万元的投资收益,投资报酬率为4%。我们通常把这种投资称为无风险投资。如果该企业选择方案二,则它很难准确地估算出投资报酬率,可能获得高额回报,也可能会产生投资损失。因此,相对而言,方案二的投资风险高。

(二)风险的类别

从个别投资主体的角度来看,风险分为市场风险和公司特有风险。

(1) 市场风险称为系统风险或不可分散风险,是指那些对所有的公司产生影响的因素所引起的风险,如战争、通货膨胀、高利率等。这类风险涉及所有的投资对象,不能通过多元化投资来分散。

(2) 公司特有风险是指发生于个别公司的特有事件所造成的风险,如新产品开发失误、投资方向错误等。这类风险可以通过多元化投资来分散,即发生于一家公司的不利事件可以被其他公司的有利事件所抵消。

从公司本身来看,风险又可以分为经营风险和财务风险两类。

(1) 经营风险亦称商业风险,是指生产经营的不确定性带来的风险,它是任何商业活动都有的。

(2) 财务风险亦称筹资风险,是指因借款而增加的风险,是筹资决策带来的风险。

(三)风险的衡量

风险的衡量,需要使用概率和统计方法。

1. 概率

某一事件在相同的条件下可能发生也可能不发生,这类事件称为随机事件。概率就是用来表示随机事件发生的可能性的大小的。通常,将必然发生的事件的概率定为1,将不可能发生的事件的概率定为0,而一般随机事件的概率介于0和1之间。

2. 预期值

随机变量的各个取值以相应的概率为权数的加权平均数,称为随机变量的预期值,它反映随机变量取值的平均化。

$$报酬率的预期值(K) = \sum_{i=1}^{n}(P_i K_i) \tag{7-34}$$

式中:K 指报酬率的预期值;P_i 指第 i 种结果出现的概率;K_i 指第 i 种结果出现后的预期报酬率;n 指所有可能结果的数目。

3. 离散程度

表示随机变量离散程度的指标包括平均差、方差、标准差、标准离差率等,最常用的是方差、标准差和标准离差率(变异系数)。

方差是用来表示随机变量与期望值之间的离散程度的一个指标。

$$方差 = \sum_{i=1}^{n}(K_i - K)^2 \cdot P_i \tag{7-35}$$

标准差也叫均方差,是方差的平方根,是反映概率分布中各种可能结果对期望的偏离程度。

$$标准差 = \sqrt{\sum_{i=1}^{n}(K_i - K)^2 \cdot P_i} \tag{7-36}$$

标准差是以绝对数衡量决策方案的风险的。在期望值相同的情况下,标准差越大,风险越大。

对于期望值不同的决策方案,只能运用标准离差率这一相对数来评价或比较。

标准离差率是标准差除以期望值所得到的比率。

$$标准离差率 = \frac{\sqrt{\sum_{i=1}^{n}(K_i - K)^2 \cdot P_i}}{K} \tag{7-37}$$

(四)风险和报酬的关系

货币时间价值是不考虑风险的,但事实上,企业的各项经济活动都或多或少地包含有风险的成分。一般说来,人们都有一种对风险的反感心理,但人们又在经常从事着各种有风险的活动。其中的原因,一方面是由于绝大多数的活动都包含有风险的成分,人们在决策中缺乏选择的余地,否则就会无所事事;另一方面则是由于风险报酬的存在以及人们对收益的期望。

风险意味着危险与机遇。一方面冒风险可能会蒙受损失,产生不利的影响;另一方面可能会取得成功,获取风险报酬。并且风险越大,失败后的损失也越大,成功后的风险报酬也越大。由于风险与收益的并存性,使得人们愿意去从事各种风险活动。

个别项目的风险和收益是可以互换的,人们可以选择高风险、高收益的方案,也可以选择低风险、低收益的方案。同时,市场的力量使收益率趋于平均化,没有实际利率特别高的项目,高报酬率的项目必然伴随着高风险,额外的风险需要额外的报酬来补偿。其数量关系为：

$$期望投资报酬率=无风险报酬率+风险报酬率$$

(五)预期的风险报酬率和报酬额的计算

预期的投资报酬率应当包括两部分：一部分是无风险报酬率，如国库券、银行存款的利率等。它们的特点是到期后连本带利肯定可以收回。这种无风险报酬率是最低的社会平均报酬率。另一部分是风险报酬率。它与风险大小有关，风险越大，所要求的报酬率越高。

投资风险具有不易计量的特征，只有利用概率论等数学方法，按未来年度的预期收益的平均偏离程度进行计量。其具体计算步骤如下。

(1) 确定投资项目未来的各项预计收益(用 K_i 表示)及其可能出现的概率(用 P_i 表示)并计算未来收益的期望值。

$$未来收益的期望值 = \sum_{i=1}^{n} P_i \cdot K_i$$

(2) 计算标准差与标准离差率(用 R 表示)。

标准差能反映各投资项目所冒风险的程度。但是，对期望值不同的决策方案，利用标准差不便与其他方案进行比较，因此，需要计算标准离差率。其计算公式为：

$$标准差 = \sqrt{\sum_{i=1}^{n}(K_i - K)^2 \cdot P_i}$$

$$标准离差率 = \frac{\sqrt{\sum_{i=1}^{n}(K_i - K)^2 \cdot P_i}}{K}$$

(3) 引入风险系数 (F)，计算该投资方案预期的风险报酬率。

风险系数是风险程度的函数，确定风险系数有两种方法：一种是采用经验数据(客观概率)作为风险系数；另一种是从 0～1 选择一个主观概率作为风险系数，它的确定可能会因人而异，但在一定的时期内，就某一地区和行业来说，它应该是一个常数。

$$预期的风险报酬率=风险系数\times标准离差率$$
$$=F \cdot R \tag{7-38}$$

(4) 计算该投资方案预期的投资报酬率。

$$投资报酬率=无风险报酬率+风险报酬率$$
$$=i + F \cdot R \tag{7-39}$$
$$=预期收益(K)/预期的投资额 \tag{7-40}$$

$$预期的投资额=预期收益\div投资报酬率$$
$$=\frac{K}{i + F \cdot R} \tag{7-41}$$

上式中，i 为货币时间价值，即无风险报酬率。

(5) 计算该投资方案预期的投资风险价值。

$$预期的投资风险价值=预期的投资额\times风险报酬率$$
$$=K \times \frac{F \cdot R}{i + F \cdot R} \tag{7-42}$$

预期的投资风险价值求出之后，为了判断该投资方案是否可行，可以先根据该企业要求达到的投资报酬率，求出该投资方案所要求的投资风险价值，然后用它与预期的投资风险价值进行比较。若预期的投资风险价值小于所要求的投资风险价值，则说明该投资方案所冒的风险较小，投资报酬率较高，该方案可行；反之，若预期的投资风险价值大于所要求的投资风险价值，则说明该投资方案所冒的风险较大，投资报酬率较低，该方案不可取。

【例 7-22】 假设甲公司在计划年度准备投资 1,000 万元引进一套设备。根据市场调查，该公司预计在三种不同的市场情况下可能获得的年收益及其概率资料，如表 7-5 所示。

表 7-5 公司预期年收益和概率分布表 单位：万元

市场情况	预计每年收益	概 率
繁荣	300	0.3
一般	200	0.4
萧条	100	0.3

若该行业的风险系数为 0.4，货币时间价值为 8%，要求的风险报酬率为 10%。

要求：计算该投资方案预期的风险价值，并评价该投资方案是否可行。

解：依题意计算有关指标：

(1) 计算该投资方案的未来收益的预期价值。

$$\text{未来收益的期望值 } K = \sum_{i=1}^{3} P_i \cdot K_i$$

$$=(300 \times 0.3)+(200 \times 0.4)+(100 \times 0.3)$$

$$=200(万元)$$

(2) 计算该投资方案的标准差与标准离差率。

$$\text{标准差} = \sqrt{\sum_{i=1}^{n}(K_i - K)^2 \cdot P_i}$$

$$= \sqrt{(300-200)^2 \times 0.3 + (200-200)^2 \times 0.4 + (100-200)^2 \times 0.3}$$

$$\approx 77.46(万元)$$

$$\text{标准离差率} = \frac{\sqrt{\sum_{i=1}^{n}(K_i - K)^2 \cdot P_i}}{K}$$

$$= 77.46 \div 200$$

$$= 38.73\%$$

(3) 引入风险系数，计算该投资方案的风险价值。

预期的风险报酬率 $= F \cdot R = 0.4 \times 38.73\% = 15.49\%$

预期的投资风险价值 $= K \times \dfrac{F \cdot R}{i + F \cdot R}$

$$= 200 \times \frac{15.49\%}{8\% + 15.49\%}$$

$$\approx 131.89(万元)$$

(4) 计算该投资方案的要求的风险价值。

$$\text{要求的风险价值} = \text{收益的预期价值} \times \frac{\text{要求的风险报酬率}}{\text{货币时间价值} + \text{要求的风险报酬率}}$$

$$= 200 \times \frac{10\%}{8\% + 10\%}$$

$$\approx 111.11(万元)$$

答：由以上计算结果可知：

预期的风险报酬率 15.49%大于要求的风险报酬率(10%)；

预期的风险报酬额 131.89 万元大于要求的风险报酬额 111.11 万元。

这说明该方案预期所冒的风险比要求的大得多，所以该方案不可取。

第三节　长期投资效益的评价方法

长期投资决策是对各个可行方案进行分析和评价，并从中选择最优方案的过程。企业在进行长期投资决策时，必须对各备选方案的经济效益进行评价，择其有利者而行之，这就需要采用一定的评价方法。这些方法，按其是否考虑货币时间价值可以分为静态分析方法与动态分析方法两大类。

静态分析方法不考虑货币时间价值，也可称为非贴现的现金流量法。这类方法的特点是在分析、评价投资方案时，对各个不同时期的现金流量，不按货币时间价值进行统一换算，而是直接按投资项目所形成的现金流量进行计算。常用的方法主要有静态投资回收期法和投资报酬率法等。

动态分析方法是结合货币时间价值来决定方案的取舍，也可称为贴现的现金流量法。这类方法的特点是把现金流出量、现金流入量和时间这三个基本因素联系起来进行分析、评价。常用的方法主要有：净现值法、净现值率法、获利指数法、内含报酬率法、动态投资回收期法等。

一、静态分析方法

(一)静态投资回收期法

静态投资回收期法是根据回收全部原始投资总额的时间的长短来评价投资方案优劣的一种方法。静态投资回收期是指以投资项目经营净现金流量抵偿原始投资所需要的全部时间。该指标以年为单位，包括两种形式：最常见的是包括建设期的投资回收期(记作 PP)；另一种形式叫作不包括建设期的投资回收期(记作 PP′)。显然，建设期为 s 时，PP′ + s = PP。只要求出其中一种形式，就可很方便推算出另一种形式。

在计算静态投资回收期时，根据每年的现金净流量情况，又有两种具体计算办法：

1) 每年的现金净流量相等时的计算方法

如果一项长期投资决策方案满足以下特殊条件，即：投资均集中发生在建设期内，投产后前若干年(假设为 M 年)每年经营净现金流量相等,且以下关系成立。

$M \cdot$ 投产后前 M 年每年相等的 NCF ≥ 原始投资合计

则可按以下简化公式直接求出不包括建设期的投资回收期 PP':

不包括建设期的回收期$(PP') = \dfrac{\text{原始投资合计}}{\text{投产后前若干年每年相等的净现金流量}}$

$$= \dfrac{\left|\sum_{t=0}^{s} \text{NCF}_t\right|}{\text{NCF}_{(s+1)\sim(s+M)}} \tag{7-43}$$

在计算出不包括建设期的投资回收期 PP' 的基础上,将其与建设期 s 代入下式,即可求得包括建设期的回收期 PP: $PP = PP' + s$。

【例 7-23】甲企业准备从 A、B 两种设备中选购一种设备。A 设备购价为 40,000 元,投入使用后,每年现金流入量为 8,000 元;B 设备购价为 28,000 元,投入使用后,每年现金流入量为 7,000 元。

要求:试用静态回收期指标评价该企业应选购哪种设备。

解:A、B 两种设备各自每年的现金流入量都相同。计算如下:

A 设备静态回收期 $= \dfrac{\left|\sum_{t=0}^{s} \text{NCF}_t\right|}{\text{NCF}_{(s+1)\sim(s+M)}} = \dfrac{40,000}{8,000} = 5(年)$

B 设备静态回收期 $= \dfrac{\left|\sum_{t=0}^{s} \text{NCF}_t\right|}{\text{NCF}_{(s+1)\sim(s+M)}} = \dfrac{28,000}{7,000} = 4(年)$

答:计算结果表明,B 设备的静态回收期比 A 设备短,所以,该企业应购买 B 设备。

2) 当每年的现金净流量不等时的计算方法

第一,在累计净现金流量$(\sum_{0}^{t} \text{NCF}_t)$一栏上面已直接找到零,那么读出零所在列的 t 值即为所求的包括建设期的投资回收期 PP。否则必须按第二种情况处理。

第二,由于无法在 $\sum_{0}^{t} \text{NCF}_t$ 一栏上找到零,必须按下式计算包括建设期的投资回收期 PP:

$$PP = M + \dfrac{\left|\sum_{t=0}^{M} \text{NCF}_t\right|}{\text{NCF}_{M+1}} \tag{7-44}$$

式中:M 为最后一项为负值的累计净现金流量所对应的年份,M 满足以下关系:

$\sum_{t=0}^{M} \text{NCF}_t < 0$,$\sum_{t=0}^{M+1} \text{NCF}_t > 0$,$\left|\sum_{t=0}^{M} \text{NCF}_t\right|$ 为第 M 年年末尚未回收的投资额,NCF_{M+1} 为下年净现金流量。

【例 7-24】某企业现有甲、乙、丙三种投资方案,三种投资方案投资额相等,各年现金净流量不相等。有关资料如表 7-6 所示。

要求：试计算各方案的投资回收期，并进行决策分析。

表 7-6　各投资方案的现金流量分布表　　　　　　　　　单位：元

期　限 (年)	现金净 流量	投资方案		
		甲	乙	丙
0	投资额	80,000	80,000	80,000
1	净流量	30,000	20,000	30,000
2	净流量	20,000	40,000	30,000
3	净流量	30,000	10,000	30,000
4	净流量	10,000	30,000	30,000
5	净流量	30,000	20,000	

解：根据有关资料计算如下：

甲方案的投资回收期=3(年)

乙方案的投资回收期=3+(80,000−70,000)÷30,000≈3.33(年)

丙方案的投资回收期=80,000÷30,000≈2.67(年)

答：结果表明：丙方案的投资回收期最短，甲、乙方案的次之，因此应选择丙方案。

静态投资回收期法的优点在于简便、易懂，能尽快收回投资，避免市场风险。但是，该方法也有明显的缺陷：①它只考虑了现金净流量中小于和等于投资支出的部分，而没有考虑投资回收后的现金流量。也就是说，它只反映了投资回收速度，而没有反映投资的经济效益。②它没有考虑货币的时间价值。③它对项目使用寿命不同、资金投入时间不同和所提供的盈利总额不同的方案缺乏选优能力。因此，该方法只能作为初选的方法。

(二)投资报酬率法

投资报酬率法是根据投资方案预期的投资报酬率的高低来评价投资方案优劣的一种方法。它反映了利润与投资额之间的关系。投资报酬率的计算公式为：

$$投资报酬率(ROI) = \frac{年平均净利润}{投资总额} \times 100\%$$

投资者总是希望投资所获得的利润越多越好，因此，投资报酬率越高，表明投资效益越好。

【**例 7-25**】某企业有甲、乙两种方案可供选择，甲方案的投资额为 100,000 元，可以使用 5 年，每年可以获得净利润 20,000 元。B 方案的投资额为 100,000 元，可以使用 4 年，每年可以获得的净利润为：第一年 25,000 元，第二年 30,000 元，第三年 35,000 元，第四年 10,000 元。

要求：计算甲、乙方案的投资报酬率，并进行决策分析。

解：根据有关资料计算如下：

A 方案的投资报酬率=20,000÷100,000×100%=20%

B 方案的投资报酬率=[(25,000+30,000+35,000+10,000)÷4]÷100,000×100%

=25%

答：以上计算结果表明，B方案的投资报酬率高于A方案的。

【例7-26】 甲公司拟购买一台设备，需投资100,000元，使用年限4年，无残值，按使用年限法折旧。投入使用后，每年现金流入量为38,000元。

要求：试计算该投资方案的投资报酬率。

解：已知每年现金流入量，由于无残值收入和垫支流动资金收回，因此，上述现金流入量的内容只包括利润额和折旧费。又知使用年限法折旧，只要计算出每年折旧费，便可计算出每年平均利润额。

(1) 每年折旧费=(100,000-0)÷4=25,000(元)

(2) 每年平均利润额=38,000-25,000=13,000(元)

(3) 投资报酬率=13,000÷100,000×100%=13%

答：该投资方案的投资报酬率为13%。

投资报酬率指标的优点是简单、易于理解和掌握。其主要缺点在于：①没有考虑货币的时间价值；②投资收益中不含折旧，没有完整地反映现金流入量。因此，不能较为客观、准确地对投资方案的投资效益做出判断。鉴于此，采用投资报酬率指标评价投资方案时，最好同时采用其他可以考虑现金净流量和货币时间价值的指标进行综合评价，以便得出更为正确的结论。实际经济工作中，一般是将投资报酬率作为辅助性的指标加以运用。

二、动态分析方法

(一)净现值法

净现值是指在长期投资项目的项目计算期内，按行业基准收益率或其他设定折现率计算的各年净现金流量现值的代数和(记作NPV)，也可表述为投资项目在整个存续期内的现金流入量的总现值与现金流出量的总现值的差额。由于对于任何一个长期投资方案，决策者总是期望未来报酬的总金额比原始投资的金额多，这样才能体现价值的增值，但未来报酬的现金流入量和原始投资的现金流出量发生在不同时期，依据货币时间价值观念，不同时期货币的价值是不相等的，只有将二者统一在同一个时点上(即原始投资的时间)，才能对二者进行对比。用公式表示如下：

净现值NPV的基本公式是：

$$NPV = \sum_{t=0}^{n} \frac{NCF_t}{(1+i)^t} = \sum_{t=0}^{n} [NCF_t \cdot (P/F, i, t)] \tag{7-45}$$

上式用文字表达就是：

$$净现值 = \sum_{t=0}^{n} (第t年净现金流量 \times 第t年的复利现值系数)$$

$$= \sum_{t=0}^{n} 第t年净现金流量的现值 \tag{7-46}$$

所谓净现值法，就是根据一项长期投资方案的净现值是正值还是负值来确定该方案是否可行的决策分析方法。从净现值的计算公式可见，净现值的结果不外三种：正、负和零。净现值为正的方案可行，说明该方案的实际投资报酬率高于投资者的预期投资报酬率；净现值为负的方案不可取，说明该方案的实际投资报酬率低于投资者的预期投资报酬率。其他条件相同，净现值越大的方案越好。

采用净现值指标来评价投资方案，一般有以下步骤：

第一，测定投资方案每年的现金流出量、现金流入量和净现金流量。

第二，确定投资方案的贴现率。

确定的方法是：①以实际可能发生的资本成本为标准，至少不能低于资本成本；②以投资者希望获得的预期投资报酬率为标准，这就可能包括资本成本、投资的风险报酬以及通货膨胀因素等。

第三，按确定的贴现率，分别将每年的净现金流量按复利方法折算成年净现金流量的现值。

第四，求各年净现金流量的现值的代数和，若净现值为正的方案可行，说明该方案的实际投资报酬率高于投资者的预期投资报酬率；若净现值为负的方案不可取，说明该方案的实际投资报酬率低于投资者的预期投资报酬率。

【例 7-27】现有三个投资方案，其有关数据如表 7-7 所示。

表 7-7　各方案的利润与现金流量分布表　　　　　　　　单位：元

期数 项目	方案 A		方案 B		方案 C	
	年净利润	现金净流量	年净利润	现金净流量	年净利润	现金净流量
0		-50,000		-50,000		-50,000
1	4,000	27,000	5,000	17,500	6,000	20,000
2	4,000	27,000	5,000	17,500	5,000	20,000
3			5,000	17,500	4,000	18,000
4			5,000	17,500	3,000	16,000

解：假定贴现率 $i=10\%$，则方案 A、B、C 的净现值为：

净现值(A)=27,000×$(P_A/A,11\%,2)$-50,000
　　　　　=27,000×1.73554-50,000=-3,140.42(元)

净现值(B)=17,500×$(P_A/A,10\%,4)$-50,000
　　　　　=17,500×3.16987-50,000≈5,472.73(元)

净现值(C)=20,000×$(P/F,10\%,1)$+20,000×$(P/F,10\%,2)$+
　　　　　18,000×$(P/F,10\%,3)$+16,000×$(P/F,10\%,4)$-50,000
　　　　　=20,000×0.90909+20,000×0.82645+
　　　　　18,000×0.75131+16,000×0.68301-50,000
　　　　　=9,162.54(元)

答：方案 A 的净现值小于零，说明该方案的投资报酬率小于预定的投资报酬率 10%。如果该项目要求的最低投资报酬率或资本成本率为 10%，则该方案无法给企业带来收益，在进行投资项目决策时,可以放弃该方案。方案 B 和方案 C 的净现值均大于零,表明两个方案皆可取。如果方案 B 和方案 C 为互斥方案,即企业决策者只能在二者中选择一个,则应选择方案 C。

采用净现值指标评价投资方案,有以下优点:①简便易懂,易于掌握;②既考虑了货币的时间价值,又运用了项目计算期的全部现金流量,对投资方案的评价更为客观;③使用比较灵活,尤其是对时期跨度较长的投资项目进行评价时更具灵活性。例如,一个投资项目,有效使用期限 10 年,资本成本率 15%。由于投资项目时间长,风险也较大,所以,投资者决定,在投资项目的有效使用期限 10 年中,前三年期内以 20%折现,第二个三年期内以 25%折现,最后四年期内以 30%折现,以此来体现投资风险。净现值法的不足之处:①它不能揭示各个投资方案可能达到的实际投资报酬率;②净现值是投资方案的现金流入量的现值与现金流出量的现值相减的结果,在投资额不同的几个方案中,仅凭净现值来评价方案的优劣,很难对各方案做出正确的评价,因为在这种情况下,不同方案的净现值实际上是不可比的。

【例 7-28】有两个备选方案,有关资料如表 7-8 所示。

表 7-8 方案相关资料表   单位:元

方案 项目	方案 A	方案 B
所需投资额现值	40,000	4,000
现金流入量现值	45,500	6,500
净现值	5,500	2,500

从净现值的绝对数来看,方案 A 大于方案 B,似乎应采用方案 A;但从投资额来看,方案 A 大大超过方案 B。所以,在这种情况下,如果仅用净现值来判断方案的优劣,就难以做出正确的评价。

(二)净现值率法

净现值率是指投资项目的净现值占原始投资现值总和的百分比指标(记作 NPVR)。计算公式为:

$$净现值率(NPVR) = \frac{净现值}{原始投资现值总和} \times 100\% \qquad (7\text{-}47)$$

$$= \frac{NPV}{\sum_{t=0}^{s} \frac{NCF_t}{(1+i)^t}} \times 100\% \qquad (7\text{-}48)$$

净现值率指标的优点:①与净现值指标相比,净现值率指标可用于进行投资水平不同的多个方案间的比较;②比其他动态相对数指标更好计算。

【例 7-29】依据【例 7-28】资料,要求:对方案 A 和方案 B 进行比较。

解:计算方案 A 和方案 B 的净现值率指标:

方案 A 净现值率(NPVR)=$\dfrac{\text{NPV}}{\left|\sum\limits_{t=0}^{s}\dfrac{\text{NCF}_t}{(1+i)^t}\right|}\times 100\%=\dfrac{5,500}{40,000}\times 100\%=13.75\%$

方案 B 净现值率(NPVR)=$\dfrac{\text{NPV}}{\left|\sum\limits_{t=0}^{s}\dfrac{\text{NCF}_t}{(1+i)^t}\right|}\times 100\%=\dfrac{2,500}{4,000}\times 100\%=62.5\%$

答：计算结果表明，从净现值率指标来看，方案 B 明显优于方案 A，因此应选择方案 B。

(三)获利指数法

获利指数是指投资方案的现金流入量的总现值同现金流出量的总现值之比，用以说明每一元的现金流出量的现值可以获得的现金流入量的现值是多少，亦称现值比率或现值指数。利用获利指数来评价投资方案优劣的方法称为获利指数法。

$$\text{获利指数(PI)}=\dfrac{\text{投资方案各年现金流入量的现值之和}}{\text{投资方案各年现金流出量的现值之和}} \tag{7-49}$$

$$=\dfrac{\sum\limits_{t=0}^{n}[\text{CI}_t\cdot(P/F,i,t)]}{\sum\limits_{t=0}^{n}[\text{CO}_t\cdot(P/F,i,t)]} \tag{7-50}$$

获利指数是一种反映投资回收能力的相对数指标，它消除了投资规模不同的影响，适用性较广泛。其评价的标准是：获利指数大于 1，表明方案可行；各方案相互对比时，获利指数大者为优。

【例 7-30】甲企业向银行借款 100 万元新建一生产流水线，借款年利率为 10%(以此作为贴现率)。该生产流水线可使用 10 年，期满无残值。当期建成并投入使用后，每年可创利润 18 万元。

要求：试用获利指数法评价该方案是否可行。

解：已知每年利润额为 18 万元，无残值收入和流动资金收回，因此，只要计算出每年折旧费，便可计算出每年现金流入量。

(1) 每年折旧费=$\dfrac{100-0}{10}$=10(万元)

(2) 每年现金流入量=每年折旧费+每年利润额
　　　　　　　　=18+10=28(万元)

(3) 现金流入量现值=28×$(P_A/A,10\%,10)$
　　　　　　　　=28×6.14457
　　　　　　　　≈172.05(万元)

(4) 获利指数=$\dfrac{172.05}{100}$=1.7205

答：该投资方案的获利指数为 1.7205，大于 1，因此，该投资方案可行。

【例 7-31】依据例 7-27 中的有关资料为例，求方案 A、B、C 的获利指数。

解：
A 方案获利指数=(50,000-3,140.42)÷50,000≈0.9372
B 方案获利指数=(50,000+5,472.73)÷50,000≈1.1095
C 方案获利指数=(50,000+9,162.54)÷50,000≈1.1833

从上述计算结果可以看出，方案 C 的现值指数最大，其次是方案 B，方案 A 的获利指数最小。由于这三个方案的原始投资额相同，因而其排序同上述净现值法下的是一致的。

获利指数和净现值这两个指标之间存在着内在联系，具体形式如下：

净现值＞0，则获利指数＞1；

净现值=0，则获利指数=1；

净现值＜0，则获利指数＜1。

净现值法和获利指数法在考虑货币时间价值时，都是根据给定的资本成本对投资方案的全部现金流量进行贴现，然后据以对投资方案的优劣做出评价，而且其计算也相对较为简单。但是，这两种方法存在一个共同的缺点，即只能知道未来的投资报酬率低于或高于所使用的贴现比率，而不能明确得出各投资方案的实际投资报酬率。作为理性的投资者，他们往往希望了解投资方案的实际投资报酬率是多少，希望用最小的投资获取最大的投资报酬。因此，我们还需要运用另一种方法来弥补这一缺陷，这就是内含报酬率法。

(四) 内含报酬率法

内含报酬率也称内部收益率，是指用来对投资方案的现金流入量进行贴现，使所得到的总现值恰好等于现金流出量的总现值，从而使净现值等于零的贴现率(IRR)。内含报酬率法则是指根据投资方案的内含报酬率的高低来评价投资方案优劣的一种方法。内含报酬率要满足下列等式：

$$\sum_{t=0}^{n} \frac{NCF_t}{(1+IRR)^t} = 0$$

内含报酬率的具体计算如下：

(1) 当每年的现金净流量相等时，采用一次计算法。

① 根据货币时间价值中的年金现值计算公式可得年金现值系数，即：

$$年金现值系数 = \frac{原始投资总额现值}{投产后每年现金净流量} \tag{7-51}$$

$$= \frac{I}{NCF} \tag{7-52}$$

② 查年金现值系数表，找出与上述年金现值系数相邻近的较小和较大的年金现值系数及其相对应的两个贴现率。

③ 利用插值法求得内含报酬率的近似值。

【例 7-32】A 方案的投资总额为 10 万元，有效期为 10 年，采用直线法计提折旧，无残值收入，项目投产后每年可获得净收益 1.2 万元。

要求：计算该方案的内含报酬率。

解：该项目年折旧额 $= \frac{10-0}{10} = 1$ (万元)

营业现金净流量=净收益+折旧额
=1.2+1=2.2(万元)

$$年金现值系数 = \frac{I}{NCF}$$

$$= \frac{10}{2.2} = 4.54545$$

查年金现值系数表,在第 10 年中,找到与年金现值系数 4.54545 相邻的两个年金现值系数 4.83323 和 4.49409,其相对应的贴现率为 16%和 18%。

$$年金现值系数 \begin{cases} 4.83323 & 16\% \\ 4.54545 & x \\ 4.49409 & 18\% \end{cases} 贴现率$$

∵ $(P_A/A, 16\%, 10) = 4.83323 > 4.54545$

$(P_A/A, 18\%, 10) = 4.49409 < 4.54545$

∴ 16% < IRR < 18%,应用内插值法求 IRR。

$$内含报酬率 IRR = 16\% + \frac{4.83323 - 4.54545}{4.83323 - 4.49409} \times (18\% - 16\%)$$

$$= 17.70\%$$

答:从以上计算可知,该方案的内含报酬率为 17.70%。

(2) 当每年的现金净流量不等时,采用逐次测试法。

① 先估计一个贴现率,按此贴现率计算各年现金流入量的总现值,再将其与现金流出量的总现值(投资总现值)相比较。如果净现值为正,说明投资方案的内含报酬率比估计的贴现率要高,应当重新估计一个较大的贴现率来测算;如果净现值为负,则说明投资方案的内含报酬率比估计的贴现率要低,应当重新估计一个较小的贴现率来测算。这样反复测试,直到找出两个相邻近的贴现率,使净现值一个为正数、一个为负数。

② 根据上述测试出的两个与净现值正负相邻的贴现率,用插值法求得近似的内含报酬率。

【例 7-33】某企业购买一台设备,需一次投入投资 3 万元。该设备估计可使用 5 年,采用直线法计提折旧,期末残值为 0.5 万元。预计该设备投产后第一年可获得净收益 0.2 万元,以后每年递增 0.2 万元。

要求:计算该方案的内含报酬率。

解:根据题意可知每年的折旧额为:

年折旧额=(3-0.5)÷5=0.5(万元)

由于每年的现金流量不等,应采用逐步测试法求内含报酬率,如表 7-9 所示。

第一次测试,利率 20%,净现值为正数,说明估计的利率低了。第二次测试,利率 22%,净现值为正数,但已较接近于零。第三次测试,利率 24%,净现值为负数,也接近于零,因而可以估算,方案的内含报酬率在 22%~24%。

净现值 $\begin{cases} 3.1111 & 22\% \\ 3 & x \\ 2.9588 & 24\% \end{cases}$ 贴现率

$22\% < IRR < 24\%$，应用内插值法求 IRR。

内含报酬率 $IRR = 22\% + \dfrac{3.1111 - 3}{3.1111 - 2.9588} \times (24\% - 22\%)$

$\approx 23.46\%$

表 7-9 逐步测试表　　　　　　　　　　　　　　　　　单位：万元

年次	年现金流入量	贴现率 20%		贴现率 22%		贴现率 24%	
		现值系数	现值	现值系数	现值	现值系数	现值
1	0.7	0.83333	0.5833	0.81967	0.5738	0.80645	0.5645
2	0.9	0.69444	0.6250	0.67186	0.6047	0.65036	0.5853
3	1.1	0.57870	0.6366	0.55071	0.6058	0.52449	0.5769
4	1.3	0.48225	0.6270	0.45140	0.5868	0.42297	0.5499
5	2.0	0.40188	0.8078	0.37000	0.7400	0.34111	0.6822
合计			3.2797		3.1111		2.9588
原投资额			3		3		3
净现值			+0.2797		+0.1111		−0.0412

答：从以上计算可知，该方案的内含报酬率为 23.46%。

采用内含报酬率指标评价投资方案时，内含报酬率越高的方案越好。内含报酬率指标具有以下优点：①能够计算出每个投资方案实际可能达到的投资报酬率，从而弥补了净现值指标和现值指数指标的不足。②内含报酬率与银行利率相似，易于投资人、决策人员和有关人员理解和决策。③内含报酬率指标能够反映货币的时间价值。内含报酬率指标的不足之处是计算比较麻烦，尤其是在每年现金流入量不相同时更是如此。

(五)动态投资回收期法

动态投资回收期，是指以按投资项目的行业基准收益率或设定折现率折现的经营净现金流量补偿原始投资现值所需要的全部时间。通常动态投资回收期只计算包括建设期的回收期(记作 PP'')。

动态投资回收期 PP'' 满足以下关系：

$$\sum_{t=0}^{PP''} \frac{NCF_t}{(1+i)^t} = \sum_{t=0}^{PP''} [NCF_t \cdot (P/F, i, t)] = 0 \qquad (7\text{-}53)$$

上式中：i 是行业基准收益率或设定折现率。

动态投资回收期指标只能利用现金流量表来计算，即在该表下面增设"复利现值系数"栏、"折现的净现金流量"栏和"累计的折现净现金流量"栏。根据动态投资回收期 PP'' 的定义来计算。

【例 7-34】某企业有一固定资产投资项目,在其项目计算期内的年现金净流量如表 7-10 所示。

要求:计算当折现率为 10% 时的动态投资回收期。

表 7-10　各期现金净流量资料表　　　　　　　　　　　　　　　　单位:万元

期数 t	0	1	2	3	4	5	6
现金净流量 NCF_t	−150	0	70	70	70	70	120

解:根据题意计算列表 7-11 如下。

表 7-11　各期折现的现金净流量表　　　　　　　　　　　　　　　单位:万元

期数 t	0	1	2	3	4	5	6
现金净流量 NCF_t	−150	0	70	70	70	70	120
复利现值系数 $(P/F,10\%,t)$	1	0.90909	0.82645	0.75131	0.68301	0.62092	0.56447
折现现金净流量 $NCF_t \cdot (P/F,10\%,t)$	−150	0	57.85	52.59	47.81	43.46	67.74
累计的折现现金净流量 $\sum_{t=0}^{t}[NCF_t \cdot (P/F,i,t)]$	−150	−150	−92.15	−39.56	+8.25	+51.71	+119.45

根据表 7-11 各期折现的现金净流量数据计算动态投资回收期如下:

$$PP'' = 3 + \frac{|-39.56|}{47.81} = 3.83(年)$$

答:当折现率为 10% 时,包括建设期的动态投资回收期为 3.83 年。

【例 7-35】某机械厂准备从甲、乙两种机床中选购一种机床。甲机床进价 4 万元,投产使用后,每年现金流入量为 1 万元;乙机床进价 4.5 万元,投产使用后,每年现金流入量为 1.5 万元。

要求:试用动态投资回收期指标评价该厂应选购哪种机床。

解:根据题意计算动态投资回收期指标如下。

(1) 计算甲机床的动态投资回收期。

$$年金现值系数 = \frac{I}{NCF}$$

$$=\frac{4}{1}=4$$

查"年金现值系数表",当 $i=10\%$ 时,可查得与 4 相邻的两个系数为 3.79079 和 4.35526,其对应的年限分别为 5 年和 6 年。采用插补法计算后求甲机床的动态回收期。

$$年金现值系数\begin{cases} 3.79079 & 5 \\ 4 & x \\ 4.35526 & 6 \end{cases}年$$

$\because (P_A/A, 10\%, 6)=4.35526>4$

$\quad (P_A/A, 10\%, 5)=3.79079<4$

$\therefore 5<PP''<6$,应用内插值法求 PP''。

$$PP''=5+\frac{4-3.79079}{4.35526-3.79079}\times(6-5)$$

$$=5.38(年)$$

(2) 计算乙机床的动态投资回收期。

$$年金现值系数=\frac{I}{NCF}$$

$$=\frac{4.5}{1.5}=3$$

查"年金现值系数表",当 $i=10\%$ 时,可查得与 3 相邻的两个系数为 2.48685 和 3.16987,其对应的年限分别为 3 年和 4 年。采用插补法计算后求乙机床的动态回收期。

$$年金现值系数\begin{cases} 2.48685 & 3 \\ 3 & x \\ 3.16987 & 4 \end{cases}年$$

$\because (P_A/A, 10\%, 4)=3.16987>3$

$\quad (P_A/A, 10\%, 3)=2.48685<3$

$\therefore 3<PP''<4$,应用内插值法求 PP''。

$$PP''=3+\frac{3-2.48685}{3.16987-2.48685}\times(4-3)$$

$$=3.75(年)$$

答:用投资回收期指标评价该厂应选购乙机床。

(六)净现值 NPV、净现值率 NPVR、获利指数 PI 和内部收益率 IRR 之间的关系

净现值 NPV、净现值率 NPVR、获利指数 PI 和内部收益率 IRR 指标不仅都属于动态正指标,而且它们之间存在以下数量关系,即:

当 NPV>0 时,NPVR>0,PI>1,IRR>i;

当 NPV=0 时,NPVR=0,PI=1,IRR=i;

当 NPV<0 时,NPVR<0,PI<1,IRR<i。

此外，净现值率 NPVR 的计算需要在已知净现值 NPV 的基础上进行，内部收益率 IRR 在计算时也需要利用净现值 NPV 的计算技巧或形式。这些指标都受建设期的长短、投资方式以及各年净现金流量的数量特征的影响。所不同的是 NPV 为绝对量指标，其余为相对数指标，计算净现值 NPV、净现值率 NPVR 和获利指数 PI 所依据的折现率都是事先已知的 i，而内部收益率 IRR 的计算本身与 i 的高低无关。

第四节　运用不同指标对方案的评价问题

长期投资方案评价指标是评价长期投资方案优劣的量化指标。由于每项指标都有各自的计算方法，考虑的因素、收集的资料以及运用的范围等各不相同，因此，在运用这些指标对方案进行评价时，就要根据不同的情况，做出符合实际的评价，从而得出正确的评价结论。

一、单一投资项目的评价

在只有一个投资项目可供评价的条件下，需要利用评价指标考查该独立项目是否具有财务可行性，从而对该方案的优劣做出评价。例如，当有关正指标大于或等于某些特定数值，反指标小于特定数值时，则该项目具有财务可行性；反之，则不具备财务可行性。具体地说，如果某一项目的净现值和净现值率大于或等于零，现值指数大于或等于1，内含报酬率大于或等于预期投资报酬率，回收期大于或等于预计回收期等，则可判定该投资项目具备财务可行性，可采纳该投资方案；反之，则不具备财务可行性，应当拒绝采纳。

需要说明的是，由于长期投资方案评价指标分为考虑货币时间价值的动态指标和不考虑货币时间价值的静态指标，因此，可能出现某投资方案的动态指标评价结论与静态指标评价结论发生矛盾的情况。如果出现这种情况，则应充分考虑动态指标的评价结论。

二、多个互斥方案的评价与选择

所谓互斥方案是指多个相互排斥、不能同时并存的方案。这些方案，均是已经具备财务可行性的投资方案，再利用长期投资方案评价指标，从各个备选方案中最终选出一个最优方案。根据方案投资额是否相等划分，又分为原始投资额相等和不相等两类多个互斥方案的评价与选择。

(一)原始投资额相等的多个互斥方案的评价与选择

原始投资额相等的多个互斥方案的评价，可以先计算出每个方案的有关动态指标和静态指标。其中动态指标可以以净现值和内含报酬率为主要参考因素，静态指标以静态回收期为主要参考因素，来对各个方案进行评价。因为净现值和内含报酬率等动态指标均为在一定范围内越大越好的正指标，所以评价时应选择正指标最大的方案；静态回收期指标是在一定范围内越小越好的指标,所以评价时应选择指标最小的方案。在动态指标评价结论与静态指标评价结论发生矛盾时,仍应以动态指标评价结论为主要评价标准,再辅之以静态指标评价结论作为参考。

(二)原始投资额不相等的多个互斥方案的评价与选择

原始投资额不相等的多个互斥方案的评价,应以专门用来评价这类投资方案的动态指标为主来进行评价。这些指标主要是现值指数和内含报酬率,尤其是现值指数指标,它是反映投资方案未来现金流入量现值与投资额现值之间比率的一项指标,因此,现值指数指标应当是评价原始投资额不相等的多个互斥方案的主要指标。同时,也可以辅之以内含报酬率指标和回收期指标(包括静态投资回收期和动态投资回收期)等作为参考指标。

三、投资项目评价方法运用实例

【例 7-36】某化工企业生产一种尿素,目前该产品在市场上供不应求,但以该企业现有的生产设备不能满足大量增产的需要,故该企业管理层拟购买一套新的生产设备,其购买价为 1,500 万元,安装费及运输费共计 100 万元。假设该设备的使用寿命为 10 年,期满后残值为 200 万元,每年可生产尿素 1 万吨,尿素的边际贡献为 400 元/吨。假设未来 10 年内产销平衡,如果该厂规定该方案的投资报酬率为 10%。

要求:用净现值法评价该投资方案是否可行。

解:根据题意计算该投资方案的净现值指标如下:

$$NPV = \sum_{t=0}^{n} \frac{NCF_t}{(1+i)^t} = \sum_{t=0}^{n} [NCF_t \cdot (P/F, i, t)]$$

$$= -(1,500+100)+(1\times400) \cdot (P_A/A,10\%,10)+200\times(P/F,10\%,10)$$

$$= -1,600+400\times6.145+200\times0.386$$

$$= 935.2(万元)$$

答:以上计算结果表明,通过购置该项设备可以为该企业带来经济效益 935.2 万元,因此该企业可以购买这套新的生产设备。

【例 7-37】某电子厂计划添置一条生产线,现有两个可供选择的方案:一是外购买一条旧的生产线;二是自行新建。详细资料如下。

如果购买旧生产线,买价为 280 万元,并且在购入时急需进行一次大修,修理费用为 20 万元。预计第三年年末还需大修一次,估计大修成本为 10 万元。估计该生产线的使用年限为 5 年,期满后残值为 20 万元,每年的维护费为 10 万元。

如果自行新建,购价为 320 万元,使用年限为 5 年。预计新建的生产线在第四年年末需大修一次,估计大修成本为 8 万元。期满后残值为 20 万元,每年的维护费为 5 万元。该企业要求的投资报酬率为 10%。

要求:对上述两种方案进行决策评价。

解:根据题意计算两方案净现值指标如下。

(1) 计算自行新建生产线与购买旧生产线的原始投资额的差额。
原始投资额的差额=320-(280+20)=20(万元)
(2)计算上述两个投资方案的大修成本的现值。

新建生产线的大修成本的现值=8×(P/F,10%,4)
$$=8×0.68301$$
$$≈5.46(万元)$$
购买旧生产线的大修成本的现值=20×(P/F,10%,3)
$$=20×0.75131$$
$$≈15.03(万元)$$
大修成本的现值差额=5.46-15.03=-9.57(万元)
(3) 自行新建生产线的年维护费的节约可以视同一项现金流入，其现值为：
节约年维护费的现值=(10-5)×$(P_A/A,10\%,5)$
$$=5×3.79079$$
$$≈18.95(万元)$$
(4) 因为两个方案的期末残值相等，故可以忽略不计。
所以，新建生产线增加的净现值=(18.95+9.57)-20=+8.52(万元)
答：某电子厂自行新建生产线的方案所产生的净现值比购买旧生产线的方案所产生的净现值高8.52万元，故该企业选择自行新建生产线在经济上是可行的。

【例7-38】某乳制品厂准备开发一种新乳制品，估计新产品行销期为6年，在固定资产上投资180万元，在流动资产上投资10万元，预计年产销量为2.5万件，预计新产品的单位售价为50元，单位产品成本为35元，设备期满后残值为10万元。假定该企业要求的最低投资报酬率为16%，该企业适用的所得税率为25%。

要求：用净现值法和内含报酬率法对该企业开发新产品的方案进行决策分析。

解：根据题意可知：
生产新产品的年税前利润=2.5×(50-35)=37.5(万元)
年税后净利=37.5×(1-25%)≈28.13(万元)
固定资产年折旧额=$\frac{180-10}{6}$≈28.33(万元)
营业现金净流量=28.13+28.33=56.46(万元)

(1) 采用净现值法进行分析。

$$净现值\ NPV = \sum_{t=0}^{n}\frac{NCF_t}{(1+i)^t} = \sum_{t=0}^{n}[NCF_t•(P/F,i,t)]$$
$$=-(180+10)+56.46×(P_A/A,16\%,6)+(10+10)×(P/F,16\%,6)$$
$$=-190+56.46×3.68474+20×0.41044$$
$$=+26.25(万元)$$

(2) 采用内含报酬率法进行分析。

由于各年的现金净流量不等，所以只能采用逐次测试法计算内含报酬率。先假定初始贴现率为22%，计算其净现值：

净现值 $NPV = \sum_{t=0}^{n} \dfrac{NCF_t}{(1+i)^t} = \sum_{t=0}^{n}[NCF_t \cdot (P/F,i,t)]$

$= -(180+10)+56.46\times(P_A/A,22\%,6)+(10+10)\times(P/F,22\%,6)$

$= -190+56.46\times3.16692+20\times0.30328$

$= -5.13(万元)$

由于计算出的净现值为负数，表明方案本身的投资报酬率低于22%，应按较低的贴现率进一步贴现。当贴现率为20%时，计算净现值：

净现值 $NPV = \sum_{t=0}^{n} \dfrac{NCF_t}{(1+i)^t} = \sum_{t=0}^{n}[NCF_t \cdot (P/F,i,t)]$

$= -(180+10)+56.46\times(P_A/A,20\%,6)+(10+10)\times(P/F,20\%,6)$

$= -190+56.46\times3.32551+20\times0.33490$

$= +4.46(万元)$

在第一次测试，利率22%，净现值为-5.13万元，说明估计的利率高了。第二次测试，利率20%，净现值为+4.46万元，两次测试都较接近于零，因而可以估算，方案的内含报酬率在20%至22%之间。利用内插值法计算内含报酬率。

净现值 $\begin{cases} -5.13 & 22\% \\ 0 & IRR \\ +4.46 & 20\% \end{cases}$ 贴现率

20%＜ IRR ＜22%，应用内插值法求 IRR。

内含报酬率 $IRR = 20\% + \dfrac{4.46}{4.46-(-5.13)} \times (22\%-20\%)$

$\approx 20.93\%$

答：从以上计算可知，由于该方案的净现值大于零，内含报酬率大于所要求的最低报酬率，因此，该方案是可行的。

【例7-39】 某矿山机械厂为了生产采掘机产品，每年需要 A 零件 2 万件，外购价为每件 35 元，采掘机产品估计可以行销 6 年以上。如果自制，则需投资 100 万元购置专用设备，6 年后设备残值为 5 万元。另外，还需垫支流动资金 10 万元。自制单位变动成本为 12 元，每年需增加固定制造费用(不包括设备折旧)5 万元，资本成本为 10%，所得税税率为 25%。

要求：对该厂是否应购置设备自制半成品进行决策分析。

解： 自制需增加投资=100+10=110(万元)

自制增加的现金流入量的总现值为：

购置设备年折旧费=(100-5)÷6≈15.83(万元)

自制年成本=12×2+5+15.83

　　　　　　=44.83(万元)

年外购成本=35×2=70(万元)

自制较外购增加的年营业现金净流量=(70-44.83)×(1-25%)+15.83≈34.71(万元)

自制较外购增加净现值=-110+34.71×$(P_A/A,10\%,6)$+(10+5)×$(P/F,10\%,6)$

　　　　　　　　　　=-110+34.71×4.35526+15×0.56447

≈49.64(万元)

答：由以上计算可知，购置设备自制半成品与外购半成品相比，购置设备自制半成品的净现值大于零，说明购置设备自制半成品优于外购半成品。

【例7-40】 某通用机器厂于一年前购置了一台普通机床。该设备的原价为20万元，估计还可以使用10年，期满后残值为0.5万元。原制造商最近又向该企业推销一种数控机床，售价为30万元。该企业若购进数控机床，可以使年总收入从原来的50万元增加到70万元，但每年的付现成本也将从原来的40元增加到55元。该新设备的使用寿命为10年，期满后残值为1万元。

目前该企业原有设备的账面价值为18.2元(已提折旧1.8元)。若该企业购买新设备，制造商可以将原来设备作价5万元(以旧换新)。该企业考虑使用新设备的风险较大，在计算、分析时要求投资报酬率必须达到20%。

要求：用净现值法对该企业是"继续用旧"还是"售旧购新"做出评价(为简化核算，本例不考虑所得税的影响)。

解：(1) 如果采用"继续用旧"方案。

每年的营业现金净流入量=50-40=10(万元)

第10年残值=0.5(万元)

准备投资额=5(万元)

$$\text{净现值 NPV} = \sum_{t=0}^{n} \frac{\text{NCF}_t}{(1+i)^t} = \sum_{t=0}^{n} [\text{NCF}_t \cdot (P/F, i, t)]$$

=-5+10×(P_A/A,20%,10)+0.5×(P/F,20%,10)

=-5+10×4.19247+0.5×0.16151

=+37.01(万元)

(2) 如果采用"售旧购新"方案。

每年的营业现金净流入量=70-55=15(万元)

第10年残值=1(万元)

准备投资额=30(万元)

$$\text{净现值 NPV} = \sum_{t=0}^{n} \frac{\text{NCF}_t}{(1+i)^t} = \sum_{t=0}^{n} [\text{NCF}_t \cdot (P/F, i, t)]$$

=-30+15×(P_A/A,20%,10)+1×(P/F,20%,10)

=-30+15×4.19247+1×0.16151

=+33.05(万元)

答：由以上计算结果可知："继续用旧"方案净现值比"售旧购新"方案的净现值大3.96(37.01-33.05)万元，因此，该企业应该选择"继续用旧"方案。

在本例中，有一个特别之处在于，新旧设备的未来使用年限相同，因而既可以采用净现值法进行分析、判断，也可以将净现值法与差量分析结合起来进行决策。

沿用上例中的资料，可以编制差量分析表，如表7-12所示。

表 7-12 差量分析表   单位：万元

摘　要	售旧购新	继续用旧	差　量
设备投资额	30	5	25
年销售收入	70	50	20
年付现成本	55	40	15
设备残值	1	0.5	0.5

差量现金流入量现值 $=(20-15)\times(P_A/A,20\%,10)+(1-0.5)\times(P/F,20\%,10)$
　　　　　　　　　$=5\times 4.19247+0.5\times 0.16151$
　　　　　　　　　$=+21.04(万元)$
差量现金流出量现值 $=30-5=25(万元)$
差量净现值 $=+21.04-25=-3.96(万元)$

答：上述计算分析结果表明，使用该方法所得出的结论与使用净现值法所得出的结论完全相同，证明该企业应该选择"继续用旧"方案更有利的。

【例 7-41】昌华化工公司有甲、乙两个固定资产的投资方案，甲方案需要一次性投资 200,000 元，预期有效使用寿命为三年，期末残值收入为 20,000 元；乙方案一次性投资 150,000 元，预计有效使用寿命也是三年，期末残值为 15,000 元，假定本公司资金成本为 10%。两方案的每年营业现金净流量如表 7-13 所示。

表 7-13 每年营业现金净流量表   单位：元

年　份	甲方案			乙方案		
	净　利	折　旧	NCF	净　利	折　旧	NCF
1	40,000	60,000	100,000	35,000	45,000	80,000
2	26,000	60,000	86,000	25,000	45,000	70,000
3	10,000	60,000	70,000	15,000	45,000	60,000
合计	76,000	180,000	256,000	75,000	135,000	210,000

要求：计算两方案的净现值、净现值率和获利指数，并对两方案的可行性进行决策分析。

解：由于甲、乙两方案的每年营业现金净流量不等，故只能按复利逐一折现，然后合计求出营业现金流量的总现值，同时把期末的残值折现，就可以求出未来报酬的总现值，再求净现值、净现值率和获利指数指标，并对两方案的可行性进行决策分析。如表 7-14～表 7-16 所示。

表 7-14 甲方案营业现金净流量折现计算表   单位：元

年　次	各年的 NCF	复利现值系数	现　值
1	100,000	0.909	90,900
2	86,000	0.826	71,036
3	70,000	0.751	52,570
合计	256,000	—	214,506

第三年残值收入的现值=残值收入×复利现值系数=20,000×0.751=15,021(元)
甲方案未来报酬的总现值=营业现金净流量现值+残值收入现值
$$=214,506+15,021=229,527(元)$$
净现值(NPV)=未来报酬的总现值-原投资总额=229,527-200,000=29,527(元)

净现值率(NPVR)=$\dfrac{净现值}{原始投资现值总和}\times100\%=\dfrac{29,527}{200,000}\times100\%=14.76\%$

获利指数(PI)=$\dfrac{投产后各年净现金流量的现值合计}{原始投资的现值合计}=\dfrac{229,527}{200,000}=1.1476$

表 7-15　乙方案营业现金净流量折现计算表

年　次	各年的 NCF	复利现值系数	现　值
1	80,000 元	0.909	72,720 元
2	70,000 元	0.826	57,820 元
3	60,000 元	0.751	45,060 元
合计	210,000 元	—	175,600 元

第三年残值收入的现值=残值收入×复利现值系数=15,000×0.751=11,265(元)
乙方案未来报酬的总现值=营业现金净流量现值+残值收入现值
$$=175,600+11,265=186,865(元)$$
净现值(NPV)=未来报酬的总现值-原投资总额=186,865-150,000=36,865(元)

净现值率(NPVR)=$\dfrac{净现值}{原始投资现值总和}\times100\%=\dfrac{36,865}{150,000}\times100\%=24.46\%$

获利指数(PI)=$\dfrac{投产后各年净现金流量的现值合计}{原始投资的现值合计}=\dfrac{186,865}{150,000}=1.2458$

表 7-16　两方案评价指标对比表

方　案	净现值(NPV)	净现值率(NPVR)	获利指数(PI)	最优方案
甲方案	29,527 元	14.76%	1.1476	
乙方案	36,865 元	24.46%	1.2458	优选

答：通过上述对比，乙方案三个指标都优于甲方案，因此乙方案为最优方案。

【例 7-42】众和化工公司计划投资 510,000 元，购置一条生产线，预计有效使用年限 10 年，期末残值 30,000 元，该生产线投产后，每年可获净利 72,000 元，该公司要求投资报酬率(ROI)在 12%以上、净现值(NPV)为正数、内部收益率(IRR)在 15%以上、包括建设期的动态投资回收期在 6 年内。本公司资金成本率为 10%。

要求：计算该投资的投资报酬率(ROI)、净现值(NPV)、内含报酬率(IRR)、包括建设期的动态投资回收期指标，并对该投资方案的可行性进行决策分析。

解：年折旧额=$\dfrac{固定资产原值-净残值}{使用年限}=\dfrac{510,000-30,000}{10}=48,000(元)$

前 9 年的营业现金净流量 NCF=72,000+48,000=120,000(元)

第 10 年现金净流量 NCF=120,000+30,000=150,000(元)

(1) 投资报酬率(ROI) = $\dfrac{\text{年平均净利润}}{\text{投资总额}} \times 100\% = \dfrac{72,000}{510,000} \times 100\% \approx 14.12\%$

(2) 净现值(NPV)=未来报酬的总现值-原投资总额

$= 120,000 \times (P_A/A, 10\%, 9) + 150,000 \times (P/F, 10\%, 10) - 510,000$

$= 120,000 \times 5.75902 + 150,000 \times 0.38544 - 510,000$

$= +238,898.40(元)$

(3) 内含报酬率(IRR)的计算。

由于各年的现金净流量不等，所以只能采用逐次测试法计算内含报酬率。先假定初始贴现率为 20%，计算其净现值：

净现值(NPV)=未来报酬的总现值-原投资总额

$= 120,000 \times (P_A/A, 20\%, 9) + 150,000 \times (P/F, 20\%, 10) - 510,000$

$= 120,000 \times 4.03097 + 150,000 \times 0.16151 - 510,000$

$= -2,057.10(元)$

由于计算出的净现值为负数，表明方案本身的投资报酬率低于 20%，应按较低的贴现率进一步贴现。

当贴现率为 18%时，计算净现值：

净现值(NPV)=未来报酬的总现值-原投资总额

$= 120,000 \times (P_A/A, 18\%, 9) + 150,000 \times (P/F, 18\%, 10) - 510,000$

$= 120,000 \times 4.30302 + 150,000 \times 0.19106 - 510,000$

$= +35,021.40(元)$

在第一次测试，利率 20%，净现值为-2,057.10 元，说明估计的利率高了。第二次测试，利率 18%，净现值为+35,021.40 元，两次测试都较接近于零，因而可以估算，方案的内含报酬率在 18%至 20%之间。利用插值法计算内含报酬率。

净现值 $\begin{bmatrix} -2,057.10 & 20\% \\ 0 & IRR \\ +35,021.40 & 18\% \end{bmatrix}$ 贴现率

18%＜ IRR ＜20%，应用内插值法求 IRR。

内含报酬率(IRR) $= 18\% + \dfrac{35,021.40}{35,021.40 - (-2,057.10)} \times (20\% - 18\%)$

$\approx 19.89\%$

(4) 包括建设期的动态投资回收期(PP″)的计算。

年金现值系数 $= \dfrac{I}{NCF}$

$= \dfrac{510,000}{120,000} = 4.25$

查"年金现值系数表",当 $i=10\%$ 时,可查得与 4.25 相邻的两个系数为 3.79079 和 4.35526,其对应的年限分别为 5 年和 6 年。采用内插补法计算后求该生产线的动态回收期。

$$\text{年金现值系数}\begin{cases} 3.79079 & 5 \\ 4.25 & x \\ 4.35526 & 6 \end{cases} \text{年}$$

∵ $(P_A/A, 10\%, 6) = 4.35526 > 4.25$

$(P_A/A, 10\%, 5) = 3.79079 < 4.25$

∴ $5 < PP'' < 6$,应用内插值法求 PP''。

$$PP'' = 5 + \frac{4.25 - 3.79079}{4.35526 - 3.79079} \times (6-5)$$

$$\approx 5.81(\text{年})$$

上述计算结果及购置生产线方案评价指标对比如表 7-17 所示。

表 7-17 购置生产线方案评价指标对比表　　　　　　　　　　单位:元

评价指标	设定标准	方案指标	评价
投资报酬率(ROI)	12%	14.12%	优
净现值(NPV)	正数	+238,898.40	优
内含报酬率(IRR)	15%	19.89%	优
包括建设期的动态投资回收期(PP'')	6 年	5.81 年	优

答:通过上述对比,购置生产线方案的四个指标均为优,因此该投资项目可行。

本 章 小 结

长期投资是指不准备随时变现、持有时间在一年以上的有价证券以及超过一年的其他投资。企业长期投资可归纳出以下几个特点:效益回收期长、资金耗用量大、投资风险大。

长期投资决策是指对各种长期投资方案进行分析、评价,最终确定一个最佳投资方案的过程。通常包含两层含义:一是在存在几个投资项目可供选择时,对不同投资项目进行比较,从中选出经济效益较佳的项目;二是对已选定的投资项目的各种实施方案进行比较,从中选出经济效益等各方面都最佳的实施方案。长期投资决策具有以下几个特点:它是企业的战略性决策,决策者通常是企业高层管理人员,要考虑货币的时间价值。

进行长期投资决策需要考虑的因素较多,包括宏观的和微观的,其中影响长期投资决策的财务重要因素归纳起来主要有四个:货币时间价值、现金流量、资本成本和投资风险价值。

长期投资决策是对各个可行方案进行分析和评价,并从中选择最优方案的过程。企业在进行长期投资决策时，必须对各备选方案的经济效益进行评价，择其有利者而行之，这就需要采用一定的评价方法。这些方法，按其是否考虑货币时间价值可以分为静态分析方法与动态分析方法两大类。

长期投资方案评价指标是评价长期投资方案优劣的量化指标。由于每项指标都有各自的计算方法，考虑的因素、收集的资料以及运用的范围等各不相同，因此，在运用这些指标对方案进行评价时，就要根据不同的情况，做出符合实际的评价，从而得出正确的评价结论。

附表一 一元复利终值系数表

n	1%	2%	3%	4%	5%	6%	7%	8%
1	1.0100	1.0200	1.0300	1.0400	1.0500	1.0600	1.0700	1.0800
2	1.0201	1.0404	1.0609	1.0816	1.1025	1.1236	1.1449	1.1664
3	1.0303	1.0612	1.0927	1.1249	1.1576	1.1910	1.2250	1.2597
4	1.0406	1.0824	1.1255	1.1699	1.2155	1.2625	1.3108	1.3605
5	1.0510	1.1041	1.1593	1.2167	1.2763	1.3382	1.4026	1.4693
6	1.0615	1.1262	1.1941	1.2653	1.3401	1.4185	1.5007	1.5869
7	1.0721	1.1487	1.2299	1.3159	1.4071	1.5036	1.6058	1.7138
8	1.0829	1.1717	1.2668	1.3686	1.4775	1.5938	1.7182	1.8509
9	1.0937	1.1951	1.3048	1.4233	1.5513	1.6895	1.8385	1.9990
10	1.1046	1.2190	1.3439	1.4802	1.6289	1.7908	1.9672	2.1589
11	1.1157	1.2434	1.3842	1.5395	1.7103	1.8983	2.1049	2.3316
12	1.1268	1.2682	1.4258	1.6010	1.7959	2.0122	2.2522	2.5182
13	1.1381	1.2936	1.4685	1.6651	1.8856	2.1329	2.4098	2.7196
14	1.1495	1.3195	1.5126	1.7317	1.9799	2.2609	2.5785	2.9372
15	1.1610	1.3459	1.5580	1.8009	2.0789	2.3966	2.7590	3.1722
16	1.1726	1.3728	1.6047	1.8730	2.1829	2.5404	2.9522	3.4259
17	1.1843	1.4002	1.6528	1.9479	2.2920	2.6928	3.1588	3.7000
18	1.1961	1.4282	1.7024	2.0258	2.4066	2.8543	3.3799	3.9960
19	1.2081	1.4568	1.7535	2.1068	2.5270	3.0256	3.6165	4.3157
20	1.2202	1.4859	1.8061	2.1911	2.6533	3.2071	3.8697	4.6610
25	1.2824	1.6406	2.0938	2.6658	3.3864	4.2919	5.4274	6.8485
30	1.3478	1.8114	2.4273	3.2434	4.3219	5.7435	7.6123	10.0627

续表

n	9%	10%	12%	14%	15%	16%	18%	20%
1	1.0900	1.1000	1.1200	1.1400	1.1500	1.1600	1.1800	1.2000
2	1.1881	1.2100	1.2544	1.2996	1.3225	1.3456	1.3924	1.4400
3	1.2950	1.3310	1.4049	1.4815	1.5209	1.5609	1.6430	1.7280
4	1.4116	1.4641	1.5735	1.6890	1.7490	1.8106	1.9388	2.0736
5	1.5386	1.6105	1.7623	1.9254	2.0114	2.1003	2.2878	2.4883
6	1.6771	1.7716	1.9738	2.1950	2.3131	2.4364	2.6996	2.9860
7	1.8280	1.9487	2.2107	2.5023	2.6600	2.8262	3.1855	3.5832
8	1.9926	2.1436	2.4760	2.8526	3.0590	3.2784	3.7589	4.2998
9	2.1719	2.3579	2.7731	3.2519	3.5179	3.8030	4.4355	5.1598
10	2.3674	2.5937	3.1058	3.7072	4.0456	4.4114	5.2338	6.1917
11	2.5804	2.8531	3.4785	4.2262	4.6524	5.1173	6.1759	7.4301
12	2.8127	3.1384	3.8960	4.8179	5.3503	5.9360	7.2876	8.9161
13	3.0658	3.4523	4.3635	5.4924	6.1528	6.8858	8.5994	10.6993
14	3.3417	3.7975	4.8871	6.2613	7.0757	7.9875	10.1472	12.8392
15	3.6425	4.1772	5.4736	7.1379	8.1371	9.2655	11.9737	15.4070
16	3.9703	4.5950	6.1304	8.1372	9.3576	10.7480	14.1290	18.4884
17	4.3276	5.0545	6.8660	9.2765	10.7613	12.4677	16.6722	22.1861
18	4.7171	5.5599	7.6900	10.5752	12.3755	14.4625	19.6733	26.6233
19	5.1417	6.1159	8.6128	12.0557	14.2318	16.7765	23.2144	31.9480
20	5.6044	6.7275	9.6463	13.7435	16.3665	19.4608	27.3930	38.3376
25	8.6231	10.8347	17.0001	26.4619	32.9190	40.8742	62.6686	95.3962
30	13.2677	17.4494	29.9599	50.9502	66.2118	85.8499	143.371	237.376

续表

n	24%	28%	32%	36%	40%	50%
1	1.2400	1.2800	1.3200	1.3600	1.4000	1.5000
2	1.5376	1.6384	1.7424	1.8496	1.9600	2.2500
3	1.9066	2.0972	2.3000	2.5155	2.7440	3.3750
4	2.3642	2.6844	3.0360	3.4210	3.8416	5.0625
5	2.9316	3.4360	4.0075	4.6526	5.3782	7.5938
6	3.6352	4.3980	5.2899	6.3275	7.5295	11.3906
7	4.5077	5.6295	6.9826	8.6054	10.5414	17.0859
8	5.5895	7.2058	9.2170	11.7034	14.7579	25.6289
9	6.9310	9.2234	12.1665	15.9166	20.6610	38.4434
10	8.5944	11.8059	16.0598	21.6466	28.9255	57.6650
11	10.6571	15.1116	21.1989	29.4393	40.4957	86.4976
12	13.2148	19.3428	27.9825	40.0375	56.6939	129.7463
13	16.3863	24.7588	36.9370	54.4510	79.3715	194.6195
14	20.3191	31.6913	48.7568	74.0534	111.1201	291.9293
15	25.1956	40.5648	64.3590	100.7126	155.5681	437.8939
16	31.2426	51.9230	84.9538	136.9691	217.7953	656.8408
17	38.7408	66.4614	112.1390	186.2779	304.9135	985.2613
18	48.0386	85.0706	148.0235	253.3380	426.8789	1477.892
19	59.5679	108.8904	195.3911	344.5397	597.6304	2216.838
20	73.8641	139.3797	257.9162	468.5740	836.6826	3325.257
25	216.5420	478.9049	1033.590	2180.081	4499.880	25251.2
30	634.8199	1645.505	4142.075	10143.02	24201.43	191751

附表二 一元复利现值系数表

n	1%	2%	3%	4%	5%	6%	7%	8%
1	0.9901	0.9804	0.9709	0.9615	0.9524	0.9434	0.9346	0.9259
2	0.9803	0.9612	0.9426	0.9246	0.9070	0.8900	0.8734	0.8573
3	0.9706	0.9423	0.9151	0.8890	0.8638	0.8396	0.8163	0.7938
4	0.9610	0.9238	0.8885	0.8548	0.8227	0.7921	0.7629	0.7350
5	0.9515	0.9057	0.8626	0.8219	0.7835	0.7473	0.7130	0.6806
6	0.9420	0.8880	0.8375	0.7903	0.7462	0.7050	0.6663	0.6302
7	0.9327	0.8706	0.8131	0.7599	0.7107	0.6651	0.6227	0.5835
8	0.9235	0.8535	0.7894	0.7307	0.6768	0.6274	0.5820	0.5403
9	0.9143	0.8368	0.7664	0.7026	0.6446	0.5919	0.5439	0.5002
10	0.9053	0.8203	0.7441	0.6756	0.6139	0.5584	0.5083	0.4632
11	0.8963	0.8043	0.7224	0.6496	0.5847	0.5268	0.4751	0.4289
12	0.8874	0.7885	0.7014	0.6246	0.5568	0.4970	0.4440	0.3971
13	0.8787	0.7730	0.6810	0.6006	0.5303	0.4688	0.4150	0.3677
14	0.8700	0.7579	0.6611	0.5775	0.5051	0.4423	0.3878	0.3405
15	0.8613	0.7430	0.6419	0.5553	0.4810	0.4173	0.3624	0.3152
16	0.8528	0.7284	0.6232	0.5339	0.4581	0.3936	0.3387	0.2919
17	0.8444	0.7142	0.6050	0.5134	0.4363	0.3714	0.3166	0.2703
18	0.8360	0.7002	0.5874	0.4936	0.4155	0.3503	0.2959	0.2502
19	0.8277	0.6864	0.5703	0.4746	0.3957	0.3305	0.2765	0.2317
20	0.8195	0.6730	0.5537	0.4564	0.3769	0.3118	0.2584	0.2145
25	0.7798	0.6095	0.4776	0.3751	0.2953	0.2330	0.1842	0.1460
30	0.7419	0.5521	0.4120	0.3083	0.2314	0.1741	0.1314	0.0994

附表二 一元复利现值系数表

续表

n	9%	10%	12%	14%	15%	16%	18%	20%
1	0.9174	0.9091	0.8929	0.8772	0.8696	0.8621	0.8475	0.8333
2	0.8417	0.8264	0.7972	0.7695	0.7561	0.7432	0.7182	0.6944
3	0.7722	0.7513	0.7118	0.6750	0.6575	0.6407	0.6086	0.5787
4	0.7084	0.6830	0.6355	0.5921	0.5718	0.5523	0.5158	0.4823
5	0.6499	0.6209	0.5674	0.5194	0.4972	0.4761	0.4371	0.4019
6	0.5963	0.5645	0.5066	0.4556	0.4323	0.4104	0.3704	0.3349
7	0.5470	0.5132	0.4523	0.3996	0.3759	0.3538	0.3139	0.2791
8	0.5019	0.4665	0.4039	0.3506	0.3269	0.3050	0.2660	0.2326
9	0.4604	0.4241	0.3606	0.3075	0.2843	0.2630	0.2255	0.1938
10	0.4224	0.3855	0.3220	0.2697	0.2472	0.2267	0.1911	0.1615
11	0.3875	0.3505	0.2875	0.2366	0.2149	0.1954	0.1619	0.1346
12	0.3555	0.3186	0.2567	0.2076	0.1869	0.1685	0.1372	0.1122
13	0.3262	0.2897	0.2292	0.1821	0.1625	0.1452	0.1163	0.0935
14	0.2992	0.2633	0.2046	0.1597	0.1413	0.1252	0.0985	0.0779
15	0.2745	0.2394	0.1827	0.1401	0.1229	0.1079	0.0835	0.0649
16	0.2519	0.2176	0.1631	0.1229	0.1069	0.0930	0.0708	0.0541
17	0.2311	0.1978	0.1456	0.1078	0.0929	0.0802	0.0600	0.0451
18	0.2120	0.1799	0.1300	0.0946	0.0808	0.0691	0.0508	0.0376
19	0.1945	0.1635	0.1161	0.0829	0.0703	0.0596	0.0431	0.0313
20	0.1784	0.1486	0.1037	0.0728	0.0611	0.0514	0.0365	0.0261
25	0.1160	0.0923	0.0588	0.0378	0.0304	0.0245	0.0160	0.0105
30	0.0754	0.0573	0.0334	0.0196	0.0151	0.0116	0.0070	0.0042

续表

n	24%	28%	32%	36%	40%	50%
1	0.8065	0.7813	0.7576	0.7353	0.7143	0.6667
2	0.6504	0.6104	0.5739	0.5407	0.5102	0.4444
3	0.5245	0.4768	0.4348	0.3975	0.3644	0.2963
4	0.4230	0.3725	0.3294	0.2923	0.2603	0.1975
5	0.3411	0.2910	0.2495	0.2149	0.1859	0.1317
6	0.2751	0.2274	0.1890	0.1580	0.1328	0.0878
7	0.2218	0.1776	0.1432	0.1162	0.0949	0.0585
8	0.1789	0.1388	0.1085	0.0854	0.0678	0.0390
9	0.1443	0.1084	0.0822	0.0628	0.0484	0.0260
10	0.1164	0.0847	0.0623	0.0462	0.0346	0.0173
11	0.0938	0.0662	0.0472	0.0340	0.0247	0.0116
12	0.0757	0.0517	0.0357	0.0250	0.0176	0.0077
13	0.0610	0.0404	0.0271	0.0184	0.0126	0.0051
14	0.0492	0.0316	0.0205	0.0135	0.0090	0.0034
15	0.0397	0.0247	0.0155	0.0099	0.0064	0.0023
16	0.0320	0.0193	0.0118	0.0073	0.0046	0.0015
17	0.0258	0.0150	0.0089	0.0054	0.0033	0.0010
18	0.0208	0.0118	0.0068	0.0039	0.0023	0.0007
19	0.0168	0.0092	0.0051	0.0029	0.0017	0.0005
20	0.0135	0.0072	0.0039	0.0021	0.0012	0.0003
25	0.0046	0.0021	0.0010	0.0005	0.0002	0.0000
30	0.0016	0.0006	0.0002	0.0001	0.0000	0.0000

附表三　一元年金终值系数表

n	1%	2%	3%	4%	5%	6%	7%	8%
1	1.0000	1.0000	1.0000	1.0000	1.0000	1.0000	1.0000	1.0000
2	2.0100	2.0200	2.0300	2.0400	2.0500	2.0600	2.0700	2.0800
3	3.0301	3.0604	3.0909	3.1216	3.1525	3.1836	3.2149	3.2464
4	4.0604	4.1216	4.1836	4.2465	4.3101	4.3746	4.4399	4.5061
5	5.1010	5.2040	5.3091	5.4163	5.5256	5.6371	5.7507	5.8666
6	6.1520	6.3081	6.4684	6.6330	6.8019	6.9753	7.1533	7.3359
7	7.2135	7.4343	7.6625	7.8983	8.1420	8.3938	8.6540	8.9228
8	8.2857	8.5830	8.8923	9.2142	9.5491	9.8975	10.2598	10.6366
9	9.3685	9.7546	10.1591	10.5828	11.0266	11.4913	11.9780	12.4876
10	10.4622	10.9497	11.4639	12.0061	12.5779	13.1808	13.8164	14.4866
11	11.5668	12.1687	12.8078	13.4864	14.2068	14.9716	15.7836	16.6455
12	12.6825	13.4121	14.1920	15.0258	15.9171	16.8699	17.8885	18.9771
13	13.8093	14.6803	15.6178	16.6268	17.7130	18.8821	20.1406	21.4953
14	14.9474	15.9739	17.0863	18.2919	19.5986	21.0151	22.5505	24.2149
15	16.0969	17.2934	18.5989	20.0236	21.5786	23.2760	25.1290	27.1521
16	17.2579	18.6393	20.1569	21.8245	23.6575	25.6725	27.8881	30.3243
17	18.4304	20.0121	21.7616	23.6975	25.8404	28.2129	30.8402	33.7502
18	19.6147	21.4123	23.4144	25.6454	28.1324	30.9057	33.9990	37.4502
19	20.8109	22.8406	25.1169	27.6712	30.5390	33.7600	37.3790	41.4463
20	22.0190	24.2974	26.8704	29.7781	33.0660	36.7856	40.9955	45.7620
25	28.2432	32.0303	36.4593	41.6459	47.7271	54.8645	63.2490	73.1059
30	34.7849	40.5681	47.5754	56.0849	66.4388	79.0582	94.4608	113.2830

续表

n	9%	10%	12%	14%	15%	16%	18%
1	1.0000	1.0000	1.0000	1.0000	1.0000	1.0000	1.0000
2	2.0900	2.1000	2.1200	2.1400	2.1500	2.1600	2.1800
3	3.2781	3.3100	3.3744	3.4396	3.4725	3.5056	3.5724
4	4.5731	4.6410	4.7793	4.9211	4.9934	5.0665	5.2154
5	5.9847	6.1051	6.3528	6.6101	6.7424	6.8771	7.1542
6	7.5233	7.7156	8.1152	8.5355	8.7537	8.9775	9.4420
7	9.2004	9.4872	10.0890	10.7305	11.0668	11.4139	12.1415
8	11.0285	11.4359	12.2997	13.2328	13.7268	14.2401	15.3270
9	13.0210	13.5795	14.7757	16.0853	16.7858	17.5185	19.0859
10	15.1929	15.9374	17.5487	19.3373	20.3037	21.3215	23.5213
11	17.5603	18.5312	20.6546	23.0445	24.3493	25.7329	28.7551
12	20.1407	21.3843	24.1331	27.2707	29.0017	30.8502	34.9311
13	22.9534	24.5227	28.0291	32.0887	34.3519	36.7862	42.2187
14	26.0192	27.9750	32.3926	37.5811	40.5047	43.6720	50.8180
15	29.3609	31.7725	37.2797	43.8424	47.5804	51.6595	60.9653
16	33.0034	35.9497	42.7533	50.9804	55.7175	60.9250	72.9390
17	36.9737	40.5447	48.8837	59.1176	65.0751	71.6730	87.0680
18	41.3013	45.5992	55.7497	68.3941	75.8364	84.1407	103.7403
19	46.0185	51.1591	63.4397	78.9692	88.2118	98.6032	123.4135
20	51.1601	57.2750	72.0524	91.0249	102.4436	115.3797	146.6280
25	84.7009	98.3471	133.3339	181.8708	212.7930	249.2140	342.6035
30	136.3075	164.4940	241.3327	356.7868	434.7451	530.3117	790.9480

附表三 一元年金终值系数表

续表

n	20%	24%	28%	32%	36%	40%	50%
1	1.0000	1.0000	1.0000	1.0000	1.0000	1.0000	1.0000
2	2.2000	2.2400	2.2800	2.3200	2.3600	2.4000	2.5000
3	3.6400	3.7776	3.9184	4.0624	4.2096	4.3600	4.7500
4	5.3680	5.6842	6.0156	6.3624	6.7251	7.1040	8.1250
5	7.4416	8.0484	8.6999	9.3983	10.1461	10.9456	13.1875
6	9.9299	10.9801	12.1359	13.4058	14.7987	16.3238	20.7813
7	12.9159	14.6153	16.5339	18.6956	21.1262	23.8534	32.1719
8	16.4991	19.1229	22.1634	25.6782	29.7316	34.3947	49.2578
9	20.7989	24.7125	29.3692	34.8953	41.4350	49.1526	74.8867
10	25.9587	31.6434	38.5926	47.0618	57.3516	69.8137	113.3301
11	32.1504	40.2379	50.3985	63.1215	78.9982	98.7391	170.9951
12	39.5805	50.8950	65.5100	84.3204	108.4375	139.2348	257.4927
13	48.4966	64.1097	84.8529	112.3030	148.4750	195.9287	387.2390
14	59.1959	80.4961	109.6117	149.2399	202.9260	275.3002	581.8585
15	72.0351	100.8151	141.3029	197.9967	276.9793	386.4202	873.7878
16	87.4421	126.0108	181.8677	262.3557	377.6919	541.9883	1311.682
17	105.9306	157.2534	233.7907	347.3095	514.6610	759.7837	1968.523
18	128.1167	195.9942	300.2521	459.4485	700.9389	1064.697	2953.784
19	154.7400	244.0328	385.3227	607.4721	954.2769	1491.576	4431.676
20	186.6880	303.6006	494.2131	802.8631	1298.817	2089.206	6648.513
25	471.9811	898.0916	1706.803	3226.844	6053.004	11247.20	50500.34
30	1181.882	2640.916	5873.231	12940.86	28172.28	60501.08	383500.1

附表四 一元年金现值系数表

n	1%	2%	3%	4%	5%	6%	7%
1	0.9901	0.9804	0.9709	0.9615	0.9524	0.9434	0.9346
2	1.9704	1.9416	1.9135	1.8861	1.8594	1.8334	1.8080
3	2.9410	2.8839	2.8286	2.7751	2.7232	2.6730	2.6243
4	3.9020	3.8077	3.7171	3.6299	3.5460	3.4651	3.3872
5	4.8534	4.7135	4.5797	4.4518	4.3295	4.2124	4.1002
6	5.7955	5.6014	5.4172	5.2421	5.0757	4.9173	4.7665
7	6.7282	6.4720	6.2303	6.0021	5.7864	5.5824	5.3893
8	7.6517	7.3255	7.0197	6.7327	6.4632	6.2098	5.9713
9	8.5660	8.1622	7.7861	7.4353	7.1078	6.8017	6.5152
10	9.4713	8.9826	8.5302	8.1109	7.7217	7.3601	7.0236
11	10.3676	9.7868	9.2526	8.7605	8.3064	7.8869	7.4987
12	11.2551	10.5753	9.9540	9.3851	8.8633	8.3838	7.9427
13	12.1337	11.3484	10.6350	9.9856	9.3936	8.8527	8.3577
14	13.0037	12.1062	11.2961	10.5631	9.8986	9.2950	8.7455
15	13.8651	12.8493	11.9379	11.1184	10.3797	9.7122	9.1079
16	14.7179	13.5777	12.5611	11.6523	10.8378	10.1059	9.4466
17	15.5623	14.2919	13.1661	12.1657	11.2741	10.4773	9.7632
18	16.3983	14.9920	13.7535	12.6593	11.6896	10.8276	10.0591
19	17.2260	15.6785	14.3238	13.1339	12.0853	11.1581	10.3356
20	18.0456	16.3514	14.8775	13.5903	12.4622	11.4699	10.5940
25	22.0232	19.5235	17.4131	15.6221	14.0939	12.7834	11.6536
30	25.8077	22.3965	19.6004	17.2920	15.3725	13.7648	12.4090

附表四　一元年金现值系数表

续表

n	8%	9%	10%	12%	14%	15%	16%	18%
1	0.9259	0.9174	0.9091	0.8929	0.8772	0.8696	0.8621	0.8475
2	1.7833	1.7591	1.7355	1.6901	1.6467	1.6257	1.6052	1.5656
3	2.5771	2.5313	2.4869	2.4018	2.3216	2.2832	2.2459	2.1743
4	3.3121	3.2397	3.1699	3.0373	2.9137	2.8550	2.7982	2.6901
5	3.9927	3.8897	3.7908	3.6048	3.4331	3.3522	3.2743	3.1272
6	4.6229	4.4859	4.3553	4.1114	3.8887	3.7845	3.6847	3.4976
7	5.2064	5.0330	4.8684	4.5638	4.2883	4.1604	4.0386	3.8115
8	5.7466	5.5348	5.3349	4.9676	4.6389	4.4873	4.3436	4.0776
9	6.2469	5.9952	5.7590	5.3282	4.9464	4.7716	4.6065	4.3030
10	6.7101	6.4177	6.1446	5.6502	5.2161	5.0188	4.8332	4.4941
11	7.1390	6.8052	6.4951	5.9377	5.4527	5.2337	5.0286	4.6560
12	7.5361	7.1607	6.8137	6.1944	5.6603	5.4206	5.1971	4.7932
13	7.9038	7.4869	7.1034	6.4235	5.8424	5.5831	5.3423	4.9095
14	8.2442	7.7862	7.3667	6.6282	6.0021	5.7245	5.4675	5.0081
15	8.5595	8.0607	7.6061	6.8109	6.1422	5.8474	5.5755	5.0916
16	8.8514	8.3126	7.8237	6.9740	6.2651	5.9542	5.6685	5.1624
17	9.1216	8.5436	8.0216	7.1196	6.3729	6.0472	5.7487	5.2223
18	9.3719	8.7556	8.2014	7.2497	6.4674	6.1280	5.8178	5.2732
19	9.6036	8.9501	8.3649	7.3658	6.5504	6.1982	5.8775	5.3162
20	9.8181	9.1285	8.5136	7.4694	6.6231	6.2593	5.9288	5.3527
25	10.6748	9.8226	9.0770	7.8431	6.8729	6.4641	6.0971	5.4669
30	11.2578	10.2737	9.4269	8.0552	7.0027	6.5660	6.1772	5.5168

续表

n	20%	24%	28%	32%	36%	40%	50%
1	0.8333	0.8065	0.7813	0.7576	0.7353	0.7143	0.6667
2	1.5278	1.4568	1.3916	1.3315	1.2760	1.2245	1.1111
3	2.1065	1.9813	1.8684	1.7663	1.6735	1.5889	1.4074
4	2.5887	2.4043	2.2410	2.0957	1.9658	1.8492	1.6049
5	2.9906	2.7454	2.5320	2.3452	2.1807	2.0352	1.7366
6	3.3255	3.0205	2.7594	2.5342	2.3388	2.1680	1.8244
7	3.6046	3.2423	2.9370	2.6775	2.4550	2.2628	1.8829
8	3.8372	3.4212	3.0758	2.7860	2.5404	2.3306	1.9220
9	4.0310	3.5655	3.1842	2.8681	2.6033	2.3790	1.9480
10	4.1925	3.6819	3.2689	2.9304	2.6495	2.4136	1.9653
11	4.3271	3.7757	3.3351	2.9776	2.6834	2.4383	1.9769
12	4.4392	3.8514	3.3868	3.0133	2.7084	2.4559	1.9846
13	4.5327	3.9124	3.4272	3.0404	2.7268	2.4685	1.9897
14	4.6106	3.9616	3.4587	3.0609	2.7403	2.4775	1.9931
15	4.6755	4.0013	3.4834	3.0764	2.7502	2.4839	1.9954
16	4.7296	4.0333	3.5026	3.0882	2.7575	2.4885	1.9970
17	4.7746	4.0591	3.5177	3.0971	2.7629	2.4918	1.9980
18	4.8122	4.0799	3.5294	3.1039	2.7668	2.4941	1.9986
19	4.8435	4.0967	3.5386	3.1090	2.7697	2.4958	1.9991
20	4.8696	4.1103	3.5458	3.1129	2.7718	2.4970	1.9994
25	4.9476	4.1474	3.5640	3.1220	2.7765	2.4994	1.9999
30	4.9789	4.1601	3.5693	3.1242	2.7775	2.4999	2.0000

同步思考与练习

第一篇　企业经营预测篇思考与练习

[思考题]

1. 预测分析的含义是什么？进行预测分析的意义何在？
2. 预测分析有何特点？进行预测分析时要掌握哪些基本原则？
3. 预测分析一般要经过哪些步骤？
4. 预测分析有哪些基本方法？
5. 何谓经营杠杆系数？如何应用经营杠杆系数进行利润预测？
6. 何谓利润敏感性分析？如何应用利润敏感性分析方法进行利润预测？

[练习题]

一、单项选择题

1. 预测分析的内容不包括(　　　)。
   a. 销售预测　　　　　　　　　b. 利润预测
   c. 资金需要量预测　　　　　　d. 所得税预测
2. 预测分析方法按其性质可分为定量分析法和(　　　)。
   a. 算术平均法　　　　　　　　b. 定性分析法
   c. 回归分析法　　　　　　　　d. 指数平滑法
3. 某企业计划期预计销售产品 5000 件，单位产品销售成本为 20 元，销售成本利润率为 5%，则计划期产品销售利润额为(　　　)元。
   a. 8,000　　　b. 4,500　　　c. 10,000　　　d. 5,000
4. 如果某种产品的专属固定成本增加，而单位变动成本和售价不变，那么贡献毛益和保本销售量将发生(　　　)。

	贡献毛益	保本销售量
a.	增加	减少
b.	减少	增加
c.	不变	增加
d.	不变	不变

5. 已知甲公司 2007 年利润为 40 万元，2008 年的经营杠杆系数为 1.5，2008 年目标利润变动率为 60%。为确保 2008 年目标利润的实现其销售量变动率为(　　　)。
   a. 40%　　　b. 35%　　　c. 30%　　　d. 45%

6. 已知甲公司2007年利润为200,000元，2008年的经营杠杆系数为1.5，销售量变动率为30%。2008年利润变动率为(　　　)。
　　　　a. 40%　　　　　b. 45%　　　　　c. 30%　　　　　d. 50%
7. 已知甲公司产销A产品，2006年销售量60万件，利润2万元，2007年销售量80万件，利润3万元，2007年的经营杠杆系数为(　　　)。
　　　　a. 1.5　　　　　b. 1.8　　　　　c. 2.0　　　　　d. 1.4
8. (　　　)是在预测过程中根据过去和现在预计未来，以及根据已知推测未知所采用的各种科学的专门分析方法。
　　　　a. 本量利分析　　b. 判断分析　　c. 预测分析　　d. 决策分析
9. 在利润预测的敏感性分析中，对企业目标利润敏感性最大的因素是(　　　)。
　　　　a. 销售单价　　b. 单位变动成本　　c. 销售量　　d. 固定成本总额
10. 以下方法中，(　　　)属于定量预测分析法。
　　　　a. 决策分析　　b. 趋势外推预测法　　c. 判断分析　　d. 专家意见法

二、多项选择题
1. 定性销售预测方法有(　　　)。
　　　　a. 全面调查法　　b. 专家集合意见法　　c. 推销员判断法　　d. 典型调查法
2. 定量销售预测法有(　　　)。
　　　　a. 移动平均法　　b. 加权移动平均法　　c. 趋势平均法　　d. 趋势外推预测法
3. 属于预测分析特点的有(　　　)。
　　　　a. 预见性　　　b. 明确性　　　c. 相对性
　　　　d. 可检验性　　e. 灵活性　　　f. 客观性
4. 预测分析按预测的内容分类有(　　　)。
　　　　a. 销售预测　　b. 利润预测　　c. 成本预测　　d. 资金预测
5. 预测分析应掌握的基本原则有(　　　)。
　　　　a. 掌握丰富可靠的信息资料
　　　　b. 根据预测的经济过程与现象来选择预测方法
　　　　c. 预测分析的时间不宜太长
　　　　d. 预测分析应充分估计预测的可能误差
6. 预测分析的步骤有(　　　)。
　　　　a. 确定预测目标　　b. 收集和整理资料　　c. 选择预测方法
　　　　d. 做出预测结论　　e. 检查验证，修正预测值　　f. 报告预测结论
7. 目标利润的预测步骤大致如下(　　　)。
　　　　a. 调查研究，确定利润率标准　　b. 计算目标利润基数
　　　　c. 选择预测方法　　　　　　　　d. 确定目标利润修正值
　　　　e. 最终下达目标利润、分解落实纳入预算体系
8. 经营杠杆系数的变动规律有(　　　)。
　　　　a. 在盈利的条件下，经营杠杆系数恒大于1
　　　　b. 产销量的变动与经营杠杆系数的变动方向相同

c．成本指标的变动与经营杠杆系数的变动方向相同

d．单价指标的变动与经营杠杆系数的变动方向相反

9．经营杠杆系数在利润预测中的应用有(　　)。

a．预测产销业务量变动后的利润额

b．预测产销业务量变动后的利润变动率

c．预测为实现目标利润的产销变动率

d．经营杠杆的变动率

10．经营杠杆系数的计算公式有(　　)。

a．利润变动率÷产销业务量变动率　　b．计划期边际贡献÷计划期利润

c．基期边际贡献÷基期利润　　d．产销业务量变动率÷利润变动率

三、实训项目

【实训一】

(一)目的：练习经营杠杆系数在利润预测中的应用。

(二)资料：

已知某企业连续3年的有关资料如下表所示。

三年相关资料表　　　　　　　　　　　　　　　　　　　　　　单位：元

时期 项目	2005年	2006年	2007年
单位边际贡献	100	110	105
销售量	20,000	22,000	23,000
固定成本	1,500,000	1,400,000	1,300,000

(三)要求：

(1) 计算2006年和2007年的经营杠杆系数。

(2) 预测2008年的经营杠杆系数。

(3) 若2008年销售量变动率为25%，计算2008年利润变动率和利润预测额。

(4) 若2008年目标利润变动率为30%，计算2008年销售量变动率。

【实训二】

(一)目的：练习定量销售预测方法。

(二)资料：

某企业生产一种产品，2007年1～12月份销量资料如下表所示。

销售资料　　　　　　　　　　　　　　　　　　　　　　　　　单位：吨

月 份	1	2	3	4	5	6	7	8	9	10	11	12
销量(Q_t)	100	105	108	108	110	110	112	113	112	115	115	116

(三)要求：

(1) 按移动平均法预测 2008 年 1 月份的销售量(假定 $m=5$)。

(2) 采用加权移动平均法预测 2008 年 1 月销售量。

(3) 采用趋势平均法预测 2008 年 1 月销售量。

【实训三】

(一)目的：练习目标利润预测分析的一般方法。

(二)资料：

某企业只经营一种产品，单价 200 元/件，单位变动成本 140 元/件，固定成本 40 万元，2007 年实现销售 15,000 件，利润 500,000 元。

(三)要求：

(1) 企业按同行业先进的资金利润率预测 2008 年企业的目标利润基数(已知资金利润率为 16%，预计企业资金占用额为 3,750,000 元)。

(2) 计算出 2008 年为实现目标利润基数应采取的单项措施(即在考虑某一因素变动时，假定其他因素不变)。

【实训四】

(一)目的：练习利润敏感性分析方法在利润预测中的应用。

(二)资料：

某企业只经营一种产品，单价 250 元/件，单位变动成本 180 元/件，固定成本 60 万元，2007 年实现销售 20,000 件，利润 800,000 元。

(三)要求：

(1) 要求据此计算各因素灵敏度指标，并分析敏感指标。

(2) 2008 年，假定企业的单价和固定成本分别上升了 4%。计算这两个因素单独变动后分别对利润所带来的影响程度。

(3) 2008 年，假定企业的单价上升了 6%，单位变动成本降低了 5%，销售量上升了 2%，固定成本上升了 1%。计算这四个因素同时变动后对利润带来的影响程度。

【实训五】

(一)目的：练习筹资预测。

(二)资料：

某公司 2007 年固定资产利用率为 60%，实现销售收入 200 万元，获净利润 30 万元，并发放股利 18 万元。若 2008 年预计销售收入达 250 万元，并且仍按 2007 年的股利发放率发放股利，其他因素保持不变。已知 2008 年计划提取折旧 15 万元，更新旧设备支出 10 万元，预计 2008 年零星资金需要量为 6 万元。2007 年年末资产负债表见下表。

资产负债表

2006 年 12 月 31 日　　　　　　　　　　　　　　　　　　　　　单位：元

资　产	金　额	负债及所有者权益	金　额
库存现金	100,000	应付账款	250,000
应收账款	485,000	应付票据	25,000
存货	500,000	长期负债	685,000
固定资产	900,000	股本	975,000
无形资产	150,000	留存收益	200,000
资产合计	2,135,000	负债及所有者权益合计	2,025,000

(三)要求：

采用销售百分比法预测 2008 年追加资金的需要量。

第二篇　企业经营决策篇思考与练习

[思考题]

1．何谓企业经营决策？企业经营决策可按哪些标志进行分类？
2．短期经营决策有哪些基本假设？
3．正确的决策取决于哪几个基本要素？要经过哪几个步骤？
4．短期经营决策分析使用的成本概念有几个？
5．短期经营决策分析常用的方法有几种？
6．产品生产决策分析有几种类型？
7．企业有哪些定价目标？又有哪些定价决策分析方法？
8．管理会计中的长期投资的含义是什么？它有何特点？
9．长期投资决策的含义是什么？它有何特点？
10．企业进行长期投资决策要考虑哪些因素？财务因素主要有哪些？
11．何谓现金流量？如何计算"现金流出量""现金流入量"和"现金净流量"？
12．何谓投资的风险价值？有哪些风险类别？风险和报酬存在着怎样的关系？
13．长期投资效益的评价方法有哪些？各评价指标如何计算？各有何优缺点和适用范围？

[练习题]

一、单项选择题

1．现代管理学认为，管理的重心在(　　)。
　　a．决策　　　　b．预测　　　　c．控制　　　　d．评价

2. (　　)是指影响决策的相关因素的未来状况不能确切肯定,但该因素可能存在几种结果,每一种结果出现的概率是已知的一种决策类型。
　　a. 确定型决策　　　b. 风险型决策　　　c. 不确定型决策　d. 采纳与否型决策
3. 产品生产决策不包括(　　)的决策。
　　a. 生产什么　　　b. 怎样生产　　　c. 生产多少　　　d. 用什么质量标准
4. 已知甲产品的预计销量 200 件,销售单价为 20.00 元/件,单位变动成本为 15.00 元;乙产品的预计销量 100 件,销售单价 30.00 元/件,单位变动成本 20.00 元,则制造甲产品与制造乙产品的差量收入为(　　)。
　　a. 4,000 元　　　b. 1,000 元　　　c. 3,000 元　　　d. 0 元
5. 根据题 4 资料,制造甲产品与制造乙产品的差量成本等于(　　)。
　　a. 1,000 元　　　b. 1,500 元　　　c. 2,000 元　　　d. 0 元
6. 根据题(4)资料,制造甲产品比制造乙产品可多获利润(　　)。
　　a. 1,000 元　　　b. 2,000 元　　　c. 3,000 元　　　d. 0 元
7. 影响决策的相关因素无法确定其客观概率,只能以决策者经验判断确定的主观概率作为依据的决策类型是(　　)。
　　a. 不确定型决策　b. 风险型决策　　　c. 确定型决策　　d. 无风险型决策
8. 对企业未来发展方向产生影响,关系企业全局的重大问题所进行的决策属于(　　)。
　　a. 短期决策　　　b. 战略决策　　　c. 战术决策　　　d. 日常决策
9. 在下列成本中,属于相关成本的是(　　)。
　　a. 共同成本　　　b. 付现成本　　　c. 不可延缓成本　d. 沉没成本
10. 在产量的相关范围内,不同产量水平下的差量成本就是不同产量水平下的(　　)之差。
　　a. 变动成本　　　b. 混合成本　　　c. 完全成本　　　d. 固定成本
11. 采纳与否决策类型有(　　)。
　　a. 一个备选方案　　　　　　　　　b. 一组备选方案
　　c. 两个备选方案　　　　　　　　　d. 两个以上的备选方案
12. 边际成本的实际计量,就是产量增加或减少一个单位所引起的总成本变动,而这个成本变动就是(　　)。
　　a. 固定成本总额　　　　　　　　　b. 变动成本总额
　　c. 单位变动成本　　　　　　　　　d. 单位固定成本
13. 在决策中选择了甲方案而放弃了乙方案,在下列乙方案的数据中,属于甲方案机会成本的是(　　)。
　　a. 销售收入　　　b. 变动成本　　　c. 净收入　　　　d. 固定成本
14. 在下列项目中,属于沉没成本的是(　　)。
　　a. 旧固定资产的账面价值　　　　　b. 购置新设备的价款
　　c. 预计新产品所消耗的直接材料　　d. 机会成本
15. 差别收入减去差别成本后的余额是(　　)。
　　a. 增量成本　　　b. 差别损益　　　c. 边际成本　　　d. 净损益

16. 在生产能力无法转移的情况下，如果亏损产品能够产生贡献毛益，则(   )。
    a．继续生产或转变贡献毛益更高的产品　b．立即停产
    c．立即停产和继续生产均可　　　　　　d．无法做出决策
17. 如果调价后的预计销售量等于利润平衡点销售量，就意味着(   )。
    a．调价后利润会有所减少　　　　　　　b．调价后利润能有所增加
    c．调价前后的利润相同　　　　　　　　d．利润为零
18. 采用贡献毛益分析法在不同备选方案之间进行比较分析时，应使用的评价标准是(   )。
    a．贡献边际总额或者每人工小时、机器小时所提供的贡献边际
    b．利润指标
    c．单位贡献毛益指标
    d．单位产品贡献毛益和贡献毛益总额
19. 变动成本加成定价法是以单位变动成本为基础，然后再加上一定数额的(   )。
    a．利润总额　　　b．单位利润　　　c．贡献毛益总额　d．单位贡献毛益
20. 完全成本加成定价法是在完全成本法计算的单位产品成本的基础上，加上一定的(   )所确定的单位产品售价。
    a．单位贡献毛益　b．贡献毛益总额　c．目标利润总额　d．单位目标利润
21. 现金支出成本是指在决策方案(   )。
    a．实施后用现金支付的成本
    b．实施前用现金支付的成本
    c．放弃后所节约的现金支出
    d．在决策付诸实施的决策执行期限内以现金支付的成本
22. 重置成本是指在现行条件下重新购置或建造一项全新资产所发生的(   )。
    a．历史成本　　　b．原始价值　　　c．现时价值　　　d．折余价值
23. 在下列项目中，应计入建设期现金净流量的是(   )。
    a．折旧额　　　　b．税后利润　　　c．投资额　　　　d．摊销额
24. 当净现值 NPV＞0 时，则(   )。
    a．获利指数 PI＞1　　　　　　　　　　b．内部收益率 IRR＜i
    c．净现值率 NPVR＜0　　　　　　　　d．内部收益率 IRR=i
25. 当获利能力指数小于 1 时，则(   )。
    a．净现值率大于零　　　　　　　　　　b．净现值大于资金成本
    c．内含报酬率大于资金成本　　　　　　d．内含报酬率小于资金成本
26. 采用回收期法进行决策分析时，选择方案的标准是回收期(   )。
    a．小于期望回收期　　　　　　　　　　b．大于期望回收期
    c．小于 1　　　　　　　　　　　　　　d．大于 1
27. 在管理会计中，$(P/F,i,n)$ 所代表的是(   )。
    a．复利终值系数　　　　　　　　　　　b．复利现值系数
    c．年金终值系数　　　　　　　　　　　d．年金现值系数

28. 某企业计划投资 20 万元购置一台新设备，预计投产后每年可获净利 3 万元，寿命期为 10 年，残值为零，采用直线法计提折旧，则投资回收期为(　　)。
    a. 2 年　　　　　b. 2.5 年　　　　　c. 3 年　　　　　d. 4 年
29. 一个投资方案的净现值表示(　　)。
    a. 现金流入量减去现金流出量的现值
    b. 现金流量减去原始投资
    c. 现金流量的现值加上原始投资的现值减去原始投资
    d. 现金流量的现值减去原始投资
30. 在下列项目中，不应计入生产经营期现金净流量的是(　　)。
    a. 摊销额　　　　b. 投资额　　　　c. 税后利润　　　　d. 折旧额
31. 下列表述中不正确的是(　　)。
    a. 净现值等于 0 时，说明此时的贴现率为内部报酬率
    b. 净现值大于 0 时，获利指数小于 1
    c. 净现值大于 0 时，该投资方案可行
    d. 净现值是未来报酬的总现值与初始投资额现值之差
32. 下列指标中既是静态指标又是反指标的是(　　)。
    a. 静态投资回收期　　　b. 净现值　　　　c. 获利指数
    d. 动态投资回收期　　　e. 净现值率
33. 年回收额的计算是(　　)。
    a. 年金现值的逆运算　　　　b. 年金终值的计算
    c. 年金现值的计算　　　　　d. 年金终值的逆运算
34. 先付年金与普通年金相比，在计算终值时(　　)。
    a. 多计算 1 期利息　　　　b. 相等
    c. 少计算 1 期利息　　　　d. 无可比
35. 在投资决策分析中，所谓现金流量是指一个项目引起的企业(　　)。
    a. 货币资金支出和货币资金收入的统称
    b. 支出量和收入量的统称
    c. 流动资金增加量和减少量的统称
    d. 现金流出和现金流入的统称
36. 在期望值相同的情况下，标准差越大，风险(　　)。
    a. 越大　　　　b. 越小　　　　c. 不变　　　　d. 无关
37. 一般来说，投资项目效果越好，所冒风险越小，体现在回收期上(　　)。
    a. 越长　　　　b. 越短　　　　c. 不变　　　　d. 无关
38. 普通年金是在每期期末发生，又叫(　　)。
    a. 递延年金　　　b. 后付年金　　　c. 永续年金　　　d. 末付年金
39. 在复利制下，计算出的各期利息额表现为(　　)。
    a. 递增　　　　b. 相等　　　　c. 递减　　　　d. 都不是
40. 现值指的是(　　)。

a．利息　　　　　b．本金　　　　　　c．本利和　　　　d．本金减利息
41．现金流量的计算基础是(　　　)。
　　　a．权责发生制　　b．收付实现制　　　c．复利制　　　　d．单利制
42．采用内含报酬率法进行决策分析时，选择方案的标准是内含报酬率(　　　)。
　　　a．大于资金成本　b．小于资金成本　　c．大于零　　　　d．小于零

二、多项选择题
1．决策按其重要程度可以分为(　　　)。
　　　a．战略决策　　　b．短期决策　　　　c．长期决策　　　d．战术决策
2．决策按其影响决策的相关因素的未来状况的肯定程度可以分为(　　　)。
　　　a．确定型决策　　b．风险型决策　　　c．不确定型决策　d．否定型决策
3．短期经营决策的内容主要包括(　　　)。
　　　a．生产决策　　　b．定价决策　　　　c．不确定型决策　d．采纳与否型决策
4．针对短期经营决策的特点，下列说法正确的有(　　　)。
　　　a．短期经营决策是企业的战术性决策
　　　b．影响决策的有关因素的变化情况通常是确定的或基本确定的
　　　c．短期经营决策通常由企业内部中下层管理部门进行
　　　d．许多决策问题都是重复性的
5．短期经营决策的基本假设包括(　　　)。
　　　a．决策方案不涉及追加长期项目的投资
　　　b．所需预测资料齐备
　　　c．各种备选方案均具有技术可行性
　　　d．凡涉及市场购销的决策，均以市场上具备提供材料或吸收有关产品的能力为前提
　　　e．只有单一方案和互斥方案两种决策形式
　　　f．各期产销平衡
6．关于决策过程，下列说法正确的有(　　　)。
　　　a．首先确定决策目标
　　　b．拟订若干可行的备选方案不可少
　　　c．要多渠道收集各备选方案的有关资料
　　　d．在执行决策的过程中，要及时进行信息反馈
7．正确的决策取决于四个基本要素：(　　　)。
　　　a．明确的决策目标　　b．正确的决策原则　　c．优秀的决策者
　　　d．科学的决策程序　　e．民主的决策方法
8．美国管理学家西蒙教授认为：如果要求选择最优方案，决策必须满足的前提是(　　　)。
　　　a．决策者对全部可行方案及其未来执行结果能全面掌握
　　　b．必须要确实存在着全面的最优方案
　　　c．决策者要有充裕的人力、物力和时间

d．全部因素和目标都能定量或定性
9．与决策的相关成本有(　　)。
　　a．差别成本　　　　b．机会成本　　　　c．不可避免成本
　　d．边际成本　　　　e．沉入成本　　　　f．共同成本
10．属于确定型经营决策方法的是(　　)。
　　a．差量分析法　　　b．边际分析法　　　c．本量利分析法
　　d．贡献边际分析法　e．线性规划法　　　f．决策树法
11．长期投资的特点有(　　)。
　　a．效益回收期长　b．资金耗用量大　c．投资风险大　d．投资回报率高
12．长期投资决策具有以下哪几个特点(　　)。
　　a．是企业的战略性决策　　　　b．高层管理人员实施决策
　　c．要考虑货币的时间价值　　　d．是不确定型决策
13．企业对内投资要根据自身的情况，对投资项目进行可行性分析。考虑的因素主要有(　　)。
　　a．国家的宏观经济政策　b．企业自身的财务状况　c．市场情况
　　d．企业人力资源现状　　e．环境保护
14．与长期投资决策分析有关的财务因素归纳起来有(　　)。
　　a．货币的时间价值　　b．现金流量　　　　c．资本成本
　　d．投资风险价值　　　e．国家的宏观经济政策
15．关于风险和报酬的关系，下列说法正确的有(　　)。
　　a．风险意味着危险与机遇
　　b．风险越大，失败后的损失也越大，成功后的风险报酬也越大
　　c．由于风险与收益的并存性，使得人们愿意去从事各种风险活动
　　d．高报酬率的项目必然伴随着高风险
　　e．额外的风险需要额外的报酬来补偿
　　f．期望投资报酬率=无风险报酬率+风险报酬率
16．静态分析方法不考虑货币时间价值，也可称为非贴现的现金流量法，常用的主要评价方法有(　　)。
　　a．投资报酬率法　　b．现金流量法　　　c．投资报酬率法
　　d．内含报酬率法　　e．现值指数法
17．动态分析方法是结合货币时间价值来决定方案的取舍，也可称为贴现的现金流量法，常用的主要评价方法有(　　)。
　　a．净现值法　　　　b．现金流量法　　　c．投资报酬率法
　　d．内含报酬率法　　e．现值指数法　　　f．净现值率法
18．下列正确反映净现值 NPV、净现值率 NPVR、获利指数 PI 和内部收益率 IRR 四指标关系的有(　　)。
　　a．当 NPV>0 时，NPVR>0，PI>1，IRR>i
　　b．当 NPV<0 时，NPVR<0，PI<1，IRR<i

c. 当 NPV=0 时，NPVR=0，PI=1，IRR=i

d. 当 NPV=0 时，NPVR=0，PI=1，IRR>i

e. 当 NPV<0 时，NPVR<0，PI<1，IRR>i

f. 当 NPV<0 时，NPVR>0，PI>1，IRR>i

19. 先付年金现值 P_A' 的计算公式是(　　)。

　　a. $P_A' = A' \cdot \left\{ \dfrac{[1-(1+i)^{-(n-1)}]}{i} + 1 \right\}$

　　b. $P_A' = A'\{(P_A/A, i, n-1) + 1\}$

　　c. $P_A' = A' \cdot \dfrac{[-(1+i)^{-n}]}{i} \cdot (1+i)$

　　d. $P_A' = A' \cdot (P_A/A, i, n) \cdot (1+i)$

　　e. $P_A' = A' \cdot \dfrac{(1+i)-1}{i} \cdot (1+i)$

　　f. $P_A' = A' \cdot \{(F_A/A, i, n+1) - 1\}$

20. 递延年金现值的计算公式有(　　)。

　　a. $P_A'' = A'' \cdot \{[1-(1+i)^{-n}]/i - [1-(1+i)^{-s}]/i\}$

　　b. $P_A'' = A'' \cdot \{(P_A/A, i, n) - (P_A/A, i, s)\}$

　　c. $P_A'' = A'' \cdot \{[1-(1+i)^{n-s}] \cdot (1+i)^s\}$

　　d. $P_A'' = A'' \cdot (P_A/A, i, n-s)(P/F, i, s)$

　　e. $P_A'' = A' \cdot \dfrac{(1+i)-1}{i} \cdot (1+i)$

　　f. $P_A'' = A' \cdot \{(F_A/A, i, n+1) - 1\}$

三、实训项目

【实训一】

(一)目的：练习差量分析法。

(二)资料：

某企业使用同一台设备，可生产 A 产品，亦可生产 B 产品。该设备的最大生产能力为 10 万工时，生产 A 产品每件需 50 工时，生产 B 产品每件需 20 工时。两种产品的销售单价、单位变动成本和固定成本总额资料如下表所示。

产品相关资料表

摘　要	A 产品	B 产品
销售单价	60 元	30 元
单位变动成本	37 元	17 元
固定成本总额	12 万元	

(三)要求：

根据上述资料，采用差量分析法，分析生产哪种产品较为有利。

【实训二】

(一)目的：练习生产能力充分利用的决策分析。

(二)资料：

某企业现有生产能力 60,000 机器小时，目前的生产能力利用程度为 90%，剩余的生产能力可以用来开发新产品 A，每件工时定额 4 小时；也可以用来生产 B 产品，每件工时定额 5 小时。预计有关销售价格和成本资料如下表所示。

销售价格和成本资料表　　　　　　　　　　　　　　　单位：元

产品名称	A 产品	B 产品
销售单价	45	55
单位变动成本	27	35
单位贡献边际	18	20

(三)要求：

根据以上资料，采用单位定额工时提供的贡献边际指标来做出该企业利用剩余生产能力开发哪种新产品较为有利的决策。

【实训三】

(一)目的：练习生产能力充分利用的决策分析。

(二)资料：

某企业现有 20%的剩余生产能力，准备用来生产甲产品或乙产品。若用来生产甲产品可产 5,000 件，单位产品售价为 300 元，单位变动成本为 200 元，需发生专属固定成本 60,000 元；若用来生产乙产品可产 4,000 件，单位产品售价为 400 元，单位变动成本为 260 元，需发生专属固定成本 70,000 元。该企业目前年固定成本总额为 400,000 元。

(三)要求：

根据上述资料做出选择何种产品的决策。

【实训四】

(一)目的：练习零部件自制或外购的决策分析。

(二)资料：

某企业生产甲产品，每年需要 A 零件最大量为 1 万个。若外购，其买价为 200 元/个；若自制，其成本为 195 元/个。该企业尚有部分剩余生产能力可以生产 A 零件。但要生产 A 零件每年需增加专属固定成本 30,000 元。

(三)要求：

采用本量利分析法对该企业 A 零件是应自制还是外购做出决策分析。

【实训五】

(一)目的：练习亏损产品的决策分析。

(二)资料：

某公司产销 A、B、C 三种产品，其中 A、B 两种产品盈利，C 产品亏损，有关资料如下表所示。

A、B、C 三种产品利润表资料　　　　　　　　　　　　　　　单位：万元

项　目 \ 品　种	A 产品	B 产品	C 产品
销售收入	9,000	8,000	6,000
生产成本			
直接材料	2,000	1,000	1,000
直接人工	1,000	600	800
变动制造费用	800	700	800
固定制造费用	900	1,000	1,000
非生产成本			
变动推销管理费用	1,500	1,000	1,000
固定推销管理费用	700	1,200	300

(三)要求：

(1) 假定 C 产品停产后生产能力无法转移，分析评价 C 产品应否停产。

(2) 假定 C 产品停产后生产能力可以转移用于生产 D 产品，但要增加设备 5,000 元，分析评价 C 产品应否停产。

(3) 假定 C 产品停产后生产设备可以出租，年租金收入 3,000 元，分析评价 C 产品应否停产。

【实训六】

(一)目的：练习产品直接出售或进一步加工的决策分析。

(二)资料：

某工厂每年生产甲产品 30,000 件，单位变动成本为 10 元，固定成本总额 60,000 元，销售单价为 30 元。如果把甲产品进一步加工为乙产品，销售单价可提高到 40 元，但需追加单位变动成本 5 元，专属固定成本 90,000 元。

(三)要求：

做出甲产品是否进一步加工的决策。

【实训七】

(一)目的：练习零部件自制或外购的决策分析。

(二)资料：

某工厂所需用的甲零件既可以自制也可以外购。如果外购，剩余生产能力没有别的用途。自制成本与外购单价资料如下表所示。

	自制方案	外购方案
直接材料	3 元/件	1,000 件以内单位购价 8 元
直接人工	1 元/件	1,000 件以上单位购价 7 元
变动性制造费用	2 元/件	
专属固定成本总额	1,000 元	

(三)要求：

根据上述资料确定该零件全年需用量在何种情况下应该外购？在何种情况下应该自制？

【实训八】

(一)目的：练习是否接受特殊价格追加订货的决策。

(二)资料：

某工厂只生产甲产品，全年最大生产能力为 100 台，正常产销数量为 80 台，甲产品的销售单价为 2,000 元，其单位产品成本如下(按正常生产量计算)：

直接材料	600 元
直接人工	400 元
制造费用：	
变动性制造费用	200 元
固定性制造费用	400 元
单位产品成本合计	1,600 元

(三)要求：

(1) 现有一外商前来订购甲产品 20 台，出价每台 1,400 元。请用数据说明此项特殊订货能否接受。

(2) 假如外商前来订购甲产品 40 台，此时该厂如接受该项订货，就必须减少正常的产品销售量 20 台，对方出价仍为每台 1,400 元。请用数据说明此项订货能否接受。

【实训九】

(一)目的：练习生产能力充分利用的决策分析。

(二)资料：

某工厂原生产甲产品，年设计生产能力为 6,000 机器小时，但实际开工率只有原生产能力的 80%。现准备利用剩余生产能力开发新产品乙或丙。有关资料如下表所示。

三种产品有关资料表

产品名称 项　目	甲产品 (实际)	新产品乙 (预计)	新产品丙 (预计)
每件机器工时	16	6	3
销售单价	62 元	85 元	55 元
单位变动成本	48 元	68 元	40 元
固定成本总额		18,000 元	

(三)要求：

根据以上资料利用贡献毛益总额法对该企业开发哪种新产品较为有利做出决策分析(假定销路没有问题)。

【实训十】

(一)目的：练习亏损产品的决策分析。

(二)资料：

某公司生产A、B、C三种产品，其中A产品连年亏损，上一年度的生产经营情况如下表所示。

三种产品有关资料表   单位：元

项 目	销售量(件)	产品单价	产品变动成本	固定成本	利 润	企业利润总额
A产品	5,000	20	12	25,000	15,000	
B产品	8,000	10	8	20,000	-4,000	21,000
C产品	4,000	30	20	30,000	10,000	

鉴于以上情况，有人提出停止A产品的生产，从而提高公司的利润总额。

(三)要求：

(1) 通过计算，做出是否停止B产品生产的决策，并说明停止B产品的生产对公司利润的影响。

(2) 假如B产品停产后，剩余的生产能力可以出租给其他公司，每年租金为15,000元，据此判断是否应停止A产品的生产。

【实训十一】

(一)目的：练习产品直接出售或进一步加工的决策分析。

(二)资料：

某化工厂每年生产甲产品800吨，单位售价300元，如果把甲产品继续加工为乙产品，每吨甲产品可加工成乙产品2吨，乙产品每吨售价为250元，追加单位变动成本为80元，甲产品加工成乙产品需专属成本为35,000元。

(三)要求：

(1) 做出是出售甲产品还是继续加工成乙产品再出售的决策。

(2) 假定本厂每年生产甲产品1,200吨，在继续加工生产能力的范围内，判定是出售甲产品还是加工成乙产品再出售。

(3) 求解是否继续加工的分界点。

【实训十二】

(一)目的：练习生产工艺技术方案的决策分析。

(二)资料：

某工厂在生产A产品时，可以用甲、乙、丙三种不同的工艺方案，有关成本资料如下表所示。

产品的有关成本资料

工艺方案	单位变动成本(元/件)	专属固定成本(元)
甲方案	5	1,000
乙方案	6	800
丙方案	7	500

(三)要求：

对采用哪种工艺方案生产 A 产品进行决策分析。

【实训十三】

(一)目的：练习产品直接出售或进一步加工的决策分析。

(二)资料：

某企业生产甲半成品，年生产量为 1,200 件，直接对外销售单价为 52 元/件，单位变动成本为 30 元/件，若进一步加工为乙产品，则每件加工成本为 60 元/件，乙产品销售单价为 100 元/件。

(三)要求：

分别就以下各不相关情况做出是否进一步加工甲半成品的决策分析。

(1) 该企业具备深加工 1,200 件乙产品的生产能力，不需要追加专属成本，生产能力也不可转移。

(2) 该企业只有深加工 700 件乙产品的生产能力，该能力也可用于对外承揽加工业务，预计一年可获边际贡献总额 15,000 元，不需要追加专属成本。

【实训十四】

(一)目的：练习货币时间价值的计算。

(二)资料：

某企业分期从银行取得的贷款，第 1 年年初取得贷款 100 万元，第 2 年年初取得贷款 200 万元，第 3 年年初取得贷款 300 万元，按复利计息，年利率为 4.8%，于第 3 年年末一次还本付息。

(三)要求：

计算第 3 年年末应归还的贷款本利和。

【实训十五】

(一)目的：练习货币时间价值的计算。

(二)资料：

张三准备现在在银行存一笔款项，以便 3 年后为孩子上大学筹集 2.5 万元的学杂费。按复利计息，年利率为 3.8%。

(三)要求：

计算现在张三应存入银行多少钱。

【实训十六】

(一)目的：练习货币时间价值的计算。

(二)资料：

李四拟在 10 年后获得本利和 10 万元，假设投资报酬率为 12%。

(三)要求：

计算现在李四应投入多少元。

【实训十七】

(一)目的：练习货币时间价值的计算。

(二)资料：

华昌公司准备购置一台大型设备，现有两个付款方案可供选择：甲方案是现在一次性付款 40 万元，乙方案是以后 10 年每年年末付款 4.5 万元。假定投资款均从银行借入，复利年利率为 10%。

(三)要求：

对甲、乙方案的选择做出决策分析。

【实训十八】

(一)目的：练习货币时间价值的计算。

(二)资料：

华维公司连续 5 年于每年年末存款 10 万元，按复利计息，年利率为 4.8%。

(三)要求：

计算第 5 年年末可一次取出本利和多少钱。

【实训十九】

(一)目的：练习货币时间价值的计算。

(二)资料：

某企业计划在 5 年内每年年末存入银行一笔资金，以便在第 10 年年末修建一栋价值为 500 万元的厂房。

(三)要求：

计算在存款利率为 6%的条件下，每年年末应至少存多少钱？

【实训二十】

(一)目的：练习货币时间价值的计算。

(二)资料：

杰克公司从今年开始计划从盈余中提取 30 万元存入银行，靠这笔存款在若干年后购买一台价值为 200 万元的仪器，假定银行复利年利率为 6%。

(三)要求：

计算该公司在几年后才能完成计划。

【实训二十一】

(一)目的：练习货币时间价值的计算。

(二)资料：

甲公司与乙公司订立合同，甲公司购买乙公司的产品，货款在五年后一次付清，数额为 20,000 元，在交货后，乙公司急需周转资金，遂于甲公司协商，按市场利率贴现，交付货款，结果甲公司支付现金 10,000 元。

(三)要求：

根据上述资料计算市场的复利年利率。

【实训二十二】

(一)目的：练习货币时间价值的计算。

(二)资料：

华海公司有一条生产线，需要第三年年末更新，购置同类型的设备，价值为 30,000 元，设备使用终结时，残值为 100 元，清理费为 150 元。为此该公司每年年末向银行存入 9,000 元。

(三)要求：

确定银行的年复利率为多少时才能保证恰好在第三年年末更新旧设备。

【实训二十三】

(一)目的：练习货币时间价值的计算。

(二)资料：

某一家长欲在 5 年后给上小学(6 年)的孩子每年年初拿出 100 元的学费，为此本年想一次性向银行存款，假定银行复利年利率为 10%。

(三)要求：

(1) 计算该家长应存入银行的存款额。(提示：先计算 5 期年金终值，再计算 10 期复利现值)

(2) 假如本年存款为 400 元，恰好满足孩子的小学学费所需，据此计算小学每年的学费。(提示：先计算 10 期复利终值，再计算 6 期年金)

【实训二十四】

(一)目的：练习货币时间价值的计算。

(二)资料：

华东企业年初存入一笔资金，从第 5 年年末起每年取出 10 万元，至第 9 年年末取完，年利率为 8%。

(三)要求：

计算最初一次存入的款项是多少钱。

【实训二十五】

(一)目的：练习现金流量的计算。

(二)资料：

华北企业有一投资项目，投资总额为 100,000 元，建设期初投入，有效期为 5 年，期末无残值，投产后每年产销 1,000 件产品，每件产品售价为 200 元，生产及销售每件产品的付现成本为 120 元，所得税率为 25%。

(三)要求：
(1) 计算每年的营业现金净流量。
(2) 计算该项目现金净流量。

【实训二十六】

(一)目的：练习长期投资效益的评价方法。

(二)资料：

华南公司欲投资 300,000 元，购置一台设备，预计可用十年，残值收入为 6,000 元，设备投产后，需追加垫支流动资金为 20,000 元，垫支流动资金于第十年年末收回，每年可获税后净利 30,600 元，假定本公司的资本成本为 10%。

(三)要求：

应用净现值法评价此投资项目的可行性。(提示：先计算未来报酬的总现值，再计算投资项目净现值)

【实训二十七】

(一)目的：练习长期投资效益的评价方法。

(二)资料：

华西企业拟扩建一条新生产线，生产 A 产品，预计可使用 5 年，5 年后即停产。有关资料如下：

购置专用设备价值　　80,000 元(用直线折旧)
该设备 5 年后残值　　10,000 元
垫支流动资金　　　　70,000 元
每年销售收入　　　　88,000 元
每年付现成本　　　　55,000 元

该项目建设期为 1 年，固定资产投资于建设起点投入，流动资金于完工时投入。

(三)要求：

计算各年的净现金流量。

【实训二十八】

(一)目的：练习长期投资效益的评价方法。

(二)资料：

华中公司有一投资方案的现金流量情况如下表所示。

投资方案现金流量情况表　　　　　　　　　　　　单位：万元

项　目	2000 年	2001 年	2002 年	2003 年	2004 年	2005 年	2006 年	2007 年	合　计
现金流出量	-14								-14
现金流入量		3	4.5	4.5	5	5	4.8	5.2	32
现金流入量累计		3	7.5	12	17	22	26.8	32	

(三)要求：

分别计算静态投资回收期和动态投资回收期(设折现率为12%)。

【实训二十九】

(一)目的：练习长期投资效益的评价方法。

(二)资料：

闽华公司有三项投资机会，设折现率为10%，有关数据如下表所示。

三方案有关资料　　　　　　　　　　　　　　　单位：元

期 数	A方案		B方案		C方案	
	净收益	现金净流量	净收益	现金净流量	净收益	现金净流量
0		−20,000		−9,000		−12,000
1	1,800	11,800	−1,800	1,200	600	4,600
2	3,240	13,240	3,000	6,000	600	4,600
3			3,000	6,000	600	4,600
合计	5,040	5,040	4,200	4,200	1,800	1,800

(三)要求：

试用净现值法选择投资方案。

【实训三十】

(一)目的：练习长期投资效益的评价方法。

(二)资料：

闽台公司某投资方案2006年年末投资100万元建厂，2007年开始每年可获得净利25万元，年折现率10%，有效期5年，按直线法折旧，无残值。

(三)要求：

计算该投资方案的动态投资回收期、净现值、获利指数及内含报酬率，并对该方案进行评价。

【实训三十一】

(一)目的：练习长期投资效益的评价方法。

(二)资料：

闽北公司三年前购入一台机床，原价4万元，预计使用年限为10年，残值收入4,000元。目前市场上有一种具有同等功能的新型机床，价值6万元，预计使用年限为7年，7年后残值收入6,000元。另经测算，新机床投入使用后每年可降低产品加工成本4,000元；购入新型机床时，原有机床可以变价出售，作价25,000元，现有人提议将原有机床予以更新，用新型机床取而代之。年折现率为13%。

(三)要求：

对该企业原有机床是否予以更新进行决策分析。

【实训三十二】

(一)目的：练习长期投资效益的评价方法。

(二)资料：

闽西公司计划购入一套生产设备，成本为 12,000 元，该设备投产后，第 1 年至第 10 年每年的预计现金流量均为 2,500 元，资金成本为 10%。

(三)要求：

计算该方案的净现值、内含报酬率、静态投资回收期。

【实训三十三】

(一)目的：练习长期投资效益的评价方法。

(二)资料：

闽东公司原有一套生产设备的主机系 4 年前购入。公司为了提高产品产量和质量，准备另行购入一台装有自动控制设备的新主机以替代原主机。新旧主机的有关资料如下表所示。

摘　　　要	原主机	新主机
购入成本	20,000 元	300,000 元
使用年限	10 年	6 年
已使用年限	4 年	0 年
期满残值	0 元	15,000 元
年折旧额	20,000 元	47,500 元
可作价	70,000 元	
年销售收入	298,000 元	348,000 元
年付现成本	226,000 元	206,000 元

该公司的资金成本为 12%。

(三)要求：

采用净现值法对该公司的设备更新方案进行决策分析。

参考文献

[1] 冯文权. 经济预测与决策[M]. 5版. 武汉：武汉大学出版社，2008.
[2] 李华，胡奇英. 预测与决策[M]. 西安：西安电子科技大学出版社，2005.
[3] 彭勇行. 管理决策分析[M]. 北京：科学出版社，2000.
[4] 蔡维灿. 管理会计[M]. 北京：北京理工大学出版社，2009.
[5] 方志耕，等. 决策理论与方法[M]. 北京：科学出版社，2009.
[6] 郭秀英. 预测决策的理论与方法[M]. 北京：化学工业出版社，2010.
[7] 暴奉贤. 经济预测与决策方法[M]. 广州：暨南大学出版社，2008.
[8] 石人瑾，林宝璟，谢荣. 管理会计[M]. 上海三联书店，1994.
[9] 董逢谷. 市场预测方法与案例[M]. 上海：立信会计出版社，1996.
[10] 侯文超. 经济预测——理论、方法及应用[M]. 北京：商务印书馆，1993.
[11] 董承章. 经济预测原理与方法[M]. 大连：东北财经大学出版社，1992.
[12] 简明，胡玉立. 市场预测与管理决策[M]. 4版. 北京：中国人民大学出版社，2009.
[13] 注册会计师全国统一考试教材编写组. 财务成本管理[M]. 北京：中国财经经济出版社，2012.